"守正与创新"：马克思主义研究系列丛书

Study on the Ecosocialist Thought of David Pepper

戴维·佩珀的生态社会主义思想研究

王世明　著

湖南师范大学出版社

·长沙·

图书在版编目（CIP）数据

戴维·佩珀的生态社会主义思想研究/王世明著.长沙:湖南师范大学
出版社，2024.10.--ISBN　978-7-5648-5528-4

Ⅰ.D091.6

中国国家版本馆CIP数据核字第2024FU4294号

DAIWEI PEIPO DE SEHNGTAISHEHUIZHUYI SIXIANG YANJIU
戴维·佩珀的生态社会主义思想研究

王世明　著

出　版　人 | 吴真文
责任编辑 | 吕超颖
责任校对 | 张　鑫

出版发行 | 湖南师范大学出版社
　　　　　地址：长沙市岳麓区麓山路36号　邮编：410081
　　　　　电话：0731-88853867　88872751
　　　　　传真：0731-88872636
　　　　　网址：https：//press.hunnu.edu.cn/
经　　　销 | 湖南省新华书店
印　　　刷 | 长沙雅佳印刷有限公司

开　　　本 | 710 mm×1000 mm　　1/16
印　　　张 | 14
字　　　数 | 230千字
版　　　次 | 2024年10月第1版
印　　　次 | 2024年10月第1次印刷
书　　　号 | ISBN 978-7-5648-5528-4

定　　　价 | 58.00元

总　序

　　广东外语外贸大学是广东省高水平大学重点建设高校。广东外语外贸大学马克思主义学院起始于 1965 年广州外国语学院设立的马列主义教研室。2011 年，为适应学科和专业建设的需要，组建思想政治理论学院，2014 年更名为马克思主义学院。目前，学院已经成为华南地区马克思主义理论学术研究和思想政治工作高端人才培养的重要平台与智库，是广州市青年马克思主义理论人才培养研究重点基地，是广东省高校思政课名师工作室依托单位。2023 年入选广东省首批重点马克思主义学院。学院纲要教学部党支部于 2023 年入选"全省高校党建工作样板支部"培育创建单位。

　　为进一步推进我校广东省首批重点马克思主义学院建设，支持马克思主义理论学科建设，凝炼和产出一批高质量的马克思主义理论研究成果，学院推出"'守正与创新'：马克思主义研究"系列丛书（以下简称丛书）资助出版计划，计划资助出版具有高显示度著作 10 ～ 20 部，由重点马克思主义学院建设、思想政治理论课建设等专项经费资助。

　　为保证资助出版成果的高质量和高学术水平，学院特制定《"守正与创新"：马克思主义研究系列丛书出版资助细则》，由毛国民、曾荣、朱海龙、谢迪斌、宋善文、李云飞、崔艳红、薛俊强等教授组成丛书委员会，严格审查、遴选，力争推出《延安文化社团与马克思主义话语权构建》《分工与解放：现代社会人的发展阐释》《戴维·佩珀的生态社会主义思想研究》等精品马克思主义研究系列成果。

毛国民　曾　荣

2024 年 7 月 2 日

序　言

当今世界正经历百年未有之大变局，世界进入新的动荡变革期。全球经济疲软乏力，局部地区冲突加剧，国际政治和经济秩序深度调整，新兴科学技术迅猛发展，社会变革席卷全球。在生态领域，全球环境形势日益严峻，自然资源趋于枯竭，环境污染严重，生物多样性遭到破坏，气温持续上升，自然灾害频发。全球生态环境和气候问题已成为重大国际政治问题。世界向何处去？人类向何处去？站在新的历史十字路口，我们需要寻找新的合理解决方案。

当今中国，改革和现代化建设已进入关键期，要在本世纪中叶如期实现建成社会主义现代化强国的宏伟目标，必须坚持贯彻"五位一体"总体布局，将经济建设、政治建设、文化建设、社会建设和生态文明建设有机统一起来，使五者相互结合、相互扶持和相互促进。

在整个社会主义现代化建设中，生态文明又占有一个特殊的重要地位。首先，它为物质文明提供劳动的对象和劳动的资源。我们的一切经济活动都是依赖于自然界的，所谓工业文明所创造的人工产品，归根结底不过是自然资源的一种变形和改装。离开自然界，人类的一切活动都无从进行。其次，它是精神文明建设的有机组成部分。过去，我们认为精神文明包括科学文化和思想道德建设两个组成部分，现在看来，这种划分已经显得不够了。在生态文明建设显得日益重要和紧迫的形势之下，把生态伦理、生态意识、生态价值等生态文明观念纳入精神文明建设的范畴之中，使之成为精神文明建设的一个有机组成部分，乃大势所趋，势所必然。再次，它是政治文明建设的重要组成部分。现在各国政府包括我国政府都制定了生态环境保护的法律制度，"生态体制"或"生态制度"已成为一种新的政治概念被纳入政治文明的范畴之中。最后，它也是社会文明的应有之义。在社会管理和保障体制中，保护自然环境、防治生态危机，是一项重要的任务。

由此可见，生态文明虽然在表述上放在"五位一体"、"五大文明"和现代化的"五大价值目标"的最后，但其地位却是最为重要。试想，若生态文明遭到破坏，则人类的整个文明就失去赖以立足的前提，因而必然走向衰亡。历史上诸多文明的消亡，莫不与生态环境的毁坏有关，这就是自人类跨入文明社会以来文明演化留给我们的经验教训和智慧启迪。

就当今生态文明建设的现状来看，我国生态环境质量持续好转，出现了稳中向好趋势，但成效并不稳固。生态文明建设正处于压力叠加、负重前行的关键期，已进入提供更多优质生态产品以满足人民日益增长的优美生态环境需要的攻坚期，也到了有条件、有能力解决生态环境突出问题的窗口期。

首先，生态文明建设正处于压力叠加、负重前行的关键期。应该肯定，从 20 世纪 70 年代起，特别是改革开放以来，我国政府在环境保护和生态文明建设上做了很多工作，也取得了显著的成效。党的十八大以来，生态文明建设进入新阶段，在总体上，生态环境质量持续好转、稳中向好。但生态的问题仍然是很严峻的。就已取得的成效来说并不稳固，稍有松懈，已经解决或正在解决的问题有可能回潮甚至加重。特别新老问题交织，其危害作用愈来愈严重，人民群众意见很大，到了非解决不可的地步。例如，我国的资源短缺和环境恶化状况相当严峻。我国耕地面积 18.89 亿亩，人均 1.46 亩，不到世界平均水平的二分之一。草原 58.95 亿亩，人均 4.95 亩，不到世界平均水平的三分之一。人均水资源和林地占有仅相当于世界人均水平的四分之一，人均湿地面积相当于世界平均水平的五分之一。能源短缺问题凸出，人均能源资源占有不到世界平均量的一半，油仅为十分之一。

环境污染问题严重。绝大多数污水未经有效处理而排入江河湖海，城市河段 90% 以上受到不同程度的污染，在农村有上亿人口喝不上符合标准的水。大气污染严重，雾霾成为环境问题的风向标。《2016 中国环境状况公报》显示，2016 年，全国 338 个地级及以上城市中，只有 84 个城市环境空气质量达标，占全部城市数的

24.9%；254个城市环境空气质量超标，占75.1%。土壤污染潜在风险不断累积。部分地区土壤污染较重，耕地土壤环境质量堪忧，工矿业废弃地土壤环境问题突出。这些土壤中的污染物质通过食物链最终又进入人体，对人体健康构成极大危害。近年来，"镉大米""重金属蔬菜"等由土壤污染引发的农产品质量安全问题和群体性事件逐年增多，成为影响群众身体健康和社会稳定的重要因素。农村环境污染带来潜在风险。污水乱泼、垃圾乱倒、粪土乱堆、柴草乱垛、畜禽乱跑是农村比较普遍的景象。很多农村地区几乎找不到未被污染的河流。农村还存在大量掠夺式的采石开矿、挖河取沙、毁田取土、荒坡垦殖、围湖造田、毁林开荒等行为，很多生态系统功能被严重损害。

这是问题的一个方面。另一方面，改革开放以来，我们走的是高消耗、高污染、高排放、低产出的粗放性生产的路子，这一发展方式至今没有得到根本扭转，所以，单位GDP即每百万美元的能耗是世界平均水平的2.2倍，分别是美国、欧盟、日本的2.3倍、4.5倍、8倍。2017年煤炭消费量占比仍高达60.4%，远高于全球平均水平的27.6%。

与此同时，我国明确提出了生态文明建设的时间表和近期、中期目标。第一步是确保到2035年，生态环境质量实现根本好转，美丽中国目标基本实现；第二步是到本世纪中叶，生态文明与物质文明、政治文明、精神文明、社会文明一起全面得到提升，全面形成绿色发展方式和生活方式，建成美丽中国。这两个重要时间节点的确定，既描绘了宏伟蓝图，又使新时代生态文明建设进入倒计时。除此之外，还提出了看得见、感受得到的、实实在在的具体指标。比如基本消除重污染天气，还老百姓蓝天白云、繁星闪烁；比如基本消灭城市黑臭水体，还老百姓清水绿岸、鱼翔浅底；比如让老百姓吃得放心、住得安心，为老百姓留住鸟语花香的田园风光。

显然，要按期圆满完成这些环保指标，我国生态文明建设所承担的压力之巨大和任务之繁重是世所罕见的。

其次，进入提供更多优质生态产品满足优美生态环境需要的攻坚期。党的十九大对我国社会的主要矛盾作出了新论断，这就是人民日益增长的美好生活需要和不平衡不充分的发展之间的矛盾。在人民群众对美好生活的需要中，对生态环境的需要日益重要。随着社会的发展和人民生活水平的不断提高，人民群众对干净的水、清新的空气、安全的食品、优美的环境等要求越来越高，生态环境在群众生活幸福指数中的地位不断凸显，环境问题日益成为重要的民生问题。正如老百姓所说，过去我们"盼温饱",现在"盼环保";过去"求生存",现在"求生态"。这些年来,习近平总书记反复强调,环境就是民生,青山就是美丽,蓝天就是幸福,绿水青山就是金山银山;生态惠民、生态利民、生态为民,良好的生态环境是最公平的公共产品,是最普惠的民生福祉;像保护眼睛一样保护生态环境,像对待生命一样对待生态环境;坚决摒弃损害甚至破坏生态环境的发展模式,坚决摒弃以牺牲生态环境换取一时一地经济增长的做法。习近平总书记这些关于生态文明的表述,生动形象地说明了优美的生态环境对于提升人民群众的生活质量和改善民生的重要性。

然而,我们应该看到,民生问题特别是生态环境问题是当今我国经济社会发展中的一个明显短板。这些年来,各类环境污染呈高发态势,成为民生之患、民生之痛。例如,相当多的城市居民呼吸不到合格的清新空气。2017年,全国338个地级及以上城市空气质量达标比例仅为29.3%。实际上,许多县级城市空气污染的程度比城市更严重。尽管这几年来国家花费数百亿资金来改善农民的饮水问题,但仍有上亿的农村人口喝不到安全合格的水;有些安装了自来水设备的村落由于管理不善,合格率并不高。食品安全问题是人民群众意见最大的民生之患。现在人们虽然都过上了小康生活,但"毒大米""瘦肉精""地沟油""假牛肉""三聚氰胺""苏丹红一号""孔雀石绿"等时有发生,种植的粮食和蔬菜及饲养的牲禽等由于过量使用农药和添加剂等,存在一定的安全隐患,给人民群众的身心健康带来极大的危害。

党的十八大以来,我们坚决向污染宣战,已开始实施大气、水、土壤污染防治"三大行动计划",并且打响了"蓝天保卫战"。为此国务院还印发了《打赢蓝天保卫战三年行动计划》。在我看来,不仅要打响"蓝天保卫战",而且要打响"江河湖海保卫战""土地保卫战""森林绿地保卫战",总之要来一场全方位的防治污染的攻坚战,务必使我国生态环境得到有效的改善,还自然以宁静、和谐、美丽。

再次,到了有条件有能力解决生态环境突出问题的窗口期。经过改革开放和现代化建设,我国已经具备了一定的经济基础,同时也培养了一批环保专业人才队伍,我们有能力、有底气实现生态治理的持续推进。

这几年来,我国的生态环境状况确实得到明显改善。"蓝天保卫战"成效显著,生态保护和修复工程进展顺利,去产能调结构稳步推进,生态文明的"四梁八柱"制度逐步筑牢,碳排放强度持续下降。世上无难事,只怕有心人。我们有信心在以习近平同志为核心的党中央的领导下,扎扎实实做好环保工作,从我做起,从日常生活起步,坚持不懈,久久为功,如此,就一定能够开创生态文明建设的新局面,让我们的家园温馨和美丽！

我国生态环境治理和生态文明建设需要借鉴其他文明成果。产生于20世纪70年代的生态社会主义思想对当时资本主义世界的生态危机产生根源、苏联等社会主义国家生态环境恶化的原因、人类社会往何处去等问题进行了较为深入的探讨。分析和研究这些生态社会主义思想，无疑有助于我们从理论上和实践上探讨生态环境治理，以及人与自然和谐共生的问题。

生态社会主义的产生并非历史的偶然，而是人类探求如何从根本上解决资本主义生态危机的时代必然。第二次世界大战后，资本主义社会进入所谓"黄金时代"，经济和科技得到较快发展，社会福利得到提升，呈现出一片繁荣景象。但是，在其繁荣的背后，资本主义生产方式却带来了生态环境的破坏，加重了人与自然之间的冲突。这些日益严重的生态问题引起西方学者的关注。

美国学者卡森（Rachel Carson）于1962年发表了其代表作《寂静的春天》，深刻揭示资本主义工业繁荣背后所产生的生态环境问题，从而拉开了西方资本主义国家保护生态环境运动的序幕。1968年成立的学术团体"罗马俱乐部"提出了"增长的极限"理论，主张通过经济零增长的途径以解决自然资源短缺和生态环境破坏问题。20世纪70年代以后，在全球生态环境不断恶化和国际政治环境不断复杂化的条件下，西方国家生态理论朝着多样化和政治化方向发展，西方学者的生态主张远远超出了生态环境问题的本身，不断与政治制度、生产方式、生产关系和价值观念相结合。在理论上，为解决生态问题，生态侵略、生态成本外化、政治经济军事多手段干预、环保技术垄断、限制自然资源的使用、控制人口增长、改变贪婪的人性、放弃科技改造自然和回归田园生活等生态战略被纷纷提出。在实践上，西方发达国家创建了绿色政党，爆发了席卷欧美的生态运动。苏东剧变后，一批西方学者把生态政治学与马克思主义基本原理结合起来，探索资本主义生态危机产生的原因，寻求资本主义生态危机解决之道，逐渐形成了生态社会主义（生态马克思主义）思想。

生态社会主义代表性人物有其共同特征和基本主张。生态社会主义者以马克思主义理论和生态政治学理论为指导，在人与自然关系、生态危机产生根源、资本主义社会矛盾、社会变革力量和人类社会发展方向上其主张大致相同。但是，不同时期、不同国家的生态社会主义代表人物理论观点和政治主张又有较大区别。戴维·佩珀（David Pepper）是英国生态学社会主义代表人物之一，亦是生态社会主义发展史上第三阶段（20世纪90年代至今）的重要代表人物，其生态社会主义思想在西方生态运动中逐渐形成。与其他生态社会主义者的思想不同，他坚持把生态政治学与社会主义基本原则结合起来以解决生态危机问题，其生态社会主义思想具有鲜明的"红色"立场。他对资本主义生态危机的根源进行了揭示，对后现代生态中心主义进行了批判，对无政府主义思想进行了分析。他建议用马克思主义改造生态中心主义，重塑新的人类中心主义，主张社会主义者与无政府主义者实行联合，以实现"红""绿"联盟，共同建设一个公平正义的生态社会主义社会。

毋庸讳言，对于戴维·佩珀生态社会主义思想的评价国内外都有较大的争议，他的思想观点并不都是合理的，其中有一些主观理想的成分。但是，其生态社会主义思想的独特视角和理念，对我国的生态文明建设具有重要的启示和借鉴意义。

本书具有鲜明特点。在研究资料上，立足于原始文本，对戴维·佩珀三部主要英文著作和公开发表的相关论文，以及两部中文译本，进行了较为全面、深入的研究，因而资料十分翔实。在研究方法上，运用比较分析的方法，对戴维·佩珀生态社会主义思想、其他生态社会主义者的思想及同时代其他流派思想展开对比研究，从而凸显了其理论特色。在研究内容上，力求系统、深入，对戴维·佩珀生态社会主义思想的理论来源和现实背景进行了较为详细的考察，对其理论的主要内涵进行了科学归纳，对其思想的合理性和局限性进行了辩证分析，并探讨了其当代启示意义。总的来说，世明撰写的这部著作，乃是当今中国学术界推出的一部集中研究戴维·佩珀生态社会主义思想的学术专著，其出版对推进我国关于生态社会主义的研究无疑具有重要的意义。作为世明的老师，我由衷祝贺该著的问世，并为此感到欣慰。

是为序。

左亚文

2024 年 3 月 10 日于珞珈山

目　录

导　论

　　戴维·佩珀（David Pepper）的生态社会主义思想主张将马克思主义基本理论与生态政治学结合起来，将"绿色"生态理论与"红色"社会革命结合起来，消灭资本主义，构建新型绿色社会主义。戴维·佩珀的生态社会主义思想是生态社会主义思想中代表性思想，具有鲜明的"红色"特征。当前，世界生态环境形势严峻，中国正在推动生态文明与人类命运共同体建设、人与自然和谐共生的现代化建设，开展戴维·佩珀的生态社会主义思想研究具有重要的理论和实践意义，对戴维·佩珀的生态社会主义思想进行总结、评述有利于把握研究现状、夯实研究基础、开阔研究视野和创新研究方法。

第一节　问题缘起及研究意义

一、问题缘起

随着资本主义工业化的发展，世界生态环境问题越发严峻，在资本主义发达国家发生了严重的"八大环境公害"事件，出现了生态危机。随着社会主义建设和工业化建设的推进，我国生态环境承载能力下降，生态环境对经济社会发展的约束日益明显。从 20 世纪 70 年代起，生态环境问题越来越成为官员、学者和公众关注并需要着手解决的重大问题。正是在寻求解决资本主义生态环境危机和社会正义问题的过程中，生态社会主义思想形成，并逐渐开始向欧美国家和我国传播。2005 年，胡锦涛同志在中央人口资源环境工作座谈会上提出了"生态文明"这一概念，党的十八大提出生态文明建设要求，习近平同志对生态文明建设作出了系列重要指示，如何解决生态环境问题、怎样建设生态文明被放在党各项工作的突出位置。生态社会主义思想研究和生态文明建设研究逐渐成为我国学术界的研究热点。当前，世界生态环境形势依然严峻，我国正处在人与自然和谐共生的现代化建设新征程、推动地球生命共同体与人类命运共同体建设的大道上，对代表性生态社会主义思想再次进行深入研究十分必要。

生态社会主义的目标在于解决生态环境危机和社会正义问题。第二次世界大战后，由于新的科技革命兴起和西方发达国家内部阶级关系的缓和，资本主义世界进入发展的第二个"黄金时代"。但西方发达国家在科学技术和经济上突飞猛进的同时，能源问题和生态问题也日益加剧。20世纪70年代，发达国家和世界范围内严重的生态问题引起西方政治家、学者和普通群众的高度关注，并最终引发了声势浩大的欧洲群众性生态运动。在生态运动中涌现出来的民间生态组织，经过不断发展壮大，形成了一股新的政治力量——"绿党"。在绿党激进派中，部分马克思主义者希望通过研究和深入挖掘马克思主义学说的方式，把马克思主义主张的社会主义传统与政治生态学结合起来，期望建立生态的社会主义以解决生态危机和社会公平正义问题。于是，伴随着西方生态运动和生态理论的发展，"生态社会主义"（Eco-Socialism）和"生态学马克思主义"（Eco-Marxism）应运而生。

生态社会主义提出了消灭资本主义和构建绿色社会主义的方案。生态社会主义是从西方生态运动中产生的，它"试图用社会主义理论去解释当代危机，又为其解决寻找到一条通向社会主义的道路"[1]，换句话说，生态社会主义是"在社会主义的视角下对生态环境问题进行的理论阐释与探究，并提出相应的实践解决方案"[2]。生态社会主义由"对资本主义社会、马克思主义理论及其传统社会主义实践的生态批判理论和绿色生态社会主义社会建构理论组成，整体上表现出鲜明的'红'（社会革命）'绿'（生态运动、生态革命）结合的理论旨趣"[3]。狭义的生态社会主义主要是指用社会主义政治理论去分析生态危机根源、生态危机解决方案和生态社会主义构建的西方马克思主义流派。而广义的生态社会主义"是以绿党为代表的生态运动和其他左翼组织互相影响所形成的'红绿联盟'"[4]。众多生态学马克思主义者对资本主义制度进行了批判，对生态危机根源进行了揭示，对未来生态社会主义进行了构建，形成了自己独到的生态社会主义理论。

戴维·佩珀的生态社会主义思想具有鲜明的"红色"特征。作为英国"马克思

[1] 徐崇温.当代外国主要思潮流派的社会主义观 [M].北京：中共中央党校出版社，2007:268.

[2] 戴维·佩珀.生态社会主义：从深生态学到社会正义 [M].刘颖，译.济南：山东大学出版社，2012:译者说明 1.

[3] 郑湘萍，田启波."红""绿"结合：生态学马克思主义理论评析 [J].湖北社会科学，2011（6）:5.

[4] 时青昊.20 世纪 90 年代以后的生态社会主义 [M].上海：上海人民出版社，2009:2-3.

主义左派"学者和生态马克思主义"人类中心主义"阵营中的重要代表，与其他生态社会主义代表性人物的思想相比，戴维·佩珀的生态社会主义形成鲜明的"红色"立场，他建议绿色分子"应该把马克思主义观点吸收到他们的分析中来"[1]，从而放弃自由主义和无政府主义，进而与接受社会主义传统的红色分子进行"红绿联盟"，以建立一个既无生态危机而又确保社会公平正义的生态社会主义。

戴维·佩珀的生态社会主义思想在我国产生了重要影响。20世纪80年代末，我国学者就关注到生态环境问题，先后介绍和翻译了"罗马俱乐部"的《增长的极限》等报告、生态社会主义（或生态马克思主义）代表人物的思想和著作等。21世纪初，国内学术界开始介绍和研究戴维·佩珀生态社会主义思想，其学术著作、论文、书评也逐渐被国内学者翻译、研究。党的十八大前后，国内学者对戴维·佩珀生态社会主义思想的学术研究尤为活跃，收获了较为丰硕的学术成果，产生了重要学术影响。当前，结合当下时代特征、世界和中国面临的生态环境问题现实，系统地追踪戴维·佩珀的生态社会主义思想研究具有可行性和必要性。

二、研究意义

当前，我们研究戴维·佩珀的生态社会主义思想，对他的生态社会主义思想形成正确的认识，探讨其与马克思主义思想之间的关系、与其他生态社会主义思想之间的异同，对当代世界和当代中国既具有重大的理论价值，又具有极强的现实意义。

（一）理论意义

研究戴维·佩珀的生态社会主义思想，通过其对马克思主义的解读，加深对马克思主义的认识，扩充马克思主义的科学外延。在西方马克思主义者眼中，甚至在一些社会主义国家的学者眼中，马克思主义存在着很多不足。一些人认为，马克思主义是没有生态思想的；一些人认为，马克思主义主张人类中心主义，并主张人类对自然的"统治"；一些人认为，马克思主义所主张的社会主义已经过时或者已经死亡；还有一些人认为，马克思主义主张科学技术的使用加重或造成了生态环

[1] 戴维·佩珀. 生态社会主义：从深生态学到社会主义 [M]. 刘颖，译. 济南：山东大学出版社，2012:1.

境的恶化。而戴维·佩珀的生态社会主义思想直接或间接地对这些观点进行了回答和批判。此外，戴维·佩珀还探讨了马克思主义理论与生态的相关性，赋予了马克思主义理论新的时代意义。研究戴维·佩珀的生态社会主义思想，可以打开当前马克思主义研究的新视角，进一步挖掘马克思主义理论的新内涵和发展马克思主义，毫无疑问有助于我们深化对马克思主义理论的认识和扩充马克思主义的科学外延。

研究戴维·佩珀生态社会主义思想，通过其对生态社会主义的解读，有助于我们加深对科学社会主义的认识和扩充科学社会主义的科学外延。过去，我们在研究和宣传马克思主义和社会主义时，常常局限于经典作家所讲的马克思主义的科学社会主义，而将其他流派的马克思主义和社会主义思想搁置一边不闻不问，不但不愿意了解其他马克思主义和社会主义思想流派，甚至对它们加以主观的严厉批判。在对社会主义的认识上，受传统观念的影响，我们极易认为"科学社会主义一旦诞生，其他流派都成了'反动的一帮'，不值得进一步研究"[1]。这不仅固化了我们对其他社会主义流派的认识，也固化了我们对科学社会主义的认识，甚至是缩小了马克思主义的科学外延。研究戴维·佩珀的生态社会主义思想，无疑可以克服这些僵化的认识，加深我们对科学社会主义的认识并扩充科学社会主义的科学外延。

研究戴维·佩珀生态社会主义思想，通过其对未来社会的构想，有助于我们探索和发展中国特色社会主义理论，有利于我们创新发展人与自然和谐共生的现代化理论。"随着改革开放的深入，人们开始从狭隘的、封闭的圈子里走出来，并要求用一种理性的现代文化意识和全新的视角，去审视社会主义发展史上各派理论的历史作用和现实意义，尤其是要在比较中进行鉴别，以求实的科学态度，改造和吸取一切为现实社会主义服务的理论成果。"[2]戴维·佩珀的生态社会主义思想对生态建设、社会正义维护和社会建构等多个方面都进行了深刻思考。无论他的生态社会主义思想有怎样的不足和局限性，我们总能在其中找到闪烁着光芒的部分。毫无疑问，对戴维·佩珀的生态社会主义思想的研究，有利于我们对其思想本身的认识，也有利于我们吸取其思想中有益的部分来为中国特色社会主义理论、人与

---

[1] 徐觉哉.社会主义流派史 [M].上海:上海人民出版社，2007: 序 2.
[2] 徐觉哉.社会主义流派史 [M].上海:上海人民出版社，2007: 序 2.

自然和谐共生现代化理论服务。

　　研究戴维·佩珀的生态社会主义思想，通过其对资本主义的批判，有利于坚定社会主义必然代替资本主义的立场，有利于构建生态命运共同体。苏东剧变之后，一些人认为社会主义和共产主义已经宣告死亡，资本主义是人类社会发展的终极形态的言论甚嚣尘上。一些人从环境问题出发，认为东欧社会主义国家也存在大规模的污染和环境严重破坏的事实，所以得出这样的结论：生态危机的产生是工业化、现代化和全球化的结果，其本身并不具有阶级性，也不是资本主义的专利。戴维·佩珀对这些思想都进行了批判，在考查了资本主义制度之后揭示了生态危机的真正根源，并提出通过社会变革的方式建立生态社会主义以解决生态危机和社会正义问题。研究戴维·佩珀生态社会主义思想，既有利于我们认清资本主义反生态的本质和资产阶级学者相关思想的本质，更有利于我们坚定资本主义必然被社会主义代替的立场，更有利于我们倡导和构建地球生命共同体与人类命运共同体。

（二）现实意义

　　研究戴维·佩珀的生态社会主义思想，有助于促进我国现代化建设过程中相关问题的解决。当前，我国改革开放进入深水区，社会处在转型期，生态文明建设、现代化建设正在进行，所面对的一些问题还比较复杂，而目前我们还在探索、寻找科学合适的解决方案，需要理论和实践的支持。因此，我们有必要借鉴发达国家实践中的一些的经验和成果，特别是借鉴生态社会主义者对那些发达国家现代化、工业化和城市化过程中的批判性理论成果。戴维·佩珀的生态社会主义思想就是英国新马克思主义的理论成果之一，通过对它的研究，我们可以从其对资本主义社会生态危机、技术理性、消费主义文化、生态中心主义等方面的批判和对未来社会的建构中，吸取思想智慧，开拓我们的视野，从而有助于我们更好地解决现代化建设过程所遇到的相关问题，更好地推进我国特色的社会主义事业、中国式现代化的发展。

　　研究戴维·佩珀的生态社会主义思想，有助于加强我国及全球生态环境保护和生态文明建设。在全球化过程中，西方资本主义世界出现的诸如气候变暖、环境污染、资源枯竭和野生动植物濒危等问题同样也困扰着中国。当前，我们正在大力推进生态文明建设，推进地球生命共同体与人类命运共同体建设。戴维·佩珀的生态社会主义思想对生态危机的根源进行了揭示，提供了生态危机的解决方案，构建了生态社会主义社会，这些将都有利于促使我们思考当前我国及全球所面临的生态问题，既有利于我们明确区分我国的生态环境问题与资本主义生态问题的根本性区别，又有利于我们深刻查找我国及全球生态环境恶化的原因，并探索出我国生态环境保护和生态文明建设的好思路、好策略和好方案，共同推进地球生命共同体与人类命运共同体建设。

研究戴维·佩珀的生态社会主义思想，有助于我们坚持走中国特色社会主义道路，有助于我们坚定构建人与自然和谐共生的现代化的信心。苏东剧变之后，马克思主义遭遇严峻挑战，世界社会主义运动发展陷入低谷。原本相信和坚持马克思主义的一些人逐渐远离马克思主义或转向马克思主义的对立面。当前马克思主义者应该继续坚持、挖掘和弘扬马克思主义,让马克思主义更显生机活力。面对"社会主义和共产主义已经死亡"的言论，戴维·佩珀坚信:"社会主义和共产主义理论与实践变得比以前任何时候都更需要。"[1]对戴维·佩珀的生态社会主义思想的研究，可以在一定程度上更好地理解马克思主义理论的丰富内涵、时代意义，有利于我们统一思想，坚定信念，这无疑对我国在实践中坚定走中国特色社会主义道路和弘扬马克思主义有积极的现实意义。此外，戴维·佩珀主张回归社会主义传统，提出了一些社会主义原则，构建了未来的生态社会主义。他的生态社会主义思想，对我国社会主义和谐社会、人与自然和谐共生的现代化建设有着现实的借鉴意义。

---

[1]戴维·佩珀.生态社会主义:从深生态学到社会主义 [M].刘颖，译.济南:山东大学出版社，2012:中译本前言1.

第二节 国内外研究现状

一、国外研究现状

国外学者对戴维·佩珀生态学社会主义思想进行了研究，但国外学者在研究结论上存在一定分歧。一部分学者对佩珀的思想观点加以支持，一部分人反对其思想观点，而另一部分人认为其思想合理性和局限性并存。

唐纳德·沃斯特（Donald Worster）在《现代环境主义的根基》一书的书评中指出："佩珀是在做出一种努力把环境主义改革引向一个正确的轨道。而且环境主义者或我们任何一个人都可以从中学习良多。"[1] 他认为该书最重要的贡献就在于，佩珀重构了马克思主义对环境问题的解决路径，并勾勒出了自己新的生态社会主义。但是，沃斯特在书评中也指出了佩珀理论的不足。比如，佩珀书中的信息有些陈旧，不能倾听人们的心声；"标题会误导他人，希望听听约翰·缪尔（John Muir）、吉福德·平肖（Gifford Pinchot）或艾尔多·利奥波德（AIda Leopold）等英国同行们的意见"[2]；没有重点讨论唐纳德·弗莱明（Donald

---

[1]WORSTER D.Book reviews for Pepper's roots of modern environmentalism[J].
　　Journal of Forest History, 1986（1）:46

[2]WORSTER D.Book reviews for Pepper's roots of modern environmentalism[J].
　　Journal of Forest History, 1986（1）:46

Fleming)、萨穆埃尔·海斯（Samuel Hays）和斯蒂芬·福克斯（Stephen Fox）等提出的环境问题，相反，却侧重于宽泛的哲学问题；理论虽然为科学革命、浪漫主义、现象学和笛卡尔的二元论系统研究作出了贡献，但他过多地把讨论这些内容的材料堆积在读者的面前。

对于佩珀的《生态社会主义：从深生态学到社会正义》和《现代环境主义导论》两本著作，布鲁斯·K.欧曼德森（Bruce K. Omundson）和格斯塔弗森（Gerhard Gustafsson）等人给予积极评价。在《生态社会主义：从深生态学到社会正义》的书评中，欧曼德森肯定这本书是一本关于当前马克思主义、无政府主义和生态主义状况及它们对绿色政治影响的学术研究著作。"其中诸如'无政府主义和生态无政府主义的类型'等众多复杂而又具有总结性的图表和参考书目都成为科学研究的好帮手。"[1]欧曼德森指出，佩珀的人类中心主义认为没有价值载体的价值显然是荒谬的，人类为了自身获取利益一点也不荒谬。这可能会招来生态中心主义者攻击，说他的人类中心主义主张是浅薄的。但是，欧曼德森认为，如果一个人把自然看作具有"社会属性"的话，这仍然是可能的，因为自然自己不会创建自己。欧曼德森还指出，即使那些敌视佩珀的人，在评论自己观点时也会视他为一个具有挑战性的评论家。此外，在涉及生态危机理论、（弱）人类中心主义立场及对资本主义的生态批判等方面，西方许多学者会比照或引用佩珀的观点。

当然，佩珀的理论也引起了一些学者的质疑。例如，萨拉·萨卡（Saral Sarkar）就认为佩珀在自我需要与资源持续性的问题上并没有给出明确答案。萨拉·萨卡认为佩珀所主张的观点依旧停留在"发展"或"增长"的范式中，对于资本主义社会是否能保持可持续发展和是否可以实现生态现代化这一问题，萨卡跟佩珀观点相反，他认为是可以保持可持续发展和实现生态现代化的。萨卡批评佩珀等生态社会主义者："那些坚持自己是社会主义者的人同样如此，不同的是，他们坚持那必须而且只能在社会主义的关系下才能实现。在我看来，持这种观点的人尽管认为其正在完成平衡的工作，但似乎仍然是在发展的范式中思考。"[2]甚至有人对佩珀生态社会主义思想进行了严厉的批判。J. 波里特（J.Porritt）和 D. 温纳（D.

[1]OMUNDSON B.Book reviews for Pepper's eco-socialism[J].Forest&Conservation History, 1995（4）:91.
[2] 萨拉·萨卡.生态社会主义还是生态资本主义 [M].张淑兰，译.济南：山东大学出版社，2008:277.

Winner）在其《绿色运动的兴起》一书中认为，佩珀的思想是"来自那些与现实世界失去联系的陈腐思想家的太多愤怒"；他们甚至指责佩珀是"邪恶势力"（马克思主义左派）中一个"已经过时"的思想家和成员。对于他人的批判，佩珀深有感知，在《生态社会主义：从深生态学到社会正义》一书中指出："我冒犯了绿色精神的一个根本性方面，它认为，生态主义实际上是关于一个世界新秩序和一种新的'生活政治'的（借用绿党的标语）。在《现代环境主义的根基》中，我由于建议绿色分子应该把马克思主义观点吸收到他们的分析中来而加重了这一'过错'。"[1]

生态主义理论代表安德鲁·多布森（Andrew Dobson）认为社会主义者一般对"增长极限"理论持否定态度，赞成佩珀和 D. 哈维（D.Harvey）等人对"增长极限"的辩证观点。多布森还认为，生态社会主义者把生态运动与正义联合起来存在合理性，但是，他又指出正义运动并不一定就是有利于环境的。对于生态社会主义者建议并推动生态主义与社会主义之间加强联系这一观点，多布森认为生态社会主义者是把两者之间的一致性建立在"社会主义的一个从属性传统的复活"基础之上，是非常不真诚的行动。毫无疑问，多布森认为佩珀所主张的"红绿联盟"是行不通的。

国外学者的研究成果为开展佩珀生态社会主义思想研究打下了良好基础，提供了新的研究视角和研究方法。由于苏东剧变，社会主义在世界范围内陷入低潮。受此影响，20 世纪 90 年代后，生态运动在资本主义国家逐渐进入低潮，生态社会主义思想研究热度下降，国外对佩珀的"红色"生态社会主义理论研究和传播热度逐渐降低。国外学者对戴维·佩珀生态社会主义思想或其著作的研究，无论是批判还是支持，都为读者和研究者呈现了更加丰富、全面、立体的佩珀生态社会主义思想，为本研究提供了研究资料和辩证的研究视角，以及新的研究方法。但是，国外学者的研究更多的是思想的本身、理论的推导，很少把它放在特定的历史条件下、解决现实理论和实践问题的框架内加以研究。同时，国外学者的研究对佩珀生态社会主义思想的产生、主要内容、理论价值、实践价值等缺少系统研究。本书需要吸收国外研究的合理视角和辩证方法，加强资料收集，进行对比研究和系统研究。

---

[1] 戴维·佩珀.生态社会主义：从深生态学到社会主义 [M].刘颖，译.济南：山东大学出版社，2012：中译本前言 1.

二、国内研究状况

国内对戴维·佩珀生态社会主义思想的研究大致有四个阶段，而研究的主要内容则集中在佩珀生态社会主义思想产生的历史背景、佩珀对生态危机根源的剖析、佩珀"弱"人类中心主义主张、佩珀对生态社会主义经济的构想、佩珀对唯物主义的运用、佩珀的马克思主义立场，以及对佩珀生态社会主义思想的评论几个方面。

（一）国内研究阶段

第一阶段，对生态学马克思主义思想（或生态学社会主义思想）、生态主义与佩珀生态社会主义思想交织研究。

这种交织研究一直存在，但在早期研究中更为明显。20 世纪 70 年代，西方生态社会主义流派形成。因我国在改革开放之前工业发展相对落后，生态环境问题并不严重，所以，该思潮不为我国政府和学者所关注。改革开放之后，随着社会的发展、人们视野的开阔和思想的解放，我国学者开始关注生态环境问题并提出生态环境保护策略。自 1986 年"走向未来"丛书出版，德内拉·梅多斯（Donella Meadows）等的《增长的极限》和 M. 米萨诺维克（Mihailo Mesarovic）等的《人类处在转折点》等罗马俱乐部的系列报告被介绍到中国，"为人们引进了'全球生态危机理论'"[1]，从此，中国学者开始研究生态社会主义问题。1986 年，中国人民大学王谨教授在《"生态学马克思主义"和"生态社会主义"——评介绿色运动引发的两种思潮》（《教学与研究》，1986 年第 6 期）一文中首次对"生态马克思主义"和"生态社会主义"进行论述。在该文中，王谨教授认为两者是西方绿色运动过程中产生的两种思潮，虽有不同，但二者有可能合流。在王谨教授此文发表之后，国内开始逐步兴起对此两种思潮的研究，并产生出较为丰富的理论成果。

随后，随着威廉·莱易斯（William Leiss）、本·阿格尔（Ben Agger）、卡尔·施密特（Carl Schmitt）和鲁道夫·巴罗（Rudolf Bahro）等生态马克思主义思想传入中国，西方生态社会主义进一步引起中国学者研究兴趣。1993 年，中国人民大学奚广庆和王谨两位教授主编的《西方新社会运动初探》对生态运动和生态运动中

---

[1] 周穗明. 西方生态社会主义与中国 [J]. 鄱阳湖学刊，2010（2）：23-29.

左翼思想作了介绍。1992 年至 1998 年间，生态马克思主义（生态社会主义）代表人物莱易斯、阿格尔、布克金（Murray Bookchin）、巴罗、沙夫（Adam Schaff）、高兹（Andre´ Gorz）、格伦德曼（Reiner Grundmann）和佩珀等的思想被陆续介绍到中国。例如，周穗明研究员发表了《关于生态社会主义的一些情况》（《国外理论动态》，1994 年第 11 期）、《从红到绿：生态社会主义的由来与发展》（《新视野》，1995 年第 3 期）等一系列生态社会主义的文章，介绍生态社会主义思想。1997 年，周穗明又在《新视野》第 1 期的和 1997 年第 4 期《国外理论动态》上先后发表了《生态社会主义理论在英国》和《红色绿党与绿色绿党的区别与联系——生态社会主义的新发展》两篇文章。这两篇文章阐明了生态社会主义与生态主义在政治上、理论上和思想上的分歧，并关注了佩珀的生态社会主义的内容。

2000 年，郇庆治教授在《马克思主义研究》第 4 期的《生态社会主义述评》一文中引述了佩珀未来社会的设想、社会变革的力量和对生态自治主义的批评等观点。2004 年，韩兆柱博士在《学术研究》第 8 期的《生态社会主义理论评析》一文中，阐释了生态主义和生态社会主义不同立场和目标，论述了佩珀理论上与"绿色绿党"的对立。2005 年，郇庆治教授在《马克思主义与现实》第 4 期的《西方生态社会主义研究述评》中，也介绍了佩珀关于"深绿"和"红绿"的分类依据和其构成要素、（弱）人类中心主义形式、生态危机产生原因的分析、社会变革的冲突与集体的道路、社会主义和绿色社会的前景等内容。

随后，2005 年《中国社会科学》第 5 期段忠桥教授的《20 世纪 70 年代以来英美的马克思主义研究》、2006 年《毛泽东邓小平理论研究》第 1 期陈学明教授的《论生态社会主义者对当代资本主义的新反思》、2006 年《江汉论坛》第 4 期郇庆治教授的《国内生态社会主义研究论评》、2010 年《鄱阳湖学刊》第 2 期周穗明研究员的《西方生态社会主义与中国》、2010 年《江苏社会科学》第 5 期王雨辰教授的《作为社会批判理论的生态学马克思主义》、2010 年《哲学研究》第 12 期王雨辰教授的《以历史唯物主义为基础的生态文明理论何以可能?-- 从生态学马克思主义的视角看》等文章都对佩珀的生态社会主义思想有所论述。2011 年《马克思主义与现实》第 3 期郇庆治教授的《21 世纪以来的西方绿色左翼政治理论》指出佩珀是对"红绿之争"产生影响的重要代表，肯定了佩珀对生态社会主义与生态区域自治主义的划分和"红绿联盟",但同时也指出,"红色绿党"和"绿色绿党"概念划分容易造成误解。2011年《湖北社会科学》第6期郑湘萍和田启波教授的《"红""绿"结合:生态学马克思主义理论评析》论述了佩珀对"红色绿党"和"绿色绿党"的划分、无产阶级在社会变革中的重要性和"红绿联盟"战略。

近年来,在国内生态社会主义及生态学马克思主义研究中出现了较为突出的团队。例如,郇庆治教授团队、王雨辰教授团队。郇庆治教授及其团队翻译了一系列关于生态政治学书籍,在各级刊物上发表生态社会主义的系列文章。郇庆治教授结合自己访学经历,对欧洲生态运动进行介绍和评论,对我国生态文明建进行了理论探索。王雨辰教授近年来在各级期刊上发表了大量学术文章。这些团队所做的研究也涉及佩珀生态社会主义思想。

第二阶段,佩珀的生态社会主义思想进入著作的章节。

2003年,复旦大学陈学明教授在他的《生态社会主义》一书中,把佩珀的生态社会主义理论作为一章写进来。该书对佩珀的生态社会主义理论、环境保护主义分类、绿色政治与后现代政治关联、生态社会主义的"人类中心主义",以及生态主义的马克思主义"解毒"等内容做了介绍。另外,中共中央编译局编著了《西方马克思主义研究前沿报告》,复旦大学编著了《国外马克思主义研究报告2007》。2007年,徐艳梅教授出版了《生态学马克思主义研究》一书,重点剖析了佩珀的"人类中心主义"观点。2007年,刘仁胜研究员出版的《生态马克思主义概论》则从法兰克福学派、奥康纳和福斯特着手,对不同的生态学马克思主义思想进行了评述。此外,还有曾文婷教授于2008年出版的《"生态学马克思主义"研究》一书,特别探讨了佩珀关于资本主义必将失败的观点。2009年,王雨辰教授在其著作《生态批判与绿色乌托邦——生态学马克思主义理论研究》中认为,佩珀对生态中心主义进行了马克思主义的批判,阐发了历史唯物主义的生态意蕴。李世书副教授的《生态学马克思主义的自然观研究》和时青昊副教授的《20世纪90年代后的生态社会主义》等著作也有关于佩珀生态社会主义的章节。2011年,中南财经政法大学倪瑞华教授著作《英国生态学马克思主义研究》则在几个分散的章节中论述了佩珀的唯物主义分析方法的生态学价值、"弱"人类中心主义思想和他的生态社会主义社会正义的价值诉求等内容。该书还把佩珀思想与格伦德曼和本顿的思想进行了比较，论述了佩珀的生态危机产生的原因、建立生态和谐社会的主张、公正和平等基本原则、经济灵活发展政策、政治上广泛民主、废除资本主义制度和推动红绿联盟等观点。

第三阶段，佩珀的生态社会主义思想被进行专题研究。

2005 年，体现佩珀生态社会主义思想的代表性著作《生态社会主义：从深生态学到社会正义》由山东大学博士生刘颖翻译并由山东大学出版社出版。《生态社会主义：从深生态学到社会正义》中文译本的出版对佩珀生态社会主义思想研究具有重大意义。该书中文译本为国内研究者提供便捷，国内对佩珀生态社会主义思想的研究逐渐升温。戴维·佩珀的《论当代生态社会主义》和《生态乌托邦主义：张力、悖论和矛盾》两篇文章分别被刘颖和张淑兰翻译成中文，并先后在《马克思主义与现实》2005 年第 4 期和 2006 年第 2 期发表。2011 年佩珀的《现代环境主义导论》中文译本也面世，为国内研究者提供了更加丰富的资料来源。

目前，国内关于生态社会主义的文章已大量见诸报刊，其中关于佩珀生态社会主义思想的文章已经多达 40 余篇。

湘潭大学向益红的《佩珀对生态社会主义的诠释》[《南京林业大学学报（人文社会科学版）》，2006 年第 3 期] 讨论了佩珀的生态社会主义的人类中心主义、激进政治和适度发展的经济。福建师范大学蔡华杰的《生态学马克思主义对生态危机的现代阐释——〈生态社会主义：从深生态学到社会正义〉文本解读》[《南京林业大学学报（人文社会科学版）》，2007 年第 4 期] 讨论了佩珀对马克思主义和生态问题关联性的认识、对马克思主义历史唯物主义的分析、对资本主义生态危机的分析和对资本主义变革和转向社会主义的主张。

北京航空航天大学李富君的《重返人类中心主义与生态社会主义的建构——佩珀的生态学马克思主义思想评析》[《河南大学学报（社会科学版）》，2008 年第 3 期] 讨论了佩珀对生态中心主义的改造、对重返人类中心主义的号召、对生态危机根源的探析和对生态危机出路的探索。武汉大学夏鑫的《试论佩珀的生态社会主义理论》（《社会主义研究》，2008 年第 4 期）讨论了佩珀的马克思主义分析方法、生态变革战略及佩珀对生态社会主义理论的贡献。福建师范大学林美萍、蔡华杰的《对佩珀生态社会主义思想产生的多维分析》[《内蒙古农业大学学报（社会科学版）》，2008 年第 4 期] 讨论了佩珀生态社会主义思想产生的时代背景和理论基础及佩珀思想转变的原因。福建师范大学陈永森、蔡华杰的《资本主义世界生态问题的马克思主义视角——佩珀生态学的马克思主义论析》（《马克思主义与现实》，2008 年第 5 期）讨论了佩珀对生态问题的归因分析、对生态中心主义的批判和对社会变革路线的选择。中南财经政法大学王雨辰的《论戴维·佩珀的生态学马克思主义理论》（《江汉论坛》，2008 年第 12 期）讨论了佩珀对历史唯物主义理论中生态内涵的阐发、对生态主义自然价值论的批判和对生态危机解决途径的论述。

山东师范大学崔永杰的《资本主义制度是生态危机的真正根源——佩珀生态社会主义理论探析》（《东岳论丛》，2009 年第 1 期）讨论了佩珀对马克思主义重要性认识、对生态危机原因与资本主义生产方式关系的分析。华东师范大学张丽君的《佩珀构建生态社会主义理论的方法论探析》[《河南师范大学学报（哲学社会科学版）》，2009 年第 2 期] 讨论了历史唯物主义方法、"社会—自然"辩证法、阶级分析方法与佩珀生态社会主义制度追求、价值取向和社会变革之间的关系。

中南财经政法大学陈食霖的《将社会正义推进到生态学的马克思主义——佩珀的生态学马克思主义思想评析》（《国外社会科学》，2010 年第 1 期）指出了佩珀对马克思主义的生态学观点和马克思主义的人类中心主义的观点，并主张用社会正义推进生态政治学和构建生态社会主义社会。陕西师范大学王云霞的《佩珀的生态学思想及对环境伦理学的启示》[《北京理工大学学报（社会科学版）》，2010 年第 4 期] 讨论了佩珀坚持人类中心主义、反对自然价值和正视社会正义对环境伦理学的意义。中南财经政法大学吴献木的《论佩珀生态社会主义战略》[《内蒙古农业大学学报（社会科学版）》，2010 年第 6 期] 讨论了佩珀对生态危机根源的分析、对生态社会主义战略理论的阐释、对生态中心主义和无政府主义革命理论的分析，以及佩珀将"正义"引入其思想对历史唯物主义的贡献。内蒙古大学张季平、李笑春的《戴维·佩珀的生态社会主义思想解读》[《内蒙古大学学报（哲学社会科学版）》，2010 年第 6 期] 讨论了佩珀对生态危机根源的剖析，对生态社会主义的构建，以及构建新社会的方法、途径及特色。

内蒙古大学张季平、李笑春的《戴维·佩珀的人类中心主义探究》[《内蒙古大学学报（哲学社会科学版）》，2011 年第 3 期] 讨论了佩珀对生态中心主义的批判与改造和对人类中心主义的重新阐释。大连理工大学林鹤的《试论戴维·佩珀的生态学马克思主义理论》(《学理论》,2010 年第 2 期)简单讨论了佩珀生态社会主义思想主要内容、社会变革的依靠力量和未来社会构建蓝图。复旦大学陈学明的《当今比以往任何时候都更需要马克思主义的理论和实践——评戴维·佩珀对马克思生态理论当代意义的揭示》(《社会科学辑刊》,2011 年第 2 期)探讨了佩珀对马克思的生产方式决定论、劳动价值论、剩余价值论、自然环境观、"人口—资源"论、"社会—自然辩证法"和人类解放学说对当代生态理论的意义的揭示。黑龙江大学关雁春的《佩珀生态社会主义思想的历史唯物主义意蕴》(《学术交流》,2011 年第 4 期)讨论了佩珀对生态危机根源的分析、社会变革方法的阶级分析和社会公正价值目标的实现;其《佩珀生态社会主义思想的中国启示》(《学习与探索》,2011 年第 4 期)讨论了佩珀生态社会主义思想主要观点、思想的独特性和局限性,以及佩珀生态社会主义思想对中国人与自然协调发展、经济有计划发展和人民生态素养三方面的启示。信阳师范学院李世书的《戴维·佩珀的生态自然观探析》[《西南农业大学学报(社会科学版)》,2011 年第 11 期]讨论了佩珀对马克思主义自然观的认识。

内蒙古医学院张季平的《佩珀的无政府主义思想探究》(《前沿》,2012 年第 7 期)讨论了佩珀对无政府主义的归纳和对无政府主义和社会主义所做的区分;山西大学乔瑞金和李小红的《不可颠覆的主体——对佩珀理性主义生态哲学思想的思考》[《山西大学学报(哲学社会科学版)》,2012 年第 5 期]从现代社会生产方式、技术中心主义、生态中心主义几个方面讨论了佩珀的生态危机理论,从社会主体重建讨论了人与自然和谐发展的路径。山西大学乔瑞金和李小红的《佩珀批判生态无政府主义思想的几点启示》(《哲学动态》,2012 年第 5 期)讨论了佩珀对无政府主义核心理念、保守政治和直接行动革命策略的批判,以及这些批判的启示意义。东南大学李旦的《绿色政治的红色渗透——试论戴维·佩珀关于生态社会主义的政治构建》[《东南大学学报》(哲学社会科学版),2012 年第 3 期]讨论了佩珀生态社会主义构建的马克思主义的结构主义方法、思想基础和政治战略。山东师范大学崔永杰的《戴维·佩珀对马克思恩格斯生态思想的诠释与重构》(《理论学刊》,2012 年第 11 期)讨论了佩珀对马恩自然观的认识、马恩历史唯物主义方法和生态保护的关联性和佩珀对生态危机根源的分析。

第四阶段，青年学者对佩珀的生态社会主义思想进行综合研究。

这一阶段主要是博士研究生、硕士研究生开始对佩珀的生态社会主义思想进行研究。西北大学博士研究生王真的《"弱"人类中心主义范式构建生态社会主义——佩珀人类中心主义思想探析》(《理论视野》，2014 年第 9 期)专门讨论了佩珀"弱"人类中心主义思想的理论基础、理论体系及其以"弱"人类中心主义为基础构建生态社会主义社会的主张。黑龙江大学李楠明和齐晓明的《复归马克思主义的努力——戴维·佩珀生态社会主义理论探析》(《学术交流》，2016 年第 10 期)一文分析了佩珀生态社会主义思想产生的历史背景，论证了佩珀生态社会主义思想与马克思主义之间的关系，认为佩珀肯定马克思主义"人类中心论"、自然辩证法、资本主义是生态危机的根源等观点，并运用马克思主义历史唯物主义分析生态危机问题。因此，文章认为，佩珀生态社会主义思想是马克思主义的复归。

吉林大学博士研究生陈红睿的《戴维·佩珀的生态社会主义思想研究——基于环境正义的视角》(《行政论坛》，2018 年第 3 期)一文认为佩珀批判了生态中心主义、技术中心主义和无政府主义，挖掘了资本主义社会生态危机产生的根源，主张生态社会主义应朝着以人类为中心、社会公正的方向发展，建立生态社会主义社会。最后，文章还认为，面对生态环境不公问题，我国应从佩珀生态正义思想中得到启示，从生态法律制度、生态补偿制度、防止生态危机转嫁等方面解决生态公平正义问题。聊城大学田兆臣的《戴维·佩珀生态经济思想的生成及其内涵》(《国外理论动态》，2020 年第 2 期)一文从生态经济的角度阐述了其生态社会主义思想，认为佩珀重塑了人与自然之间的关系，分析了资本主义经济与生态危机之间的必然关系，从社会主义前提、理性经济基础、以人为本核心、保护环境关键四个方面总结了佩珀生态经济思想的内涵。

当然，此阶段还有一些硕士研究生和其他青年学者从不同角度去研究佩珀的生态社会主义思想，但因成果发表层次不高，就不一一综述。此外，这一阶段还出现了一些专门研究佩珀生态社会主义思想的硕士或博士学位论文。例如，福建师范大学蔡华杰、华东师范大学张萍、山西大学宋志强、大连理工大学林鹤、山东师范大学张玲玲、中央民族大学王玉沿、东北师范大学孙秀梅、吉林大学杨佳乐等的博士或硕士毕业论文从不同的视角、不同的学科方向对戴维·佩珀的生态社会主义思想进行了研究。

（二）国内研究主要内容

一是关于佩珀思想转变动因的研究。关于这方面的研究只是散落在几篇论文之中，例如，林美萍和张萍在她们的文章中探讨了佩珀的思想转变。她们的观点大致上可以概括为：佩珀因工作关系密切关注生态环境问题并对环境问题进行思考。面对资本主义生态危机和"传统社会主义"生态环境恶化的现状，佩珀更希望探究出生态危机的真正根源并找到解决生态危机的良方。佩珀首先对资本主义社会中"科学"的客观性和"环境教育"的有效性产生怀疑，于是佩珀更加密切关注生态运动，思考生态危机问题，并逐渐转向生态学理论研究。在研究过程中，佩珀逐渐从制度上去考察生态问题，并转向马克思主义。因资本主义制度和"传统社会主义"均无法解决生态危机问题，尤其是1992年地球峰会令人失望的结果更进一步促使佩珀向马克思主义转变。

二是关于佩珀生态危机思想的研究。姜佑福在佩珀与萨卡思想比较中认为，佩珀把资本主义的生产方式看作资本主义生态危机的根源，也就是说佩珀认为生态危机最终的根源在于资本主义制度而不是工业社会。乔瑞金和李小红在他们合作的文章中指出，生态危机的首恶是现代社会的生产方式，生态危机的催化剂是技术中心主义。几乎每一篇研究佩珀的生态社会主义思想的文章都会探讨佩珀的生态危机思想，研究者们在其文章中较为普遍地认为，佩珀对生态危机根源的分析是深刻的也是符合实际的。研究者们也普遍认为，佩珀把生态危机根源直指资本主义制度是有助于我们分析生态危机问题和寻找生态危机解决方案的。

三是关于佩珀"弱"人类中心主义思想的研究。陈食霖认为，佩珀批判了生态中心主义和生态自治主义，主张马克思的人类中心主义。姜佑福则强调了佩珀所主张的人类中心主义与新古典经济学中强调以个人主义为中心的人类中心主义及资本主义中强调以技术为中心的人类中心主义不同，它强调的是一种长期的和集体利益的人类中心主义。向益红、王雨辰、李富君、曾文婷和张季平等人在其论文中也讨论了佩珀的人类中心主义思想，他们的观点均与陈食霖的观点相同。

　　四是关于佩珀生态社会主义构建思想的研究。陈食霖等认为，佩珀把生态矛盾当作资本主义内在矛盾，认为资本主义制度本身无法解决生态矛盾，因而需要用社会正义推进生态学，进而采取社会变革的方式建立生态社会主义社会。曾文婷在其论文中则讨论了佩珀所构建的生态社会主义具有的几个特征：重返人类中心主义，人与自然和谐发展，经济理性增长，生产资料社会占有，尊重民主和公平正义。夏鑫在其文章中还强调了佩珀构建的未来社会的生态性、平等性和计划性。向益红则认为佩珀的未来社会支持计划和市场相结合的"混合经济"模型，国家在全国和地方各层面依然实施计划调节。

　　五是关于佩珀生态社会主义思想中的方法论研究。蔡华杰强调佩珀运用马克思主义的历史唯物主义去分析历史进程，并得出了人类历史就是生产方式转换的历史的结论。因而，他认为佩珀得出此结论的目的就是想告诉人们："资本主义的生态危机与资本主义的生产方式是紧密联系在一起，在探寻资本主义生态危机根源的时候不能脱离资本主义本身。"[1] 王雨辰在其文章中指出佩珀从四个方面论述了历史唯物主义的生态内涵。张丽君则把佩珀生态社会主义思想构建的历史唯物主义方法、"社会—自然"辩证法和阶级分析法分别与生态社会主义的制度追求、价值取向和社会变革结合起来探讨。

　　六是关于佩珀生态社会主义思想中的社会变革思想的研究。姜佑福认为，佩珀主张通过社会主义和无政府主义联合的"红绿联盟"的方式进行社会变革。关雁春在其文章中强调了佩珀生态社会主义思想中的社会变革的阶级分析。她认为佩珀把变革的依靠力量依然确定在工人阶级身上，并相信由工人阶级进行的激进社会变革仍然可能。当然，也有研究者批评佩珀的社会变革思想，批判他反对暴力革命，过分强调了总罢工及议会民主在社会变革中的作用。

　　七是关于对佩珀生态社会主义理论的评价。姜佑福认为佩珀的生态社会主义思想总体上是"犹豫不决的"，但"因其'社会正义'的根本诉求而多了一份现实主义的色彩"[2]。张丽君认为佩珀的生态社会主义具有鲜明的"红色"立场，佩珀

---

[1] 蔡华杰. 生态学马克思主义对生态危机的现代阐释——《生态社会主义：从深生态学到社会正义》文本解读 [J]. 南京林业大学学报（人文社会科学版），2007（07）:34-38.

[2] 姜佑福. 生态社会主义的两种基本面相及其内在理论张力 [J]. 马克思主义与现实，2010（06）:91-95.

构建生态社会主义所运用的马克思主义方法论为分析生态问题提供了思路和视角。但向益红等学者则批判佩珀生态社会主义思想中的社会变革思想貌似激进，却把资本主义社会变革的希望更倾向寄托于其自身的失败。此外，还有学者批评佩珀的生态社会主义思想带有乌托邦性质，尤其是其生态社会主义构建思想带有强烈的理想主义色彩。

八是关于佩珀生态社会主义思想与其他生态社会主义者思想的比较研究。上海大学彭学农的《人类中心主义与绿色意识形态的融合——对佩珀和多布森观点的比较和评析》(《晋阳学刊》，2009 年第 4 期）讨论了佩珀与多布森在生态主义方面的意识形态是否是对立、经济学价值理论与意识形态关联性、人类中心主义与绿色意识形态是否趋近几个方面的观点的比较。上海社会科学院姜佑福的《生态社会主义的两种基本面相及其内在理论张力》(《马克思主义与现实》，2010 年第 6 期）认为佩珀的"红绿联盟"生态社会主义是当代生态社会主义思潮两种基本面相之一，并把佩珀的生态社会主义、核心论题和理论原则与萨拉·萨卡的观点进行了比较。

九是关于佩珀生态社会主义思想对当今启示的研究。陈学明认为佩珀从多个方面揭示了马克思生态论的当代意义：生产决定论揭示出环境问题解决的入手之处；政治经济学揭示生态矛盾是资本主义内在矛盾；自然观揭示了资本主义对自然不友好的内在原因；"人口—资源"论揭示出"人口过剩"问题和"人类饥饿"问题的根源不在于自然资源的短缺等。而更多的研究者强调了佩珀生态社会主义对我国生态文明建设和和谐社会建设的意义。

国内学者的研究为本研究提供了丰富的研究素材、多元的研究视角和科学的研究方法，为本研究的顺利开展打下良好的研究基础。但是，通过国内的研究学术动态和研究状况梳理，可以看出，国内学者对佩珀生态社会主义思想的研究还存在一些问题。一是国内研究主要还是分散在一些关于生态社会主义或是当代西方思潮流派的书籍的某些章节，还没有比较系统的专著。二是研究佩珀生态社会主义思想的论文主要是对佩珀生态社会主义思想某个方面或是某个角度进行探讨，以介绍性和综合评述为主，缺乏系统研究。三是国内目前的研究主要是参照和引用《生态社会主义：从深生态学到社会公正》中文译本，对佩珀的英文著作研究还有很大空间。此外，目前的研究还缺少将佩珀的思想与其他生态社会主义学者的思想进行比较的研究，也缺少对佩珀思想的现实意义研究。本书将吸收国内学者的优点，弥补国内研究目前存在的不足，收集一手研究资料，充分利用辩证唯物主义研究、原始文献研究、对比研究等方法，加强系统研究。

第三节　研究方法和研究思路

一、研究方法

本书运用辩证唯物主义和历史唯物主义的方法，辩证地和历史地分析戴维·佩珀的生态社会主义思想，客观分析其合理之处及局限性。

本书具体的研究方法主要包括：

第一，文献研究法。本研究将建立在戴维·佩珀出版的关于生态社会主义思想的中英文著作（译作）和马克思主义经典文献的基础上，通过这些文献研究，提炼出佩珀生态社会主义思想中最基本、最真实的主张，并对其生态社会主义思想作出客观的分析与评论。

第二，比较分析法。本书将会把戴维·佩珀的生态社会主义思想放到整个西方生态社会主义流派的历史进程中去进行研究，从而比较分析出佩珀的生态社会主义思想与其他生态社会主义思想的不同之处，并揭示出佩珀生态社会主义思想的合理性、局限性及当代意义。

第三，理论逻辑与历史逻辑相统一的研究方法。本书将从历史逻辑和理论逻辑层面对佩珀生态社会主义思想进行研究，分析其思想产生的时代背景和思想渊源，分析其思想在理论逻辑和历史逻辑上的合理性与局限性，最终得出佩珀生态社会主义思想的理论意义和历史价值。

二、研究思路

本书分为七章，在总体结构上分为导论部分、思想产生背景和理论渊源部分、主要思想研究部分和思想评论与启示部分。具体各章的主要内容如下：

导论部分主要介绍本研究的选题意义、研究现状和述评、研究思路、研究方法、创新点和重难点。

第一章是戴维·佩珀生态社会主义思想产生背景部分。本章首先简单介绍了生态社会主义的产生、基本主张和佩珀的思想转变。其次，从资本主义生态危机出现、生态运动蓬勃发展和传统社会主义弊端凸显三个方面论述了佩珀生态社会主义思想产生的社会背景。

第二章是戴维·佩珀生态社会主义思想的理论渊源部分。本章从马克思主义自然观、法兰克福学派生态危机理论、结构主义的马克思主义相关生态观点和其他生态马克思主义学者的思想四个方面介绍了佩珀生态社会主义思想产生理论来源。

第三章介绍戴维·佩珀的资本主义生态危机思想。本章首先论述了佩珀对环境主义的生态危机理论的批判和对环境主义生态危机理论的本质揭示。其次，呈现了佩珀从资本主义生产目的、生产手段、消费方式和社会不公四个方面对资本主义生态危机根源的分析。最后，探讨了佩珀解决资本主义生态危机问题的策略。

第四章介绍戴维·佩珀的人类主体地位思想。本章首先介绍了佩珀对环境主义造成人与自然关系破坏的批判。其次，论述了佩珀对生态中心主义的马克思主义批判。最后，探讨了佩珀关于构建"弱"人类中心主义的思想。

第五章介绍戴维·佩珀的未来生态社会主义社会构建思想。本章首先介绍了佩珀对无政府主义的分析。其次，陈述了佩珀对当代生态主义的观点。最后，总结归纳了佩珀对未来生态社会主义社会构建的思想。

第六章评析戴维·佩珀的生态社会主义思想历史价值。本章运用马克思主义理论对佩珀生态社会主义思想进行历史地、辩证地分析，指出佩珀生态社会主义思想的缺陷和合理成分。

第七章论述戴维·佩珀的生态社会主义思想的当代意义。本章从依靠社会主义解决生态危机、促进全球联合改善全球生态、推动绿色发展、建设美丽中国和维护生态正义、促进人与自然和谐共生几个方面分析佩珀生态社会主义思想对当代世界和中国的启示意义。

本书的最后部分是在上述章节研究的基础上对全书进行总结。

第四节　重难点及创新

一、研究的重难点

第一，本书运用马克思主义基本方法和观点，全面、深入和系统地研究佩珀的生态社会主义思想。要把握好这一重点，需要收集和掌握最真实的第一手材料，需要对佩珀的英文著作进行阅读、分析、概括和提炼。在中西方思维模式不同的条件下，在中英文语言差异的情况下，无疑是有较大难度的。

第二，本书要把马克思主义与各种形式的环境主义进行比较，把佩珀生态社会主义思想与其他生态社会主义者思想，以及同时代相关流派人物的思想进行比较，并作出马克思主义的批判。显然这既是重点也是另一个难点。

第三，本书对佩珀生态社会主义思想进行研究的最终目的是揭示出其思想对当前中国和当代世界的启示意义。对佩珀生态社会主义思想作出客观公正的评析，并在此基础上总结出其启示意义，这既需要很高的总结归纳能力，又需要很高的理论素养和极其敏锐的现实洞察能力。

二、研究的创新点

本书按照通用的人物思想研究的写作思路进行写作，即先介绍戴维·佩珀的生态社会主义主要思想，然后再挖掘其理论价值及启示意义。研究方法主要采用文本研究和比较研究。作者试图在以下几点做出新的尝试：

第一，在研究材料上掌握一手研究资料。当前，国内学者主要参照戴维·佩珀著作的中文译本《生态社会主义：从深生态学到社会正义》来研究他的生态社会主义思想，而本书将尝试对佩珀的三部主要英文著作文本、两部中文译本文本和佩珀公开发表的相关英文论文基础上进行较全面、深入和系统的研究，力争做到掌握最真实的一手研究材料，得出最合乎佩珀思想实质的结论。

第二，在研究方法上加强对比研究。在国内现有的研究中，对戴维·佩珀生态社会主义思想介绍的多，对其思想与其他生态社会主义者的思想及其他同时代流派思想进行比较的少。本书将在此两方面上力图有所突破。

第三，在研究内容上深入考察思想渊源。在国内现有的研究中，对戴维·佩珀的生态社会主义思想的主要内容介绍和分析较多，而极少或者是简单地对其思想来源进行分析和挖掘。本书在挖掘其思想产生的渊源上作了较为详细的考察。

第四，在研究意义上认真总结时代意义。本书将在对戴维·佩珀生态社会主义思想和当今中国的实际进行深刻剖析的基础上，探析佩珀的生态社会主义思想对当前中国的实际启示意义，力图挖掘出佩珀生态社会主义思想对中国甚至是对当今世界的启示意义。

第一章
戴维·佩珀生态社会主义思想的产生背景

正如马克思所说的那样,"每个原理都有其出现的世纪"[1]。作为西方马克思主义流派中影响力较大的一支,生态社会主义思想的产生也有自己"出现的世纪"。20世纪,资本主义世界陷入了生态危机之中,生态运动在西方发达国家兴起,生态社会主义思想产生。在生态社会主义的发展过程中,它先后经历了由"红"到"绿"、"红绿交融"和"绿色红化"三个阶段。而戴维·佩珀的生态社会主义思想则是生态社会主义"绿色红化"这一阶段的代表性思想。显然,作为生态社会主义思想中的重要组成部分,佩珀的生态社会主义思想的产生也与西方生态危机、生态运动、生态社会主义产生这些大的社会背景密不可分。20世纪,"传统社会主义"模式的弊端逐渐暴露,苏联等社会主义国家遭遇生态环境等问题,苏联和东欧社会主义国家还发生了"剧变"。社会主义生态环境问题和苏联东欧社会主义国家"剧变"对戴维·佩珀的生态社会主义思想的形成产生了重大影响。

---

[1] 马克思,恩格斯.马克思恩格斯文集:第1卷[M].中共中央马克思恩格斯列宁斯大林著作编译局,译.北京:人民出版社,2009:607.

第一节　资本主义社会生态危机爆发

人类从原始文明走向工业文明，生产力得到了巨大发展，人类的生存条件和生活状态得到了显著改变，人对自然的态度也发生了根本性改变，人类面临的生态环境问题也越来越严峻。人类自进入资本社会，采用资本主义生产方式，掠夺自然资源，造成了生态危机。人类社会环境的恶化和资本主义社会生态危机的爆发促使佩珀去分析其产生的根源并寻找解决的方案，为佩珀生态社会主义思想产生提供了时代背景。

一、人类社会环境的恶化

人类先后经历了狩猎文明、农业文明、工业文明。在不同的文明时期，人类对自然采取了不同的态度，因而生态环境的状况在各个文明时期各不相同。在蛮荒时代，自然界"起初是作为一种完全异己的、有无限威力的和不可制服的力量与人们对立的，人们同自然界的关系完全像动物同自然界的关系一样，人们就像牲畜一样慑服于自然界"[1]。进入铁器时期后，人类支配和控制自然的能力增强，

---

[1] 马克思, 恩格斯.马克思恩格斯选集：第 1 卷 [M].中共中央马克思恩格斯列宁斯大林著作编译局，译.北京：人民出版社，1995：81–82.

为了满足自身更多的生存和生活需求，人类开始使用铁犁等铁制工具开垦土地，开发自然，以谋求更多的生产生活资料。农耕文明具有随意性和盲目性，其对自然的扩张导致了局部地区生态环境的破坏，甚至导致了"两河文明"和"玛雅文明"的崩溃。恩格斯就农耕文明对生态环境的破坏也有过深刻的论述："美索不达米亚、希腊、小亚细亚以及各地的居民，为了得到耕地，毁灭了森林，但他们做梦也想不到，这些地方今天竟因此成为不毛之地，因为他们使这些地方失去了森林，也就失去了水分的积聚中心和贮藏库。阿尔卑斯山的意大利人，当他们在山南坡把在山北坡得到精心保护的那同一种枞树砍光用尽时，没有预料到，这样一来，他们就把本地区的高山畜牧业的根基毁掉了；他们没有预料到，他们这样做，竟使山泉在一年中的大部分时间内枯竭了，同时在雨季又使更加凶猛的洪水倾泻到平原上。"[1] 虽然，农耕文明对局部地区的生态环境造成较大的破坏，但农耕生产发展的速度、规模及当时人口数量还没有突破自然界的承载能力，农耕文明对自然生态破坏总体上是轻微的，人和自然依然能处于"经验型"和谐状态。

自 18 世纪工业革命以来，社会生产力突飞猛进，人类的生产方式发生了极大的改变。正如马克思、恩格斯所论述的那样："资产阶级在它的不到一百年的阶级统治中所创造的生产力，比过去一切世代所创造的全部生产力还要多，还要大。自然力的征服，机器的采用，化学在工业和农业中的应用，轮船的行驶，铁路的通行，电报的使用，整个大陆的开垦，河川的通航，仿佛用法术从地底下呼唤出来的大量人口，——过去哪一个世纪料想到在社会劳动里蕴藏有这样的生产力呢？"[2] 在资本主义形成和发展过程中，由于机器的使用，石油、煤炭及其他资源的大量开采和使用，生态问题日趋严峻。特别是进入 20 世纪之后，资本主义工业化不断发展，科技日新月异并被广泛使用于工业生产，人口急剧增长并形成了过度消费的生活方式，人类社会更是加紧了开发和改造自然的步伐，生态问题在全球范围内蔓延，人类的生存和发展面临着严峻的挑战。

---

[1]马克思,恩格斯.马克思恩格斯选集：第4卷[M].中共中央马克思恩格斯列宁斯大林著作编译局,译.北京：人民出版社,1995:383.

[2]马克思,恩格斯.马克思恩格斯选集：第1卷[M].中共中央马克思恩格斯列宁斯大林著作编译局,译.北京：人民出版社,1995:277.

二、资本主义社会的生态危机

资本主义社会面临的生态挑战更加严峻，甚至引发了生态危机。生态危机首先在资本主义发达国家爆发，人们的日常生活甚至生命安全受到了严重威胁。1873 年 12 月，在英国伦敦一次由煤烟引起的大气污染的烟雾事件中就有 268 人死亡。在资本主义发展过程中，资本主义发达国家还发生了一系列环境公害事件，其中最为著名、影响最大的是发生在 20 世纪 30—60 年代的"八大公害"事件。

1930 年 12 月，比利时发生了马斯河谷烟雾事件，河谷中重型工厂排放出的有害物质造成了河谷地区几千居民出现胸痛、咳嗽、呼吸困难等症状，并有 60 余人在一周之内死亡。1943 年、1952 年和 1955 年，美国洛杉矶发生了光化学烟雾事件，仅在 1955 年 9 月的一次烟雾事件中，两天之内，65 岁以上的老人就多达 400 余人死亡。1948 年 10 月，美国宾夕法尼亚州多诺拉镇发生了烟雾事件，二氧化硫等物质与大气中尘粒导致 5911 人发病，17 人死亡。1952 年，英国发生了伦敦烟雾事件。1953 年，日本熊本县水俣市发生了水俣病事件。1955 年，日本富山县发生了"痛痛病"事件。1961 年，日本四日市发生了哮喘病事件。1968 年，日本九州岛爱知县等 20 余县发生了米糠油事件。

"八大公害"事件之后，世界上还发生了严重的污染事件。1972 年至 1992 年间，整个世界又发生了北美死湖事件、卡迪兹号油轮事件、墨西哥湾井喷事件、库巴唐死亡谷事件、西德森林枯死病事件、印度博帕尔公害事件、切尔诺贝利核泄漏事件、莱茵河污染事件、雅典"紧急状态事件"和海湾战争油污染事件十起重大污染事件。这十起重大污染事件中除了切尔诺贝利核泄漏事件发生在社会主义国家苏联之外，其他九起都发生在资本主义国家。当然，这些重大的生态环境污染事件只是资本主义世界生态危机爆发表现的冰山一角，真正的资本主义生态危机表现远不止如此，而是表现在方方面面。福斯特就曾指出："全球变暖、臭氧层遭到破坏、热带雨林消失、珊瑚礁死亡、过度捕捞、物种灭绝、遗传多样性减少、环境与食物毒性增加、沙漠化、水资源日益短缺、洁净水不足以及放射性污染不胜枚举。"[1] 无论它以什么样的形式表现出来,生态环境的破坏给资本主义国家甚至是整个世界的人们的生活乃至生存带来了严重的危害。

资本主义生态危机为佩珀生态社会主义思想产生提供了思考起点。在生态危机产生之后,资本主义国家通过各种手段来处理生态环境问题。正是资本主义生态危机的出现和生态危机出现后资本主义国家的所作所为促使佩珀去分析其背后产生的原因并寻找解决问题的方案。资本主义生态危机为佩珀的生态社会主义思想提供了原始思考动力,也为佩珀生态社会主义理论产生提供了问题目标。可以说,资本主义生态危机问题是佩珀生态社会主义理论的出发点,也是其理论的终结点。

[1] 福斯特 .J.B. 生态危机与资本主义 [M]. 耿建新,译 . 上海:上海译文出版社,2006:4.

第二节　生态运动兴起与发展

资本主义国家日益严峻的生态问题引起一些西方学者关注。美国学者蕾切尔·卡森于1962年出版的《寂寞的春天》一书"可视为当代环境保护运动的起始点"[1]，开启了现代环境保护主义的先河，拉开了西方资本主义国家保护生态环境运动的序幕。生态危机对西方国家现实生活影响日益凸显，引起罗马俱乐部对生态问题的关注和探讨，引发了欧美国家的生态运动和绿党的发展。西方发达国家生态运动和绿党的发展为佩珀生态社会主义思想产生提供了实践背景。

一、罗马俱乐部对生态问题的探讨

首先对生态危机问题进行研究的学术团体是罗马俱乐部。1968年，来自美国、德国、意大利、日本和瑞士等10个国家30多位科学家、经济学家和企业家等成立了"罗马俱乐部"。罗马俱乐部成立后,俱乐部成员开展协作性研究。罗马俱乐部认为，"全球问题"只是现阶段的特殊现象，它与20世纪中叶科学技术的迅猛发展有关。一是科技进步为

---

[1] 蕾切尔·卡森.寂寞的春天 [M].吕端兰，李长生，译.上海：上海译文出版社，2011：Ⅷ.

人类开辟了更宽广的活动范围，也为人类活动开辟了新的方向。二是科技进步增强了人类与自然抗衡的力量，扩大了人类对自然的影响力。当人类失去对环境的有效控制后，其引发的不良后果就会引起复杂的社会问题。当社会问题互相纠缠而具有全球性特征时就演变成了"全球问题"。

罗马俱乐部发表了一系列关于"全球问题"和"人类困境"的报告。第一个报告《增长的极限》(原名《论人类困境》)同生态问题关系最为密切。《增长的极限》的主要论点为："20世纪中叶，世界经济以几何级数增长，势必加速资源的枯竭，因此人类必须减缓经济发展才能化解可能发生的危机。"[1]《增长的极限》一书通过算人口账、世界经济增长账、粮食账、不可再生的资源账和环境资源账，得出结论："如果世界现有的人口、工业化、环境污染、粮食生产、资源耗竭的发展趋势不变，那么，世界将在未来100年的某时达到增长的极限，然后崩溃为凄凉和枯竭的生活……"[2]要避免这种状况的发生，就必须采取措施，保证持续的生态平衡和消费稳定，实现经济零增长，建立起全球均衡状态。

1972年《增长的极限》发表，在全球引起了轰动，也引发了国际性辩论。无论乐观主义者对《增长的极限》的悲观论调进行怎样的批驳，"它第一次严肃地提醒世界舆论注意经济增长和科技进步的社会后果，注意当代人类面临的迫切的生态问题"[3]。罗马俱乐部提出将生态学与经济学结合起来的任务，发表了一系列报告，它唤醒了人们的生态意识，也改变了人们的生态价值取向。

二、生态运动的兴起及绿党的发展

20世纪70年代以后，欧洲多国群众因环境问题举行游行、示威和抗议等活动，一些科学家、社会活动家及相关人士对环境污染危害进行了揭示和披露，导致生态环境问题和由生态环境问题而引发的公害事件成为西方社会公众关注的中心，从而引发了群众性生态运动。在欧洲生态运动的感染下，同样面临生态问题困扰

---

[1] 张镜湖.世界的资源与环境[M].北京：科学出版社，2004:2.

[2] 徐崇温.当代外国主要思潮流派的社会主义观[M].北京：中共中央党校出版社，2007:264.

[3] 徐崇温.当代外国主要思潮流派的社会主义观[M].北京：中共中央党校出版社，2007:265.

的北美洲和大洋洲也爆发了生态运动。在生态运动中，"自然之友""地球之友""未来—绿色行动""环境保护—绿色行动"等众多民间生态组织喷涌而出，并得以迅速发展壮大。例如："1972 年联邦德国成立'环境保护—全国自发组织联合会'时，已拥有 1000 多个自发组织的约 30 万成员，到 1985 年绿色运动的追随者已达到 150 万，甚至较晚起步的日本 1976 年也有 1000 多个组织投入了反环境污染的斗争。"[1]

在自发的生态运动中，在民间生态组织的基础上形成了新的政治力量——"绿党"。1972 年，澳大利亚环保组织（United Tasmania Group）成立了第一个绿党。而 1972 年在新西兰成立的"价值党"则是首个全国性绿党。该党也是最早阐明绿党的生态政治学观点的绿党。此后，各国绿党在欧洲、美洲、西亚和非洲国家纷纷建立并迅速壮大。20 世纪 80 年代，在欧美发达资本主义国家，绿党纷纷成功进入议会。例如，1981 年法兰克福成立的绿党，仅 1983 年就有 32.5 万新党员注册，随后进入议会；西德绿党在 1987 年在联邦议会获得 42 个席位，1989 年在欧洲议会中获得 25 个议席。此后，澳大利亚、新西兰、比利时、芬兰、意大利、卢森堡、瑞士、巴西、墨西哥和巴布亚新几内亚绿党成功进入全国性议会。绿党不仅谋求进入议会，而且还进行国际联合。1987 年，20 余国绿党召开国际绿党大会；2004 年，欧洲 29 国绿党组织在罗马组建成统一的欧洲绿党。20 世纪 90 年代，欧洲多国绿党通过中左联盟、红绿联盟取得执政党地位，"到 1998 年底，在欧盟 15 国中，多数国家的绿党参加了政府"[2]。

在生态运动中，围绕生态环境问题，绿党不仅在言论上猛烈批判"工业主义"和技术理性主义，而且在实践中，还组织和领导欧洲人民进行大规模反核反战示威运动，绿党在社会政治生活中的影响力日益增强。1992 年，联合国在里约热内卢召开"地球峰会"时，3500 多个生态组织紧随而至，举办"全球论坛"，向峰会施加压力，促使其把生态环境和经济社会发展两个问题结合起来研讨，并最终制定了"可持续发展战略"。

生态运动和绿党的发展为佩珀生态社会主义思想产生提供了实践背景。生态

[1] 徐觉哉.社会主义流派史 [M].上海：上海人民出版社，2007:430.
[2] 徐崇温.当代外国主要思潮流派的社会主义观 [M].北京：中共中央党校出版社，2007:268.

运动是西方能源危机、生态失控引发的群众运动，它包括当代西方环境保护运动、反战和平运动、反核运动、女权主义运动等，是一种广义的"绿色"运动。生态运动参与者包括无政府主义者、共产主义者、社会主义者、和平主义者、种族主义者、性别主义者、环境主义者等形形色色的人。生态运动涉及的范围宽泛，涉及人员众多。在生态运动中，绿党得以产生并逐渐发展壮大，这为绿党激进派的"生态社会主义"产生提供了实践基础。

戴维·佩珀的生态社会主义思想属于绿党激进派生态社会主义中的一支，毫无疑问，他的思想也来源于西方的生态运动实践。也正是生态运动中各种新旧观念碰撞，人们生态意识逐渐增强，佩珀的生态社会主义思想的产生才有了实践条件。

第三节　生态社会主义产生及发展

在西方生态运动和绿党发展过程中，绿党左翼提出了将生态政治学纳入马克思主义体系的主张，形成了生态社会主义理论。在其发展过程中，生态社会主义理论流派结合不同阶段生态运动、绿党发展和资本主义生态危机的特点，提出了自己的基本观点。虽然不同阶段和不同生态社会主义者的主张有所不同，但在某些主张上还是达成了共识。生态社会主义的产生和发展引起佩珀对生态环境问题和生态社会主义的关注，引起佩珀的思想转变，为佩珀生态社会主义思想形成提供了精神指引。

一、生态社会主义的产生

生态社会主义"是一种与生态自治主义相对应的生态政治理论流派与运动"[1]，它主要是指当代马克思主义者"在社会主义视角下对生态环境问题的政治理论分析与实践应对"[2]。生态社会主义有广义和狭义之分。广义的生态社会主义包括："生态马克思主义、生态社会主义（狭义）和'红绿'政治运动理论"[3]。而狭义的生态社会主义则主要是用社会主义政治理论分析资本主义生态危机问题根源、生态危机问题解决方案和生态社会主义的构建。

[1] 郇庆治.重建现代文明的根基——生态社会主义研究 [M].北京：北京大学出版社，2010：导言 2.
[2] 郇庆治.重建现代文明的根基——生态社会主义研究 [M].北京：北京大学出版社，2010：导言 2.
[3] 郇庆治.重建现代文明的根基——生态社会主义研究 [M].北京：北京大学出版社，2010：导言 2.

生态社会主义（或生态马克思主义）是西方生态运动中产生的一种思潮，兴起于 20 世纪后半期。在生态运动中，绿党基本达成一致意见，对资本主义在发展过程中的反自然和反人道等行为进行批判，要求实现社会公平与正义。但各绿党组织阐发的主张并不完全统一，逐渐形成了想象派、生态派、保守派、和平运动派和激进左派等派别。围绕生态环境问题，绿党激进派中部分马克思主义者通过深入挖掘马克思主义学说，主张将生态政治学纳入马克思主义体系，用马克思主义理论和方法分析生态危机的根源，以寻求解决资本主义生态危机的策略与方案。因绿党激进派中的主张中带有一定的社会主义色彩，所以他们的学说被称为"生态社会主义"（Eco-socialism）和"生态学马克思主义"（Eco-marxism）。

概括而言，生态社会主义是产生于 20 世纪 70 年代，在 20 世纪 90 年代趋于成熟的偏左社会思潮，是区别于西方生态运动和组织的流派。生态社会主义运动的出现并非历史的偶然，而是资本主义资本逐利的必然产物。作为当代生态保护主义和社会主义相结合的社会思潮，这一思潮透射出生态社会主义者试图通过生态保护理论和马克思主义理论的融合寻找一条挽救生态危机实现生态社会主义的道路。

二、生态社会主义的基本主张

生态社会主义作为一种社会思潮，有其自身发展历程。在不同的发展时期，生态社会主义代表人物所提出的理论观点和政治主张都有所区别，但是，观点和主张都基于生态社会主义的基本理论提出，在人与自然关系、生态危机产生根源、资本主义社会矛盾上、社会变革力量上，生态社会主义者的主张基本相同。以马克思主义理论和社会主义理论为思想基础，在生态学思想的指导下，在生态社会主义运动中逐渐形成四个方面的基本主张。

一是主张人与自然的和谐统一。在人与自然关系上面，生态社会主义主要经历了两个发展阶段。20 世纪 90 年代以前的生态社会主义强调"自然优先性"，反对人类干预自然界，主张生态中心主义取代人类中心主义。20 世纪 90 年代后，生态社会主义者逐渐认识到人是自然的产物，是伴随自然界不断演化而来的生物体，自然界先于人类产生，因此自然界具有绝对的优先性。自然界的优先性决定了人类对于自然的依赖性，只有依靠自然，人类社会才能生存和发展。人类社会再生产所需的物质资料依赖于自然。在对人与自然关系重新认识的基础上，生态社会主义者扬弃之前的以生态为中心的观点，吸取马克思主义人与自然的辩证关系，形成以"人类尺度"来分析人与自然和谐统一的理论主张。这一主张认为人与自然都具有生物存在性，自然只有依靠人类才有存在的价值，人发展生存离不开自然，人通过能动的劳动实践在与自然的相互交换中实现人与自然的和谐统一。生态社会主义者认为未来社会的特征之一就是人与自然之间的和谐统一，物质生产劳动是实现人与自然走向和谐统一的现实路径。生态社会主义以"人的尺度"考察人与自然的历史性、统一性，发现当代生态问题不是自然问题，而是社会发展过程中造成生态破坏的社会问题。解决环境破坏污染问题并不是一个纯粹的自然过程，而是一个社会过程，需要人的参与，这是一个社会问题的解决过程。

二是资本主义制度是生态危机产生的根源。在生态危机产生的这个问题上，生态社会主义者运用马克思主义理论，从资本主义制度分析角度出发，寻求生态危机产生的原因。他们突破生态中心论为基础的"深绿"思潮，从资本主义制度分析生态危机产生的原因，并且认为生态危机并不是区域性的而是全球范围内的危机，加强了对于资本主义社会的批判力度。生态社会主义认为资本主义生产的唯一目的就是追求剩余价值的不断增加，这是造成生态危机的内在逻辑，它决定了资本家对待自然的态度是敌视，必然将自然作为征服、主宰的对象。生态社会主义者认为资本家生产的唯一目的就是追求利润的最大化，"在私有财产和钱的统治下形成的自然观，是对自然界的真正的蔑视和实际的贬低"[1]。生态社会主义者也认为在资本主义市场经济的支配下，资本主义社会生产存在严重的"成本外在化"趋势，"资本主义社会在生产时会尽最大努力降低生产的成本，而不管可能让社会承担多少成本"[2]。这说明资本主义为追求更多的利益将生态破坏的恶果让社会承担。即使是在有些情况下会出现企业治污的情况，也是由于企业想追求更高的利益。资本主义对环境的改善"必须服从于或服务于它对利润的追求"[3]。

---

[1]马克思,恩格斯.马克思恩格斯全集:第1卷[M].中共中央马克思恩格斯列宁斯大林著作编译局,译.北京:人民出版社,1956:448–449.

[2]段忠桥.当代国外社会思潮[M].第二版.北京:中国人民大学出版社,2004:188.

[3]马克思,恩格斯.马克思恩格斯全集:第1卷[M].中共中央马克思恩格斯列宁斯大林著作编译局,译.北京:人民出版社,1956:189.

　　三是生态矛盾为资本主义社会的主要矛盾。通过对资本主义制度的批判，生态社会主义者揭示出生态危机和资本主义之间的关系，得出生态危机是资本主义社会的主要矛盾这一结论。生态社会主义者认为，马克思主义关于资本主义内在矛盾之所以有效是由资本主义社会矛盾存在的客观性决定的，但是，马克思主义关于资本主义因为经济危机产生崩塌的观点并没有实现，关于劳动异化的理论已经不再适用于分析资本主义发展趋势。因此，生态社会主义者主张从资本主义制度造成的全球性生态危机作为切入口，认为当前生态的破坏影响到资本主义社会甚至全人类的发展，资本主义制度是生态危机产生的根源，是资本发展不可克服的固有矛盾。生态社会主义者认为，资本主义制度下，因资本逐利而产生的"过度消费"是造成资源过度开采、环境严重破坏并最终导致人与自然关系异化的原因。生态社会主义者认为，人与自然关系异化对自然造成的伤害不可逆转，导致资本的富有和无产者及自然的贫瘠。生态社会主义者还认为资本主义追求的高生产和高消费虽然导致经济危机的延迟，但是却造成生态的危害，造成了全球性的生态危机。正如阿格尔认为的："我们的中心论点是，历史的变化已使原本马克思主义关于只属于工业资本主义生产领域的危机理论失去效用。今天，危机的趋势已转移到消费领域，即生态危机取代了经济危机。"[1]

　　四是工人阶级不再是变革社会的主导力量。生态社会主义者认为，资本主义制度是生态危机产生的根源，所以只有变革资本主义制度，生态危机才能得到解除。关于变革的方式，生态社会主义者主张甘地主义，也就是非暴力原则。生态社会主义者主张"依靠那些具有'生态意识'的中小资产阶级、知识分子和青年学生的支持，通过议会活动，谋求执政，从而以理想的启迪、完美的立法或通过小规模的典型示范来和平地过渡到理想社会"[2]，致力于资本主义国家的和平解体，实际上是走改良主义道路。对于资本主义社会变革的主导力量，生态社会主义者认为，工人阶级不再是变革社会的主导，因为这一阶级的力量与其他阶级相比规模小，加之工人阶级受教育程度不高，缺乏足够的"生态意识"，他们只是受生态危机迫害的群体。同时，资本的发展使得他们对于资本的依赖性越来越高，这使得他们

[1] 本·阿格尔.西方马克思主义概论 [M].慎之，等，译.北京：中国人民大学出版社，1991:486.

[2] 张新鸿.评当代西方生态社会主义思潮 [J].济宁师专学报，2000（05）:36.

失去阶级独立性，也就不再是社会变革的主体力量。学生和高级知识分子的中间阶层被生态社会主义者认为是变革社会的主体力量，而工人阶级被认为是社会变革的次要力量。生态社会主义者相信：学生和知识分子拥有非暴力变革社会所需的理论知识，能够对未来生态社会的政治经济发展提出合理建议；无产阶级由于知识的缺乏只有通过暴力革命的方式变革社会，这不符合生态社会主义者对资本主义主要矛盾的判断，也脱离了生态社会主义者主要来自中间阶级的阶级基础。

三、生态社会主义的发展阶段

自 20 世纪 70 年代起，生态社会主义经过了 50 余年的发展，其发展可以被粗略地划分为三个重要阶段。

20 世纪 70 年代是第一阶段，这一阶段的特征是"红"到"绿"。这一阶段的代表人物是一些关注生态运动的原社会主义者，如前波兰共产党意识形态负责人亚当·沙夫（1913—2006）和前民主德国共产党员鲁道夫·巴罗（1935—1997）。此二人在思想上由原来的马克思主义逐渐转向绿色的生态主义，在政治上"从红到绿"，因而主张"积极谋求'绿色'（生态运动）和'红色'（共产主义运动）政治力量的汇合，要求建立一个由绿党、妇女运动、生态运动和一切进步的非暴力社会组织组成的广泛的群众联盟"[1]。

20 世纪 80 年代是第二阶段，这一阶段的特征是"红绿交融"。这一阶段的代表人物是西方新左派和西方马克思主义者，如美国学者威廉·莱易斯、加拿大学者本·阿格尔和法国学者安德烈·高兹。这一阶段的生态社会主义代表人物总体上主张将马克思主义与绿色思想结合起来，希望看到"红绿交融"的结果。

20 世纪 90 年代至今是第三阶段，这一阶段的特征是"绿色红化"。这一阶段的代表人物有法国的安德烈·高兹、德国的瑞尼尔·格伦德曼、英国的戴维·佩珀、美国的约翰·贝拉米·福斯特（John Bellamy Foster）和詹姆斯·奥康纳（James O'Connor）。这一阶段的生态社会主义代表人物总体上主张用"红色"的马克思主义引导"绿色"的生态运动。

---

[1] 徐觉哉.社会主义流派史 [M].上海：上海人民出版社，2007:432.

第四节　"传统社会主义"生态问题突显

在工业化建设过程中，苏联及其他"传统社会主义"国家对生态环境进行了保护，为保护生态环境作出了努力。但是，在工业化建设过程中，苏联也出现了自然资源巨大浪费、生态环境遭受严重污染和破坏的现象。苏联对生态环境破坏的态度、苏联等传统社会主义国家的生态环境问题，以及苏东剧变促使佩珀去思考"传统社会主义"生态问题出现的原因和社会主义能不能解决生态危机等重大时代问题，为佩珀构建生态社会主义社会思想提供了现实逻辑。

一、苏联保护环境的努力

建立初期，苏联就很重视保护和利用自然资源。1918年，苏俄就开始制定环境保护政策。列宁生前就签署了100多项关于自然资源保护和利用的文件。二十世纪二三十年代，当世界还未认识到生态环境问题的严重性时，苏联科学家已经按照政府的要求对其进行了研究，研究水平遥遥领先于资本主义国家。例如，苏联在世界上首次制定了水源和空气所能承受的污染物浓度标准。苏联还逐渐形成了保护自然环境的法律体系，以保护自然资源的合理利用。例如，苏维埃批准并通过了《苏联和各加盟共和国土地立法纲要》（1968）、《苏联和各加盟共和国水立法纲要》（1969）、《关于进一步改善自然保护和合理利用自然资源措施的决议》（1972）和《苏联和各加盟共和国地下资源立法纲要》（1975）等法律法规。此外，1977年，苏联还将保护自然环境作为国家和公民的一项基本义务写入宪法；1986年，苏联最高苏维埃要求对各项建设计划、改造设计、新技术和材料等进行国家生态鉴定。苏联还特别重视对干部和国民开展环境保护教育、环境意识培养、生态环境监督和对违法责任追究。

二、苏联的生态环境问题

苏联及其他社会主义国家在生态环境利用与保护方面进行了有益的尝试，取得了可喜的成就。但是，苏联在工业化建设过程中，也遭遇了严重的环境问题。一是对自然资源造成的巨大浪费，出现资源空心化现象。苏联时期，其高增长是依靠资源的高投入和高消耗来实现的。1980年，苏联每生产1卢布的国民收入消耗的电比美国多20%（钢多90%，石油多100%，水泥多80%）[1]。到后来，苏联在经济高速增长中出现了资源空心化现象：一方面，原料和燃料等的生产在世界遥遥领先，另一方面，由于浪费巨大、效益低下等原因，煤、铁、电、石油等资源紧缺，导致一些企业处于停工待料的境地。二是生态环境遭到严重污染和破坏。1984年的一份数据显示："由于空气和水污染造成的年均损失占苏联国民生产总值的2.5%。如果再加上为了保护土壤而支付的必要费用的话，损失将占到国民生产总值的4.5%。"[2] 而1987年，苏联把国民生产总值的11%花费在污染造成的卫生问题上，费用总额高达1900亿卢布。"苏联国家环境保护委员会在首次公布的环境报告中表明：全国有102个城市的空气与水污染最严重时超过国家标准9倍；这些地区儿童患病率升高，遗传疾病上升；主要污染源是能源、化学、煤气、木材加工、钢铁和有色冶金等几个部署的企业。而1992年俄罗斯关于国内环境问题的白皮书则承认：俄罗斯全国至少有5000万城市居民生活在高度污染的环境中；约有1/6的领土已经不适于人类生存，而其中大部分是有毒废气造成的。"[3] 而1992年，"苏联

---

[1] 江流，徐葵，等.苏联剧变研究 [M].北京：社会科学文献出版社，1994:66.

[2] 萨拉·萨卡.生态社会主义还是生态资本主义 [M].张淑兰，译.济南：山东大学出版，2008:55.

[3] 王宏斌.生态文明与社会主义 [M].北京：中央编译出版社，2011:116.

官方最后一份环境报告认为，占全苏面积 16%、约 300 个区域的环境问题非常严重，如果还包括草场退化，这个数字将上升到 20%，其中有 16 个区域是生态毁灭。全国 20% 的人口和 39% 的城镇人口生活在不利于人类生活的环境中（有些专家估计为 60%）。最严重的是阿拉尔（咸）海问题、切尔诺贝利事件和顿巴斯工业污染问题"。[1]

苏联在很长时期内也不承认自身存在严重的环境问题。起初，苏联专家学者认为，社会主义计划的优越性可以使得自然资源得到科学保护和合理利用，从而避免资本主义生产资料私有制条件下因无节制地追逐剩余价值而造成的环境污染。随着实践中生态环境破坏的加剧，学者们开始认识到苏联环境问题的严重性，并开始承认苏联同样存在环境问题，但对苏联环境问题的解决还抱有希望。现实中的社会主义国家却并没有摆脱生态问题的困扰。苏联在生产力相对落后的状况下，为了与西方资本主义阵营对峙和发展本国工业化，进行了粗放型生产，透支了自然资源，造成了严重的生态环境问题。特别是 1986 年发生的切尔诺贝利核泄漏事件，给生态环境带来了灾难性的破坏。

苏联等传统社会主义生态问题及苏联和东欧社会主义国家"剧变"促使佩珀思考并回答社会主义能不能解决生态危机重大时代问题。苏东剧变促使佩珀思考并回答社会主义能不能替代资本主义的问题。西方学者认为，不仅社会主义国家不能解决生态环境问题和生态危机问题，而且社会主义不是人类社会发展的方向。但佩珀认为，苏联等社会主义国家为了实现工业化，对生态环境造成了破坏，不是社会主义制度本身的问题，问题在于斯大林模式偏离了马克思主义。佩珀认为社会主义应该是能够解决生态危机问题的，社会主义应该是人与自然相适应的。在社会主义陷入发展低潮时期，佩珀回答了社会主义为何出现生态环境问题和社会主义为何能够解决生态危机两个问题，佩珀的生态社会主义思想有逻辑说服力，也在实践中得到支持和发展。苏联等传统社会主义国家的生态环境问题及苏东剧变促使佩珀的生态社会主义既要坚持社会主义的基本原则，又要解决生态问题，促使其生态社会构想的产生。

---

[1] 包茂宏.苏联的环境破坏和环境主义运动 [J].陕西师范大学学报（哲学社会科学版），2003（04）:23-30.

第五节　佩珀及其生态思想演进

佩珀是英国生态社会主义的代表人物之一，他先后出版了几部代表性著作，阐释了当代环境主义的历史、新变化、哲学和社会根源等问题，为当代环境问题引入了马克思主义思想，在生态社会主义领域作出了突出贡献。佩珀根据生态问题及时代的变化，随着对环境问题不断研究和思考，观察绿色运动的分化和演变，逐渐从一名环境主义者向一名生态学的马克思主义者和社会主义的支持者转变。

一、佩珀生平及其著作

戴维·佩珀（David Pepper 1940-　），英国生态学马克思主义主要代表人物之一，自 1969 年起，一直工作于牛津布鲁克斯大学，现为该校地理系名誉教授。佩珀在多个领域有所建树，在生态社会主义领域尤为突出：1984 年出版了 *The Roots of Modern Environmentalism*（《现代环境主义的根基》），阐释了当代环境主义的历史、哲学和社会根源，给当代环境问题引入了马克思主义思想；1993 年出版了代表作 *Eco-Socialism:from Deep Ecology to Social Justice*（《生态社会主义：从深生态学到社会正义》），把马克思主义理论与生态学进行了结合，赋予了马克思主义新的时代意义；1996

年出版了 *Modern Environmentalism: An Introduction*（《现代环境主义导论》），书中虽有部分内容与 1984 年出版的《现代环境主义的根基》重叠，但收集了有关环境方面的新材料、数据，展示了当时环境运动的新变化，"重点分析的是现代环境主义意识形态的哲学信念与观念起源，以及如何创建一个值得期望的生态社会"[1]；2003 年主编了《环境主义：地理学与环境中的批判性概念》等书籍，撰写了系列关于生态社会主义的论文和评论。佩珀被学术界和理论界认为是英国生态学马克思主义代表人物之一，亦是整个生态社会主义发展史上第三阶段（20 世纪 90 年代至今）的重要代表人物之一。

二、佩珀生态思想的演进

佩珀原本是一位研究地理学的学者，主要研究自然地理学和经济地理学等方面的问题，对环境主义和政治哲学也有较深入的研究，因研究专业涉及生态环境，所以一直密切关注生态环境问题，并有《现代环境主义的根源》和《环境主义导论》两本著作问世。起初，他只是一名环境主义者，但随着对环境问题的不断研究和思考，观察绿色运动的分化和演变，逐渐转变为一名生态学的马克思主义者和社会主义的支持者。

佩珀向生态社会主义者转变源于对环境主义理论中"科学"的怀疑。"科学"是环境主义理论的支撑，但在对环境问题研究的过程中，佩珀对"科学"的客观性产生了怀疑，进而引发其对资本主义国家对环境问题处理方法产生了怀疑。佩珀认为"科学"并不是中立的，它带有意识形态色彩。当环境主义者把"科学"应用到人与自然关系的研究时，"虽然受到现存的人与自然关系的影响，但他们一开始就带有偏见，一开始就决定用不同的'事实'去支持自己的观点"[2]。也就是说，环境主义者在利用"科学"的时候，是有选择的，那些无法支撑自己观点的科学会被过滤掉。其目的在于使自己的意识形态通过"科学"的外衣合法化和科学化，最根本的还是保护自己的利益。因为环境主义的"科学"具有资产阶级意识形态性，

---

[1] 郇庆治.重建现代文明的根基——生态社会主义研究 [M]. 北京：北京大学出版社，2010: 导言 5.
[2] PEPPER D .The roots of modern environmentlism[M].London：Croom Helm，1984:116.

所以佩珀借助马克思主义去研究生态问题。

佩珀向生态社会主义者转变也源于对环境主义理论中"环境教育"的怀疑。对于如何解决生态危机这一问题，环境主义者主张通过环境教育变革人的观念的方式来实现，而不主张对社会物质基础进行变革。佩珀认为生态危机根源于资本主义制度，观念变革不可能导致社会制度的变革，也无法解决生态危机问题。因此，佩珀主张："对生态和社会的改革必须遵循社会主义的路线。"[1] 由于这些怀疑，佩珀开始向马克思主义转向，进而研究生态社会主义。

而促使佩珀转变的根本原因就在于环境退化和社会不公正。20世纪80年代末和90年代初，东欧和苏联社会主义国家发生剧变，西方国家和原社会主义国家内部一些学者认为，社会主义国家自身生态环境也严重退化，社会主义也存在不公正现象，因此社会主义也解决不了生态危机问题。但佩珀认为，苏联等社会主义国家在与资本主义阵营竞赛中，为了早日实现工业化，对生态环境造成了破坏，根本原因在于斯大林模式偏离了马克思主义，而不是社会主义本身的问题。佩珀认为社会主义应该是马克思主义主张的人与自然相适应的。佩珀认为，真正社会不公正和环境退化根植于资本主义政治和经济的现实之中，仅仅采用环境教育方式无法使资本主义从根本上解决社会公正和环境退化问题。而促使佩珀思想发生转变的导火索就是1992年里约热内卢的"全球高峰会议"。在1992年的高峰会议上，最富裕的西方资本主义国家不愿牺牲自己获得财富的手段去保护环境，反而把生态危机的根源归结于发展中国家人口的膨胀和对自然资源的过度消耗。于是，佩珀开始主张运用马克思主义的分析，走一种"激进"的方式，以寻求环境退化和社会公正问题的解决之道。

---

[1]PEPPER D .The roots of modern environmentlism[M].London:Croom Helm，1984:224.

第二章
戴维·佩珀生态社会主义思想的理论基础

　　戴维·佩珀的生态社会主义思想不仅具有丰富的历史背景，而且还具有深厚的理论基础。正是在其所处特定社会背景之下，佩珀吸收了前人的有关思想，并结合自己的社会实践和理论探索，对社会发展做出了自己的回答，形成了具有自己鲜明特色的生态社会主义思想。从理论基础上讲，"一般认为，生态学的马克思主义有三个方面的理论来源：一是马克思主义关于人与自然相互关系的理论；二是生态学、系统论和未来学的理论成果；三是法兰克福学派的理论"[1]。而具体到佩珀的生态社会主义理论，它则主要借鉴了马克思主义自然观、结构主义的马克思主义、法兰克福学派生态危机理论和其他生态马克思主义者"绿色"思想中的部分观点。

---

[1] 俞吾金，陈学明.国外马克思主义哲学流派新编·西方马克思主义卷：下册 [M].上海：复旦大学出版社，2002:615.

第一节　马克思主义相关理论及对佩珀的影响

马克思主义自然观具有人与自然有机统一、劳动是人与自然的中介、资本主义生产方式造成人与自然对立、科技影响人与自然关系、人类可以与自然和谐相处等丰富的生态思想。佩珀不仅承认马克思具有丰富的生态思想，而且还受到马克思主义自然观的影响，并从中吸收了相关思想。

一、马克思主义自然观

马克思有没有生态思想？一些学者持否定态度，甚至有学者认为，马克思根本就不关爱自然，因为他主张征服世界和改造世界。其实不然，马克思、恩格斯的著作中包含着丰富的自然观，蕴涵着深刻的生态思想。概括说来，马克思、恩格斯的自然观包括以下几个方面。

第一，人与自然有机统一。马克思、恩格斯反对把人与自然孤立地分割开来，而主张两者辩证地、内在地统一。一方面，马克思、恩格斯指出，"人直接地是自然存在物"[1]。也就是说，人存在于自然之中，人离不开自然。人类生存

[1] 马克思，恩格斯.马克思恩格斯全集：第 42 卷 [M].中共中央马克思恩格斯列宁斯大林著作编译局，译.北京：人民出版社，1995:112.

和发展的物质基础和环境基础都来自自然界，离开自然界，人类既不可能产生，也不可能生存和发展。正如马克思说的那样："自然界，就它自身不是人的身体而言，是人的无机的身体。人靠自然界生活。这就是说，自然界是人为了不致死亡而必须与之处于不断的交互作用过程的、人的身体。所谓人的肉体生活和精神生活同自然界相联系，不外是说自然界同自身相联系，因为人是自然界的一部分。"[1] 另一方面，马克思、恩格斯又强调人是"能动的自然存在物"。这就是说，人不仅能够认识和利用自然，而且还能"创造对象世界"。人类要生存和发展，必须进行物质生产。而一旦人类对自然进行对象化时，人类就对自然资源进行加工利用，以满足人们生存和发展的物质产品。此时，自然界就成了人类能动改造的对象，"自然界才表现为他的作品和他的现实"[2]。

第二，人、自然与社会相统一。"马克思恩格斯认为，人与自然的关系反映人与人的关系，人与自然关系状态的好坏是社会历史进步与否的前提条件。因而，人与自然的历史是社会历史不可分割的部分，不应该将'人与自然界的关系从历史中排除出去'，不应该造成'自然界与历史的对立'。"[3] 马克思将人、自然和社会进行系统的观察，认为"自然界的人的本质只有对社会的人来说才是存在的；只有在社会中，自然界对人说来才是人与人联系的纽带，才是他为别人的存在和别人为他的存在，才是人的现实的生活要素；只有在社会中，自然界才是人自己的人的存在的基础。只有在社会中，人的自然的存在对他说来才是他的人的存在，而自然界对他说来才成为人"。[4] 马克思、恩格斯对人、自然和社会进行了系统的考察，避免了旧唯物主义割裂人、自然和社会的错误。

第三，劳动是人与自然联系的中介。对于人与自然怎样建立联系的问题，马克思也进行了探讨，他认为人是通过劳动与自然建立关系的。他说："劳动首先是人和自然之间的物质交换过程，是人以自身的活动来引起、调整和控制人和自然

---

[1] 马克思.1844 年经济学哲学手稿 [M].中共中央马克思恩格斯列宁斯大林著作编译局，译.北京：人民出版社，2000：56-57.

[2] 马克思.1844 年经济学哲学手稿 [M].中共中央马克思恩格斯列宁斯大林著作编译局，译.北京：人民出版社，2000：58.

[3] 余永跃，王世明.改革开放以来党的生态文明建设思想及其特质 [J].福建行政学院学报，2013（05）：80.

[4] 马克思.1844 年经济学哲学手稿 [M].中共中央马克思恩格斯列宁斯大林著作编译局，译.北京：人民出版社，1985：79.

之间的物质变换过程。"[1] 马克思指出："劳动作为使用价值的创造者，作为有用的劳动，是不以一切社会形势为转移的人类生存条件，是人和自然之间的物质变换即人类生活得以实现的永恒的自然必然性。"[2] 在马克思看来，人类通过劳动与自然之间进行物质变换，摆脱了对自然的依附，创造出人类生存的条件，使人类生活得以实现和延续。离开了劳动这一中介，人类与自然界就会失去联系，人类自身就无法继续生存和发展。但在论述劳动是人与自然之间的中介时，马克思不仅强调劳动使自然人化的作用，他还强调劳动使人自然化的作用。因而，马克思强调，在人通过劳动与自然之间进行物质变换的过程中，人在发挥其改造自然的能动性的同时应该注意到"自然规律是根本不能消除的"[3]，生产和消费也不应该超越自然承受范围，不能无条件地让自然服从于自己的实践。马克思又指出："人的生产中只能像自然本身那样发挥作用，就是说，只能改变物质的形态。不仅如此，他在这种改变形态的劳动中还要经常依靠自然的帮助。"[4] 显而易见，马克思强调人类在以劳动为中介与自然界的联系时，要以劳动为人类生存和发展的手段，而不能像征服者统治异族那样征服自然。人类只有通过友好的方式认识和改造自然，才能实现永恒的人与自然和谐地进行物质变换。

第四，资本主义生产方式是造成人与自然对立的根源。在与封建社会及以前社会的生产力进行比较时，马克思充分肯定了资本主义对发展生产力的积极意义，他认为："资产阶级在它的不到一百年的阶级统治中所创造的生产力，比过去一切时代创造的全部生产力还要多，还要大。"[5] 但同时马克思又批判了资本主义生产方式对人与自然之间关系的破坏。在《资本论》中，马克思指出："资本主义生产使它汇集在各大中心城市的人口越来越占优势，这样一来，它一方面聚集着社会的

[1] 马克思，恩格斯．马克思恩格斯全集：第45卷 [M]．中共中央马克思恩格斯列宁斯大林著作编译局，译．北京：人民出版社，1972:201-201.

[2] 马克思，恩格斯．马克思恩格斯全集：第23卷 [M]．中共中央马克思恩格斯列宁斯大林著作编译局，译．北京：人民出版社，1972:56.

[3] 马克思，恩格斯．马克思恩格斯全集：第32卷 [M]．中共中央马克思恩格斯列宁斯大林著作编译局，译．北京：人民出版社，1974:541.

[4] 马克思，恩格斯．马克思恩格斯全集：第23卷 [M]．中共中央马克思恩格斯列宁斯大林著作编译局，译．北京：人民出版社，1972:56.

[5] 马克思，恩格斯．马克思恩格斯选集：第1卷 [M]．中共中央马克思恩格斯列宁斯大林著作编译局，译．北京：人民出版社，199:277.

历史动力，另一方面又破坏着人和土地之间物质变换，也就是使人以衣食的形式消费掉的土地的组成部分不能回到土地，从而破坏土地持久肥力的永恒的自然条件。"[1] 在资本主义生产方式下，资本家追求利润最大化，疯狂掠夺自然，大量生产和销售商品，导致环境恶化，最终必然导致生态危机。马克思认为，只有通过生产关系和社会制度的变革，推翻资本主义制度，才能解决生态危机，实现人与自然及人与人的和解。

第五，人与自然的关系受到科学技术的影响。一方面，人类凭借科学技术不断控制自然，改造自然，使得人类的物质和精神的需要得到更多的满足，促进人类文明进步；但另一方面，科学技术成为资本家压榨工人劳动成果从而获取更多剩余价值的工具，也加速了资本家对自然破坏的步伐。科学技术作用于自然之后，人类也遭受了自然界更多的报复。马克思反对人类利用科学技术控制自然和征服自然。他说："如果说人靠科学和创造天才征服了自然力，那么自然力也对人进行报复，按他利用自然力的程度使他服从一种真正的专制，而不管社会组织怎样。"[2] 恩格斯也告诫人们不要过分强调征服自然，而忽视了保护自然。恩格斯说："不要过分陶醉于我们对自然界的胜利。对于每一次这样的胜利，自然界都报复了我们。每一次胜利，在第一步都确实取得了我们预期的结果，但是在第二步和第三步却有了完全不同的、出乎预料的影响，常常把第一个结果又取消了。"[3] 在马克思、恩格斯那里，科学技术本身对自然没有过错，它对人与自然关系的影响好坏不在于其本身，而在于利用它的方式是否科学合理。

第六，人与自然的关系可以和谐发展。作为自然存在物的人，在人与自然的关系中所处的地位不断发生变化。起初，人与自然之间完全对立，人依赖于自然；但随着科学技术的发明和使用，人逐渐处于主体地位，但人可以通过对自然合理的改造，使人与自然之间和谐发展。马克思认为，社会制度对人与自然之间的关系影响至关重要。马克思指出："人的依赖关系是最初的社会形态，是第一大形态，

[1]马克思,恩格斯.马克思恩格斯选集：第2卷[M].中共中央马克思恩格斯列宁斯大林著作编译局，译.北京：人民出版社，1991:552.

[2]马克思，恩格斯.马克思恩格斯全集：第18卷[M].中共中央马克思恩格斯列宁斯大林著作编译局，译.北京：人民出版社，1964:342.

[3]恩格斯.自然辩证法[M].中共中央马克思恩格斯列宁斯大林著作编译局，译.北京：人民出版社，1984:305.

在这种初始的社会形态下，人的生产能力只是在狭隘的范围内和孤立的地点上发展着。以物的依赖性为基础的人的独立性，是第二大形态，在这种形态下，才形成普遍的社会物质变换、全面的关系、多方面的需求以及全面的能力体系。建立在个人全面发展和他们共同的社会生产能力成为他们的社会财富这一基础上的自由个性，是第三个阶段。第二个阶段为第三个阶段创造条件。"[1] 由此可以看出，马克思认为在资本主义社会，资本家没有摆脱"物的依赖性"，疯狂掠夺自然资源，人与自然的关系处于一种异化的状态。但是，到了共产主义社会，生产资料实现公有制，人与自然以人与人之间能够得到和谐发展。马克思指出："这种共产主义，作为完成了的自然主义，等于人道主义，而作为完成了的人道主义，等于自然主义，它是人和自然界之间、人和人之间的矛盾的真正解决，是存在和本质、对象化和自我确证、自由和必然、个体和类之间的斗争的真正解决。"[2]

二、马克思主义自然观对佩珀的影响

马克思自然观认为人和自然是内在统一的。人类社会应该是自然的社会，自然也是人类社会的自然，也就是说人、自然和社会不是彼此孤立而是内在统一的。人类劳动搭建起了人与自然之间的桥梁，人类通过劳动实践认识和改造自然，同时又反过来改造人类自己。那么，人类采用什么样的态度，尤其是采用什么样的生产方式去改变自然就变得尤为重要。根据马克思的观点，资本主义的生产方式破坏了人与自然之间的关系，要想达到人与自然和谐发展，需要采用更先进的社会主义生产方式。

马克思自然观让佩珀相信，资本主义的生产方式对自然环境是内在不友好的，破坏了人与自然的和谐统一，导致了生态危机，造成了社会不公正。马克思主义自然生态观启示佩珀要通过生产方式的社会变革，去构建一个人与自然和谐的、生态良好的、联合劳动或自愿劳动的、经济适度增长的和并不必然反对科学技术

---

[1] 马克思，恩格斯.马克思恩格斯全集：第46卷[M].中共中央马克思恩格斯列宁斯大林著作编译局，译.北京：人民出版社，1972:104.

[2] 马克思，恩格斯.马克思恩格斯全集：第42卷[M].中共中央马克思恩格斯列宁斯大林著作编译局，译.北京：人民出版社，1979:120.

的未来社会。

三、佩珀对马克思主义理论的吸收

除了吸收了马克思主义的自然观之外，佩珀还从多个角度论述和分析了马克思主义理论与生态的关联性，吸收和挖掘了马克思主义相关思想。主要表现在以下几个方面。

（一）吸收和挖掘了生产方式决定论

佩珀认为马克思的生产力—生产关系模式是：生产力决定生产方式，生产方式又决定了生产关系。根据马克思的观点，佩珀认为，生产方式有古代、封建主义、资本主义和（未来）共产主义四种，与这四种生产方式相应的有古代社会的生产工具、封建社会的生产工具和制造、资本主义社会的机器和制造、共产主义社会（不确定）四种主要的技术（生产力），维持生存需要、维持生计需要、生产剩余价值和满足人类需要四种生产目的，以及盲目规则的支配、行会和等级的政治规范、对市场和独立生产者的市场管理和有意识地计划控制的社会生产四种不同形式的社会组织形式。因而，佩珀认为历史聚焦于不同生产方式的转换，而每一个生产方式都有一个与之相适应的具体的与自然相处的关系模式。

对于马克思的社会与历史观是生产方式决定论的批评，佩珀引证了 J. 达西（J.D'Arcy）和 R. 希伯朗（R.Heilbroner）的观点，证明生产力、生产关系不是一个狭隘的经济概念，从而得出"尽管它们所有的组成因素都围绕生产组织起来，但并不意味着，经济动因是支配所有其他方面的因素"[1]的结论。同时，佩珀还接受了恩格斯的观点，认为现实生活的生产和再生产或许只是历史的一个最终决定因素，但绝不是唯一因素。佩珀坚信，历史唯物主义包含辩证的要素，不像决定论那样强调经济基础和上层建筑独立要素之间单向因果关系，而是相互包容、相互作用；即使历史的变革，也是一个辩证的进程——"一个对立面之间交换意见和相互作用的过程，矛盾的因素促使我们通过社会变革有望达到一个终极状态——

---

[1] 戴维·佩珀 . 生态社会主义：从深生态学到社会主义 [M]. 刘颖，译 . 济南：山东大学出版社，2012:86.

共产主义——那里将没有阶级冲突"[1]。

无疑，马克思的生产方式决定论为佩珀坚持马克思唯物史观和坚持用生产方式变革来构建新的生态社会奠定了重要的理论基础。

（二）吸收和挖掘了劳动价值论和剩余价值理论

马克思认为，在资本主义条件下，劳动不仅本身作为劳动力已经成为可以自由买卖的商品，而且包含在产品中的劳动（"抽象劳动"）也成了该产品在交换中得以实现的价值源泉。在劳动过程中，劳动的价值被划分为两部分，一部分以"工资"的形式作为劳动报酬给予劳动力的所有者，而另一部分则被劳动力商品的购买者提取或占有，以便通过扩大生产投资去获取更多的资本。佩珀认为，马克思固然强调"一种商品的最终价值不是来自相对需求相关的可获得性，而是来自投入其中的、使它更加在社会意义上有用的劳动"[2]，但马克思不但没有否认自然的原材料也是价值的构成因素，而且还认为在一定程度上自然对财富具有某些决定性的限制。佩珀还认为，在马克思那里，"生产资料"就包括自然物质，离开了自然物质这个基础，劳动不可能"凭空"创造价值。更何况，劳动创造价值中的"劳动"的施动者只可能是人，而人也是自然的一部分，这样"劳动所代表的不过是自然作用于它自身从而改变它的形式"[3]。因而，佩珀推定马克思认为"使用价值来自自然物质和人类劳动的结合"[4]。从而，佩珀认为，马克思的劳动价值理论及其剩余价值理论都与自然有着密切的关联。

进而，佩珀认为，马克思劳动价值理论和剩余价值理论揭示了资本主义生态危机的根源。在佩珀看来，马克思用劳动价值理论和剩余价值劳动既可以解释资本主义经济危机的根源，也可以解释资本主义的第二大矛盾——生态矛盾。按照马克思的分析，资本主义社会必然要不断通过占有劳动者所创造的剩余价值，而这必然导致资本主义需要不断扩大国内和国际市场，从而导致过度生产和过度消费，进而导致生态环境的恶化，引发资本主义生态矛盾。而生态矛盾带来的后果

[1] 戴维·佩珀. 生态社会主义：从深生态学到社会主义 [M]. 刘颖，译. 济南：山东大学出版社，2012:86.

[2] 戴维·佩珀. 生态社会主义：从深生态学到社会主义 [M]. 刘颖，译. 济南：山东大学出版社，2012:93.

[3] 戴维·佩珀. 生态社会主义：从深生态学到社会主义 [M]. 刘颖，译. 济南：山东大学出版社，2012:93.

[4] 戴维·佩珀. 生态社会主义：从深生态学到社会主义 [M]. 刘颖，译. 济南：山东大学出版社，2012:93.

则是"进一步强化了资本主义的扩张动力和通过占有剩余价值对劳动的剥削"[1]。

（三）吸收了马克思的"人口—资源"理论

马克思主义"人口—资源"理论的基本观点是："当今被视为与资源可获得性相关的人口数量难题必须用历史的观点来看，也就是说，与特定的生产方式相关。"[2]马克思主义者并不否认，在人类社会改变环境能力不足的历史条件下，资源相对而言是有限的，人口数量确实制约着物质的富裕。但是，在人类具备足够的能力去改变和管理环境的时候，"可以维持的人口数量更多地是由社会关系所决定的"[3]。可见，马克思人口规律并不是从一般普遍适用的意义上去谈的，它是适用于资本主义社会的人口规律。马克思主义者认为，因得不到足够食物而产生的过剩人口不是由于"自然的短缺"所造成的，而是一种经济制度不能给"剩余"人口创造足够多的工作，无法增加收入和支付足够工资的结果。

马尔萨斯（Thomas Malthus）的人口论认为，人们的贫穷是由生态学的人口规律造成的，与政治经济进程无关。要想避免贫穷，只有通过"过度繁殖者"的努力去限制自己的行为。经过对马克思"人口—资源"理论分析，佩珀认为，马克思主义"人口—资源"理论在本质上是反马尔萨斯人口论的。因此，佩珀没有掉入资本主义国家为资本主义辩护的生态危机理论陷阱，不仅揭露了马尔萨斯等环境主义生态危机新理论的本质，还从资本主义制度本身着手，揭示了生态危机发生的根源。

（四）吸收了马克思的人类解放学说

佩珀赞同马克思所讲的人类解放并不是绝对的观点。佩珀认为："首先，共产主义社会必须依然承认最终的自然界限。其次，我们不能仅按照我们所想的去做，而不受我们自己的历史环境的影响。"[4]佩珀还认为，马克思的人类解放，并不追求唯心主义的、完全的自由意志。因为"一个社会如何在任何既定的阶段组织起来

[1] 戴维·佩珀. 生态社会主义：从深生态学到社会主义 [M]. 刘颖，译. 济南：山东大学出版社，2012:97.
[2] 戴维·佩珀. 生态社会主义：从深生态学到社会主义 [M]. 刘颖，译. 济南：山东大学出版社，2012:112.
[3] 戴维·佩珀. 生态社会主义：从深生态学到社会主义 [M]. 刘颖，译. 济南：山东大学出版社，2012:112.
[4] 戴维·佩珀. 生态社会主义：从深生态学到社会主义 [M]. 刘颖，译. 济南：山东大学出版社，2012:136.

去生产和分配财富并不是完全自由的选择"[1]。它依赖于生产力的物质状态（自然特征与资源、可利用的技术和人们的生产技能）。而且，人们想什么和做什么也不是完全开放的，而是受到物质的历史环境限制。可见，佩珀认为，在马克思那里，自由不是来自物质世界的自由，而是存在于物质世界之中的或通过理解它如何运作进行运作和按照而不是违背物理规律来改造物质世界的自由。

佩珀赞同马克思人类解放学说能够解放生产力和人类劳动的观点。佩珀认为，马克思主义者相信资本主义促进了生产力的发展，从而促进了人类社会从"自然规律"的严密束缚中解放出来，但资本主义则阻碍了社会劳动成果的进一步实现。因此，马克思设想"采用资本主义所不愿意的各种方式发展生产力，来达到解放生产力的目的"[2]。这就可能导致工作的价值要采用一种新的判断标准，并抛弃曾经所采用的狭隘的经济尺度的衡量标准。因此，那种注重工人的创造性却"低生产率"的工业过程将会得以重新恢复。如此，生产力的发展将促使人最终从机器中解放，从而使以机器为主导的经济增长被动态的经济平衡所代替。

佩珀支持马克思人类解放理论能够解放我们共同体本质的观点。佩珀认为，虽然马克思主义强调阶级斗争，但也不否认人类进行合作生产的社会本性。马克思批判资本主义社会使人们疏离了自己的合作成果，从而疏离了共同体本质。马克思所设计的未来共产主义社会中，"私有财产将不再存在；城乡对立将被消除；国家、法律和阶级将被多方面发展的男性与女性组成的自我管理的共同体所代替，人们在其中为共同体利益合作工作并创造性地表达自己"[3]。显然，在马克思所设计的共产主义社会，人类得以解放，将会重新获得共同体的本质。

佩珀相信马克思人类解放学说所强调的解放是个体的和精神的。佩珀强调，马克思主张的"社会主义人本主义并非必须使个体服从于集体的'专制'"[4]，而是强调"个体的实现只能通过与共同体的充分联系来完成"[5]。也就是说，马克思并不主张消灭个性，并不主张个人与集体的二分对立。佩珀还认为，在马克思那里，

[1] 戴维·佩珀. 生态社会主义：从深生态学到社会主义 [M]. 刘颖，译. 济南：山东大学出版社，2012:136.

[2] 戴维·佩珀. 生态社会主义：从深生态学到社会主义 [M]. 刘颖，译. 济南：山东大学出版社，2012:138.

[3] 戴维·佩珀. 生态社会主义：从深生态学到社会主义 [M]. 刘颖，译. 济南：山东大学出版社，2012:141.

[4] 戴维·佩珀. 生态社会主义：从深生态学到社会主义 [M]. 刘颖，译. 济南：山东大学出版社，2012:142.

[5] 戴维·佩珀. 生态社会主义：从深生态学到社会主义 [M]. 刘颖，译. 济南：山东大学出版社，2012:142.

个体就是社会关系的总和，因而马克思拒绝了个体优先于社会或没有个体就没有社会的资产阶级理论出发点，而希望"通过以生产力发展为中介的面向所有人的文化、娱乐和创造性，（来使）个体的能力得以充分展现"[1]。佩珀还强调，马克思的人类解放理论并不停滞于物质解放层面。因为物质层面的解放只是精神解放的一个前提条件。他认为，对马克思来说，真正的人必须是一个完整的、统一的人，生活在一个完整的、统一的和谐生活中。这必然是一种由统一的、和谐的人组成的共同体中的全面的社会生活。佩珀指出："尽管马克思从未形成对主体性的看法，他认为对精神美、爱心和创造性的需要是'更高'的需要。但是，他们并不是与低层次（物质的）需要相分离的。马克思拒绝了把物质和精神之间（分离开来）的二元论。"[2]

佩珀不怀疑马克思的人的解放理论对消除污染所具有的重要意义。佩珀批评格伦德曼因"现存"的社会主义污染纪录而说明马克思技术乐观主义存在缺陷，进而提出"生态难题是非历史的"的观点。因为格伦德曼的观点认为生态问题"并非仅仅来自资本主义的利用方式（使用资源的方式），而主要来自技术的内在逻辑"[3]。依照这种观点，毫无疑问，社会主义逃脱不了技术的内在逻辑，因此社会主义国家必然也会出现污染现象。佩珀还批判一些人利用苏联、中国和东欧"共产主义"现实问题来说明"社会主义的污染记录"作法。佩珀指出，把20世纪70年代苏维埃社会生态难题作为"共产主义"污染的评论没有看到"现存社会主义"（苏联模式的社会主义）和真实的社会主义之间的鸿沟。因而，佩珀强调，真正的社会主义不可能出现严重污染的问题，因为，社会主义"共同所有制（它并不一定意味着非民主的集权化所有制）将使得资源利用计划化和资源枯竭最小化"[4]。"真正"的社会主义和共产主义具有生态仁爱性，追求实现社会公正，力图避免生态矛盾。

[1] 戴维·佩珀.生态社会主义：从深生态学到社会主义[M].刘颖，译.济南：山东大学出版社，2012:142.
[2] 戴维·佩珀.生态社会主义：从深生态学到社会主义[M].刘颖，译.济南：山东大学出版社，2012:142–143.
[3] 戴维·佩珀.生态社会主义：从深生态学到社会主义[M].刘颖，译.济南：山东大学出版社，2012:142–143.
[4] 戴维·佩珀.生态社会主义：从深生态学到社会主义[M].刘颖，译.济南：山东大学出版社，2012:144.

第二节　法兰克福学派生态危机理论及对佩珀的影响

法兰克福学派代表对人类支配自然的理念和野蛮做法进行了批判，认为现代工业文明是生态危机产生的总根源，极权主义使自然遭受奴役和破坏，技术理性导致人与自然的矛盾，"解放自然"是必要的和可能的。在法兰克福学派生态危机理论的影响下，佩珀对资本主义制度、科学技术、生态环境和人在与自然关系中所处的地位等问题进行了深入的分析和探讨，并对生态危机解决的途径及未来社会的构建提出了自己的观点。

一、法兰克福学派生态危机理论

法兰克福学派是一种把马克思主义进行人本主义化的思潮，由一批德国理论家于 20 世纪 20 年代组成的学术团体演变而来，也因该学术团体集中在卡尔·格林贝格（Carl Grünberg）领导的法兰克福大学社会研究所周围而得名。格林贝格在任法兰克福大学社会研究所所长时强调对作为科学方法的马克思主义和经验进行研究。马克斯·霍克海默（Max Horkheimer）接任所长后，摆脱传统的马克思主义研究方向和方法，"建立一个以最新多学科研究成果为基础的社会哲学，作为批判现实不合理社会的理论武器"[1]，从而为法兰克福学派奠定了"社会批判理论"的基础，也因此抬高了法兰

---

[1] 周穗明.20 世纪西方新马克思主义发展史 [M]. 北京：学习出版社，2004:106.

克福学派的影响和地位。

　　法兰克福学派是西方马克思主义影响最大和持续时间最久的一个学派，代表人物众多。第一代主要代表人物有霍克海默、西奥多·阿多诺（Theodor Wiesengrund Adorno）、赫伯特·马尔库塞（Herbert Marcuse）、艾瑞克·弗洛姆（Erich Fromm）和瓦尔特·本雅明（Walter Benjamin）等人。第二代主要代表人物则有尤尔根·哈贝马斯（Jürgen Habermas）、阿尔弗雷德·施密特（Alfred Schmidt）和奥斯卡·内格特（Oskar Negt）等人。第三代代表人物则有阿克塞尔·霍耐特（Axel Honneth）、南茜·弗雷泽（Nancy Fraser）、阿尔布莱希特·韦尔默（Albrecht Wellmer）和克劳斯·奥菲（Claus Offe）等。

　　法兰克福学派之所以引起广泛关注并产生持久影响，主要在于它在理论上开创了新的研究方向。首先，法兰克福学派把哲学与各学科结合起来进行社会综合性研究。马尔库塞认为："'法兰克福学派最重要的理论贡献'是'用交叉学科的方法探讨了当时重大的社会问题和政治问题，打破了学术分工，将社会学、心里学、哲学运用于认识和提出当时的各种问题，并试图回答这些问题'。"[1] 其次，法兰克福学派还强调用"社会批判理论"对资本主义社会进行批判，用"否定辩证法"彻底否定现代资本主义社会。再次，法兰克福学派认为实证主义是在为资本主义制度进行辩护，对它进行了激烈而又系统的批判。

　　生态学马克思主义观点萌芽于《启蒙辩证法》一书。该书由霍克海默与阿多诺合著，于20世纪40年代出版。该书在写作上以人与自然之间的关系为主线，对人类发展的历史进行了考察，在坚持马克思主义的前提下，对启蒙的辩证过程进行了揭示，对人类想支配自然的理念和支配自然的野蛮做法进行了批判。书中指出，现代工业文明所造成的过度支配自然是生态危机产生的总根源。《启蒙辩证法》对启蒙精神和工业文明进行了批判，表达了对社会未来发展的悲观情绪，也表达了对"田园牧歌式生活"的向往和追求，"可以说是开了生态学的马克思主义的先河"[2]。

　　霍克海默和阿多诺认为，启蒙主义在破除了中世纪宗教神话之后，却带来了

[1] 俞吾金，陈学明. 国外马克思主义哲学流派新编·西方马克思主义卷：上册 [M]. 上海：复旦大学出版社，2002:129.
[2] 俞吾金，陈学明. 国外马克思主义哲学流派新编·西方马克思主义卷：下册 [M]. 上海：复旦大学出版社，2002:576.

对人的主体性的迷信；在提高了人对自然统治的力量之后，却造成了极权主义的统治。这种极权主义既使人变得更加软弱无力，又使自然遭受奴役和破坏，从而导致了自然的异化和自然环境严重恶化。于是，启蒙精神本来追求解放的宗旨不但没有实现，反而带来了人类自我奴役和奴役自然的结果，带来了人类社会和自然的双重倒退。同时，他们还指出，技术理性导致人与自然的矛盾已经上升为当代资本主义社会的主要矛盾。因此，他们提出，要使人类得以解放，人与自然就应该和解，抛弃控制自然的企图。

继霍克海默和阿多诺之后，法兰克福学派的主要代表人物马尔库塞系统地研究了资本主义国家的生态问题，对生态学马克思主义的形成作出了重要贡献。二十世纪六七十年代，马尔库塞的著作《单向度的人》《论解放》《反革命与造反》都论述了资本主义条件下人与自然的关系问题和生态危机问题。在《单向度的人》中，马尔库塞认为资本主义社会不再需要通过传统的方式来为其合法性进行辩护，而把辩护交给了科学技术，让科学技术充当"意识形态"为其合法性基础进行辩护。马尔库塞认为在资本主义社会里，人成为"单向度的人"，同样不自由，同样受压迫。在《论解放》和《反革命与造反》中，以《1844年经济学哲学手稿》为据，马尔库塞认为，马克思主张人的解放手段就是自然解放。因此，在对马克思主义人与自然关系的理论进行了详尽的论述之后，马尔库塞主张建立新的人际关系和人与自然之间的关系，进而论证了"解放自然"的必要性和可能性。此外，马尔库塞对科技异化批判的思想和自然革命论都对生态马克思主义的形成具有重要意义，甚至成为生态学马克思主义的理论源泉。

法兰克福学派第二代代表人物施密特对生态学马克思主义的理论也有重大贡献。从社会历史的视角，施密特阐明了马克思的自然观，在《马克思的自然观》一书中，他的"人化自然"思想也成了生态学马克思主义的重要理论源泉。另一位法兰克福学派代表人物哈贝马斯也探讨了生态危机的问题。在他看来："资本主义如果不抛弃自己的组织原则，就不可能遵循增长限度的律令，因为，从自发的资本主义增长转变为注重品质的增长，就要求根据使用价值来对生产做出规划，但是，生产力的发展如果脱离了交换价值生产的要求，就不可能触犯到该系统的逻辑。"[1]哈贝马斯也注意到了科学技术"意识形态"带来人与自然和人与社会双重

[1] 哈贝马斯.合法化危机 [M].刘北成，曹卫东，译.上海：上海人民出版社，2000:60.

生态的破坏。他认为，科学技术在资本主义社会已经发生了异化，已经由解放的力量转变成桎梏。

多数法兰克福学派学者对科学技术持悲观态度，并认为科学技术的异化和消费异化导致生态危机的发生。例如，马尔库塞就认为，科学技术已成为资产阶级追逐利润的工具，资本家借助科学技术的力量将自然界商品化，对生态环境进行掠夺性的破坏，从而导致了生态危机。法兰克福学派对消费主义也进行了猛烈的批判。法兰克福学派认为，在资本主义社会，劳动对于无产阶级而言只是缺少自由又毫无创造力地廉价出卖自己劳动力的过程，而这种劳动却导致消费主义盛行。正如本·阿格尔所言："劳动中缺乏自我表达的自由与意图，就会使人逐渐变得越来越柔弱并依附于消费行为。"[1]资本主义生产导致了生产者与商品及自身产生了异化，生产者无法在劳动过程中得到快乐感和满足感，因而他们试图通过消费来补偿幸福感和主体性的缺失。对资本家来说，只有商品的消费才能使资本积累和利润最大化得以实现，因此，他们对刺激无产阶级购买的欲望乐此不疲，借助媒体大肆渲染消费气氛，营造"虚假需求"氛围。"虚假消费"实质就是过度消费，它超出了维持生命和正常生活的需要，导致了商品拜物教盛行，对生态环境造成了严重恶化。

二、法兰克福学派生态危机理论对佩珀的影响

法兰克福学派对生态危机根源的分析、对资本主义制度的分析和批判、对科技异化和消费异化的批判、对科技人道化和消费合理化的生态危机解决方式的构想、对生态危机已成为资本主义社会主要矛盾的判断，以及该学派的批判精神和分析方法对生态学马克思主义的形成和发展影响深远，也为佩珀生态社会主义思想的形成和发展提供了丰富的养料。也正因为吸收和发扬了法兰克福学派的生态危机理论，佩珀才能对资本主义制度、科学技术、生态环境和人在与自然关系中所处的地位等问题进行深入的分析和探讨，并对生态危机解决的途径及未来社会的构建提出自己的观点。

---

[1] 本·阿格尔. 西方马克思主义概论 [M]. 慎之，等，译. 北京：中国人民大学出版社，1991:493.

第三节　结构主义的马克思主义理论及对佩珀的影响

二十世纪七八十年代，路易·皮埃尔·阿尔都塞（Louis Pierre Althusser）的结构主义在英国流传甚广，引发英国的大学掀起结构主义革命高潮，对英国的生态学马克思主义影响巨大。佩珀则从结构主义中看到了生态学价值，通过结构主义的分析，佩珀揭示了资本主义生态危机的根源来源于其制度本身，从而思考如何解决资本主义生态危机和构建未来生态社会主义社会。

一、结构主义的马克思主义

20 世纪 60 年代，结构主义的马克思主义流派兴起于法国，它的奠基人和核心代表人物是阿尔都塞。阿尔都塞的代表作《保卫马克思》和《阅读〈资本论〉》被誉为该流派的"圣经"。20 世纪 60 年代，结构主义的马克思主义在法国乃至西方其他国家及拉美国家的思想舞台上盛极一时。1968 年巴黎"五月风暴"之后，该流派逐渐式微。

结构主义的马克思主义具有鲜明的特征。一是与萨特的存在主义的马克思主义主张将马克思主义人道化的观点不同，它批判人道主义并认为马克思主义"理论上反人道主义"。二是它重视意识形态研究，接受了《德意志意识形态》中的基本观点。三是它强调在研究马克思的著作时，所采用的方法相对于历史性历史分析法来说，共时性结构分析法更为重要。因而，要从结构分析法出发，注重"事物或思想内部各要素之间的相互关系及它们在发展过程中的不连续性和中断性，亦即结构性转换"[1]。四是重理论，轻经验。阿尔都塞认为，理论思维才是通向科学之路，而经验本质是意识形态的。

二十世纪七八十年代，阿尔都塞的结构主义在英国流传甚广，在社会和人文学科领域内，甚至引发英国的大学掀起结构主义革命高潮。阿尔都塞的结构主义对英国的生态学马克思主义影响巨大，甚至成为其思想产生的直接源流。"英国生态学马克思主义者把阿尔都塞用结构主义方法分析马克思主义延伸到对马克思主义生态学思想的分析，本顿以此提出了对历史唯物主义的生态学重建，而佩珀则从中看到了历史唯物主义分析方法的生态学价值，并为阐释和解决当代的生态问题提供了理论框架。"[2]

二、结构主义的马克思主义对佩珀的影响

佩珀认为，结构主义问的是："我们以社会事件和个人及群体行为的方式观察到的东西，是否应当依据人们心中或社会中更深层的或不太明显的潜在结构解释。"[3] 换用乔姆斯基的话来说就是："我们把表面结构视为受到了深层结构的限制呢？还是我们所观察到的东西就是事实上所存在的？"[4] 佩珀认为，人们关于社会是如何运作的理论决定着人们采取怎样合适的战略去变革社会，而结构主义有助于解决这一问题。佩珀认为，如果现实产生的、可观察到的现象只能通过深层的、无法观察到的潜意识去理解的话，任何理论从广义上讲都是结构主义的。因而，马克思主义也是结构主义的。马克思主义也"试图发现社会事件背后的原因，以及隐藏在表面化的'事物'比如商品背后的社会关系……而且，不同的经济生产模式（比如封建主义、资本主义和社会主义）都有着与它们中占统治地位阶级的

[1] 俞吾金，陈学明著.国外马克思主义哲学流派新编·西方马克思主义卷：下册 [M].上海：复旦大学出版社，2002:450.
[2] 倪瑞华.英国生态学马克思主义研究 [M].北京：人民出版社，2011:124.
[3] 戴维·佩珀.生态社会主义：从深生态学到社会主义 [M].刘颖，译.济南：山东大学出版社，2012:23.
[4] 倪瑞华.英国生态学马克思主义研究 [M].北京：人民出版社，2011:124.

经济（因而政治）愿望紧密相联系的不同的社会总目标"[1]。

因而，佩珀认为，结构主义不仅限于一种结构的观点，它还有助于我们发现潜藏于现象背后的结构。从而，结构马克思主义从不"忽视物质的、经济的力量与结构的实质性作用"[2]。那么，通过历史唯物主义分析，佩珀认为，既然经济基础决定上层建筑，那就意味着社会变革就要依赖于物质基础的变革，生态问题的解决就需要依赖于物质生产方式的变革。而生态中心主义者主张的"人性""道德"等方面的变革不能从根本上解决生态危机的问题。正是通过结构主义的分析，佩珀揭示了资本主义生态危机的根源来源于其制度本身，认识到"资本主义内在地对环境不友好"，从而思考如何解决资本主义生态危机和构建未来生态社会主义社会。

[1] 倪瑞华. 英国生态学马克思主义研究 [M]. 北京：人民出版社，2011:24.
[2] 倪瑞华. 英国生态学马克思主义研究 [M]. 北京：人民出版社，2011:24.

第四节　20世纪"绿色"思想及对佩珀的影响

生态学马克思主义从产生初期到20世纪90年代，生态社会主义代表人物提出了生态运动和绿党"红色"和"绿色"联合主张，提出从马克思主义的视角来寻找生态危机产生的根源、资本主义社会变革的途径和力量、重建人类中心主义和构建未来社会等主张。生态马克思主义者在政治、经济、生活等方面提出的主张为后来佩珀生态社会主义思想的形成提供了直接思想来源。

一、20世纪"绿色"思想

在生态学马克思主义产生的初期，除了霍克海默、阿多诺和马尔库塞等在理论上对其形成作出了重要贡献外，鲁道夫·巴罗和亚当·沙夫的理论也起了至关重要的作用。鲁道夫·巴罗主张在社会制度上实行民主社会主义，在生态问题上实行人道主义，他谋求"红色"和"绿色"政治力量进行联合，即共产主义运动与绿党、生态运动、妇女运动等进行联合，组成一个广泛的群众联盟。沙夫是共产党人中最早介入生态运动的，他跟巴罗一样主张"红绿"结合，他们加入生态运动和绿党通常被看作"红色"向"绿色"转变的开端。

随着生态运动和生态理论的发展，到二十世纪七八十年代，生态学马克思主义者本·阿格尔、威廉·莱易斯、安德烈·高兹、阿什顿、哈维和布克金等人出版了一系列著作[1]，形成了较完整的生态学马克思主义理论体系。如本·阿格尔提出了"生态学马克思主义"的概念，威廉·莱易斯奠定了"生态学马克思主义"的理论框架。这一时期的生态马克思主义者代表人物的贡献还在于："从重建马克思的危机理论出发，构建了生态危机理论，对生态危机的根源、社会变革的途径以未来社会的设想等方面进行了探讨。"[2]例如，阿格尔从异化消费而莱易斯从控制自然观念说分析了生态危机的根源；阿格尔从消费领域着手，探讨了社会变革的原因、力量和途径，提出了社会变革策略；此外，他们还从多方面对未来社会进行了构想："经济上，他们基于对自然资源有限性的认识，主张变革经济发展模式，以'稳态经济'来取代现代工业社会的'过度生产'模式，并要求实现技术范式的转换，用小规模技术来代替资金密集、高度耗能的大型现代工业技术；政治上，他们在对官僚主义和极权主义进行激烈批判的基础上，极力提倡基层民主，注重未来社会中民主的实现；社会生活上，他们注重人的本质的实现，即人的全面自由的发展，等等。"[3]

二、"绿色"思想对佩珀的影响

20世纪90年代后，乔治·拉比卡、瑞尼尔·格伦德曼、泰德·本顿、詹姆斯·奥康纳、约翰·福斯特等与戴维·佩珀同时代的新生代生态马克思主义者出版了大量著作[4]，推动了生态马克思主义理论朝新的方向发展，基本摆脱了生态运动的政治纲领和社会理想的影响，"它不仅注重从生产方式方面对资本主义进行生态批判，

---

[1] 阿格尔的《西方马克思主义导论》，莱易斯的《自然的控制》和《满足的极限》，高兹的《作为政治学的生态学》和《资本主义、社会主义和生态学》，阿什顿的《绿色之梦：红色的现实》、布克金的《走向一个生态社会》，以及哈维的《资本的极限》等。

[2] 李富君.生态学马克思主义的理论发展轨迹初探 [J].河南社会科学，2008（03）:33.

[3] 李富君.生态学马克思主义的理论发展轨迹初探 [J].河南社会科学，2008（03）:33.

[4] 格伦德曼的《马克思主义和生态学》和《马克思和自然的控制》，本顿的《马克思主义的绿色化》、奥康纳的《自然的理由：生态学马克思主义研究》、福斯特的《脆弱的行星：环境的经济简史》和《马克思的生态学：唯物主义和自然》及《生态学反对资本主义》等。

把这种批判与全球化问题的研究结合起来，而且形成了更为务实的、系统的理论体系"[1]。新一代生态马克思主义者在政治、经济上提出了一系列主张。在政治上，摈弃早期生态马克思主义者将中小资产阶级、青年学生作为社会变革主体希望的做法，重新回归马克思把工人阶级作为社会变革的主体的主张上来；在社会变革的策略上，主张工人运动与生态运动相结合；在社会变革的途径上，主张将马克思主义的阶级斗争与"非暴力"结合起来。在经济上，批判早期生态马克思主义倡导的"稳态经济"模式，主张在尊重生态环境的前提下保持经济适度增长。

　　这一时期，生态马克思主义具有几个鲜明的特点。一是挖掘了马克思主义的生态价值及其资本主义危机的理论意义。例如，奥康纳对历史唯物主义进行"重建"，对生态中心主义进行批判；福斯特挖掘马克思生态思想，提出了生态唯物主义思想。二是具有人类中心主义特征。例如，格伦德曼提出了"重返人类中心主义"的口号，奥康纳和福斯特也批判生态中心主义是一种典型的唯心主义。三是将生态问题与全球化问题结合起来。而这些为后来佩珀对生态中心主义进行"红色批判"，对生态运动进行马克思主义改造，对人类中心主义进行积极辩护，以及将生态问题关注对象从局部转向全球、从发达国家转向发展中国家都奠定了思想基础。

　　当然，对佩珀生态社会主义思想形成产生影响的还有其他思想。马克思主义自然观、法兰克福学派生态危机理论，以及其他生态马克思主义学者的思想，只是佩珀生态社会主义思想的主要理论基础，佩珀生态社会主义思想还吸收了生态学、深层生态学、系统学及未来学的相关理论成果。德国动物学家海克尔创立的生态学主要研究人与自然的关系，比较完整地认识到物质循环和能量流动在生态系统中的作用，对二十世纪六七十年代人类反思人与资源的关系和谋求人与自然和谐发展提供了理论准备，对生态社会主义的形成与发展具有推动作用。挪威著名哲学家阿恩·纳斯（Arne Naess）提出了生态学的"深""浅"之别，以及"深生态学的概念"。深生态学"从根本上拒斥那种人与自然脱离并迥异的二元论观点"[2]。深生态学家建议对自然采取谦卑顺从的态度，不要反对自然的节拍。他们反对人类中心论，意图将对自然的关切与社会改良结合起来。深生态学家认为生态危机

[1] 李富君.生态学马克思主义的理论发展轨迹初探[J].河南社会科学，2008（03）:34.
[2] 戴维·佩珀.现代环境主义导论[M].宋玉波，朱丹琼，译.上海：格致出版社，上海人民出版社，2011:11.

的根源不在于广义的"科学技术"上，而在于制度和文化。因而，深生态学主张社会变革之道在于个人自觉层次的转变上，希望每个人改变自己的态度、价值观和生活方式，以尊重自然并与自然和平相处。深生态学在哲学上推崇整体论哲学，坚持生态智慧原则。深生态学在寻求生态问题解决途径上给佩珀提供了新方法和新视角。现代西方系统论注重整体和结果，为生态社会主义的"网络系统"和"生态系统"思想提供了理论基础，也为佩珀生态社会主义思想提供了方法论。德国学者弗莱希泰姆创立的"未来学"研究地球和人类发展问题，也为佩珀的生态社会主义思想提供了借鉴和方法论支持。

第三章
戴维·佩珀关于资本主义生态危机的思想

自进入 20 世纪以来，生态环境问题日趋严峻，特别是二十世纪六七十年代，资本主义世界生态危机日益严重，引起了世人的关注，也引发了世人对生态危机的根源的探究。生态危机源自何处？是人口的爆炸？是自然的极限？是人性的贪婪？是人对自然的错误观念？抑或是文化的传统？还是制度设计的缺陷？不同的学派或学者给出了各自的论断。佩珀对资本主义生态危机的根源问题作了深入的探讨，批判了环境主义等生态危机理论，从制度上揭示了资本主义生态危机的根源。

第一节　佩珀对资本主义生态危机根源的剖析

佩珀对环境主义的生态危机理论进行了分析与批判，认为生态危机的根源不在于人口，也不在于西方的文化和人性，而应该在于资本主义的制度。他从资本主义的生产目的、生产方式、生产手段、消费方式和社会公正多个维度分析了生态危机产生的原因。

一、环境主义生态危机理论的剖析

环境主义者把马尔萨斯的人口理论进行了生态学的翻版，形成了新的马尔萨斯主义，它认为自然资源是有限度的，穷人的过度繁殖带来了人口的爆炸，使自然无法承载过度的增长而产生了生态危机；绿色分子认为生态危机是"西方文化"因素和人性贪婪引起的。对于环境主义的生态危机理论，佩珀进行了分析与批判。

（一）新马尔萨斯生态危机理论及佩珀的批判

1. 马尔萨斯人口理论

托马斯·罗伯特·马尔萨斯（Thomas Robert Malthus）的人口理论认为，人口如果得不到抑制，每二十五年就会按几何倍数增加，人口有超过自然所能提供的生活资料承载能力的趋势，而由于土地肥力和产出的限制，即使开拓新土地和提高单位土地的产量，食物的增长也只能是算术级的，满足不了呈几何级增长的人口所要的需求。马尔萨斯认为，其人口规律是超越历史的普遍规律和永恒的自然规律，是一切不幸、贫困和罪恶的根源。马尔萨斯还指出，因食物的缺乏，要保持生活资料与人口增长之间的平衡，必须抑制人口数量增长，从而使其与生活资料供给水平相适应。马尔萨斯主张用道德抑制、罪恶抑制和贫困抑制三种方式抑制人口增长，道德抑制适用于社会较高阶层，而贫困抑制适用于社会底层阶级。而在三种抑制人口增长的方式中，马尔萨斯主张积极地使用贫困抑制方式限制穷人，剥夺穷人的生存权利。

2. 新马尔萨斯的生态危机理论

二十世纪六七十年代，随着世界环境问题的凸显，一些环境主义者把现实中的人口增长问题、粮食问题、工业化问题、环境污染问题和自然资源消耗问题与马尔萨斯的人口理论结合起来。他们认为，世界人口继续增长下去，必然导致粮食危机和自然危机的出现，甚至是世界末日的到来。因此，环境主义者把马尔萨斯的人口理论进行现代生态学的翻版，主张减少人口增长，特别是抑制第三世界国家人口的增长，来解决环境污染和资源短缺问题。也就是在这种环境下，罗马俱乐部推出了美国人丹尼斯·梅多斯（Dennis Meadows）执笔的人类困境报告《增长的极限》。该报告指出："人口、经济、资源消耗、污染都呈指数增长，而地球的承载能力是有限的，这些因素的指数增长将以各种可能的方式接近环境的最终的承载力，导致世界系统的崩溃，人类的生活将变得凄凉而枯竭。"[1]

马尔萨斯的人口论认为，人的贫穷是由生态学的人口规律造成的，与政治经济进程无关。要想避免贫穷，只有通过"过度繁殖者"的努力去限制自己的行为。二十世纪六七十年代新马尔萨斯主义提出了"人口爆炸"和"增长的极限"理论，认为生态危机是由过剩的人口和稀缺的资源之间的矛盾所导致的。

3. 佩珀对新马尔萨斯的生态危机理论的批判

佩珀在重新研究马克思、恩格斯对马尔萨斯人口理论的批判之后指出，马尔

[1] 倪瑞华. 英国生态学马克思主义研究.[M]. 北京：人民出版社，2011:124.

萨斯人口理论不仅具有政治目的，而且具有经济目的，是为资本主义社会资本积累、资本扩张及攫取最大限度的剩余价值服务。

佩珀强调，马克思主义"人口—资源"理论并不否认：在人类社会改变环境能力不足的历史条件下，资源相对而言是有限的，人口数量确实制约着物质的富裕。但是，马克思人口规律适用于资本主义社会的人口规律，在本质上是反马尔萨斯人口论的。但佩珀也强调，马克思主义者认为"过剩人口"不是由于"自然的短缺"所造成的，而是一种经济制度带来的结果。

经过对马克思"人口—资源"理论分析，佩珀认为，资本主义通过建立一个失业者"蓄水池"，形成"工业预备军"的方式来达到迫使工人接受尽可能低工资的目的。一旦工人要求得到更高工资而以罢工相威胁时，资本家让"蓄水池"中的"工业预备军"进入劳动市场，让他们接受低薪水的工作。其实，无论人口的绝对数量多少，"工业预备军"的形成是资本主义采用机器生产的必然结果。无论经济繁荣还是萧条，"蓄水池"中的"工业预备军"都有其利用的价值。佩珀认为 D. 哈维（D.Harvey）继承了马克思的"人口—资源"理论，他引证了其书中的一段话："在马克思的著作中，相对剩余人口的形成和工业预备军被看做是一种具体的历史现象——内在于资本主义生产方式。根据他的分析，我们可以预测贫困的出现，而不管人口变化的速率如何。"[1]

佩珀认为，马克思还专门研究了前殖民地"人口—资源"的状况，并得出结论：在西方殖民化之前，"第三世界"人口是生态平衡的，人类生活方式与自然也是协调一致的，人们营养不良和失业现象也是很少见的。但随着货币经济和西方个人主义等因素的出现，"人口—资源"问题在资本主义"渗透"下开始出现。因而，佩珀认为要解决相对于资源而言的过剩人口问题，除了通过改变人口数量之外，还应该要通过改变我们思想中的目标和社会组织，改变我们对自然的技术和文化的评价，以及改变我们所习惯的关于某些事物的观点。

---

[1] 戴维·佩珀.生态社会主义：从深生态学到社会主义 [M].刘颖，译.济南：山东大学出版社，2012:112.

（二）绿色主义生态危机理论及佩珀的批判

1. 绿色主义的生态危机理论

对于世界性的环境污染、资源损耗和生态恶化问题，绿色主义者常常声称："根源于对自然的作威作福与剥削态度。西方文化被认为是尤其具有致命性的全球影响，因为西方人把自然看成是一种工具，用其进行无止境的物质获取。"[1]绿色主义者之所以产生这种观点，一是因为17世纪以来发展的科学技术让他们臆断自身与自然是分离的，一是因为弗朗西斯·培根（Francis Bacon）的信条使他们为了自身的需要而操作自然法则。绿色主义者认为，技术力量使人类产生了好斗、自私和喜好竞争的观念，使人类用浪费的消费主义来衡量个体和社会的"进步"。因而造成这样的局面："这冷酷无情的唯物主义，夸大了合理性、'铁的事实'以及经济功利主义上的算计在决定善恶中扮演的角色，我们精神的、情感的、艺术的、爱的以及合作的一面，因此被忽视了。我们缺乏某些更为深入的道德标准。"[2]

绿色主义者认为，"工业"社会造成废弃的副产品"外部化"、生活环境单调化和饮食有毒化。在绿色主义者看来，"工业"社会建立在利润最大化目标基础之上，盲目追求利润，因而过度生产且鼓励过度消费。工业界在生产出大量的产品的同时，也生产出大量的废弃的副产品，为了免除清理废弃的副产品的代价，"工业"社会将这种代价"外部化"到整个社会。绿色主义者坚信资源是有限的，当大规模工业化运动产生，环境污染就可能严重到令人无法接受的地步。绿色主义者还认为，"工业"社会的"大资本主义、利润最大化、劳动分工、生产线、机械化、去技能化共同造就了枯燥无味、永无盼头且倒行逆施的工作和无意趣又单调划一的生活环境。城市与郊区庞大且无人情味，笼罩在乡村地区头上的是生态单一的农业综合企业所制造的风景，它给我们带来有毒且价值很低的食物与水"[3]。

绿色分子宣称，环境破坏是人类"作威作福和剥削的态度"，特别是那些内在于古典科学、基督教、父权制中的态度与价值，和"西方文化"相结合的"工业化"的结果。除此之外，绿色分子还宣称，人类的"贪婪"、"傲慢自大"、原罪的内疚感，

---

[1] 戴维·佩珀. 现代环境主义导论 [M]. 宋玉波，朱丹琼，译. 上海：格致出版社，上海人民出版社，2011:2.

[2] 戴维·佩珀. 现代环境主义导论 [M]. 宋玉波，朱丹琼，译. 上海：格致出版社，上海人民出版社，2011:2.

[3] 戴维·佩珀. 现代环境主义导论 [M]. 宋玉波，朱丹琼，译. 上海：格致出版社，上海人民出版社，2011:5.

以及人类自我成为"第七个敌人"的虚假意识等各种因素混合在一起，造成了人类对自然环境的破坏。

2.佩珀对绿色主义生态危机理论的批判

对于绿色分子的说辞，佩珀指出："正如帕森斯评论的'我们已经遇到了敌人，这个敌人就是我们自己'。实际上，这是一种自我指责和自我道德化的、等同于无法理解的废话。"[1]佩珀认为，马克思强调从物质生产过程中的动力机制去研究环境退化的原因，强调从资本主义发展过程中去研究人类对环境产生错误态度并以这种错误态度对自然进行剥削的原因。佩珀认为，一种唯物主义的分析不仅批判自然的垄断者或消费者的个性"贪婪"，而且要批判资本主义生产方式本身。佩珀指出，正如 R.J. 约翰斯顿所说那样："正是资本主义制度下人类'干预'自然的方式是大量土地退化和由此造成的使人心惊胆战的后果的原因。"[2]

二、资本主义生态危机的多维分析

（一）资本主义生产目的诱发生态危机

1.资本主义生产的目的是获取利润

在对资本主义进行界定时，佩珀首先引用了两个人的观点。一是 R.J. 约翰斯顿的观点。约翰斯顿指出了资本主义制度的两大特征——工业主义和市场规范的交换，但他认为此两点还不能成为资本主义制度界定性的特征。另一个是 M. 德塞（M.Desai）的观点。德塞认为应该从以下几个主要方面对资本主义进行界定："生产的目的是为了销售而不是直接消费；劳动力买卖；以货币为媒介进行交换；资本家及其代理人决定生产什么和生产多少；他们的控制将会影响到无权影响这些决策的多数人的财政决策；他们为争夺劳动、原材料和市场而彼此竞争。最后一点中的一个重要方面是不断促使更'有效地'生产持久动力，意味着在使销售收入最大化的同时使生产成本最小化——两者之间的差额就是剩余价值或利润。"[3]

---

[1] 戴维·佩珀.生态社会主义:从深生态学到社会主义 [M]. 刘颖，译.济南：山东大学出版社，2012:105
[2] 戴维·佩珀.生态社会主义:从深生态学到社会主义 [M]. 刘颖，译.济南：山东大学出版社，2012:105-106.
[3] 戴维·佩珀.生态社会主义:从深生态学到社会主义 [M]. 刘颖，译.济南：山东大学出版社，2012:91.

通过对资本主义界定的分析，佩珀认为，在资本主义社会里，从本质上说，资本家在生产中的目的就是不断积累财富并不断扩大生产以获取更多资本。在商业资本主义阶段，企业主就采取买卖封建自足经济中的剩余物、海内外剥削和殖民地成果攫取等方式获取早期资本。但是，积累后的原始资本一旦重新投入生产，就以获得更多资本为目的。18 世纪之后的工业资本主义阶段，生产力已物质地转变为商品。商品和服务也不再只是为了使用价值，它还兼顾同其他商品和服务进行交换而获得利润的使命。在自由资本主义阶段，"商品的生产主要是为了获得利润——其社会有用性是次要的。一般来说，除非市场表明有交换价值可以实现，否则生产不会进行。而只有交换价值大于生产成本，商品才能以获利的形式卖出"[1]。这表明，自由资本主义阶段，商品生产的获利性特征更加突出。

2. 资本主义生产破坏环境基础

佩珀认为，资本主义条件下的生产关系具有竞争性，从而导致资本主义生态关系具有竞争性，而竞争的目的就是为了获取更多的剩余价值。佩珀认为："工人之间为了出卖劳动而竞争（当高失业时，这种竞争更为尖锐），资本家之间为了出售和积累资本而竞争。"[2]而要在竞争中取得有利地位，就需要做到成本最小化而利润最大化。要实现这种目标，资本主义的经济法则要求最大化地提高生产率。佩珀认为，提高每个工人生产率的最行之有效的方式就是："通过劳动分工分解为专业化的任务和它们的自动化与通过生产线（'福特主义'）实现的流水作业，把时间与动机理论应用到他们中间（'泰勒主义'或'科学的管理'）和用机器代替劳动力。"[3]因为通过这种方式，生产就可以去技能化，就可以降低对劳动者技能方面的要求，从而降低在市场上购买劳动力的价格。资本家还以竞争"规律"为借口，通过解雇劳动、失业威胁、强化机械化、提高生产技术、延长工时、临时工作和恶化工作环境等措施来促使劳动力价值下降，以提高资本的积累。

佩珀揭示，为了在竞争中获得更多的剩余价值，资本家通常会使生产过程不断机械化，生产中机器折旧更快，辅助机器生产的燃料和原材料消耗更大，结果

[1] 戴维·佩珀. 生态社会主义：从深生态学到社会主义 [M]. 刘颖，译. 济南：山东大学出版社，2012:92.
[2] 戴维·佩珀. 生态社会主义：从深生态学到社会主义 [M]. 刘颖，译. 济南：山东大学出版社，2012:95.
[3] 戴维·佩珀. 生态社会主义：从深生态学到社会主义 [M]. 刘颖，译. 济南：山东大学出版社，2012:95.

对资源和环境的破坏也就越来越大。保护环境和资源、再循环利用资源、控制污染都会导致企业生产的成本增加，这与剩余价值最大化的目标相反，资本家不会接受。因而，资本主义企业为了自己的利益，就会采取收益内在化、成本外在化的办法，把收益留给自己，把环境丢给社会。佩珀指出，在资本主义制度下，环境退化不可避免，而"生态矛盾来自其他矛盾。它的后果是进一步强化了资本主义的扩张动力和通过占有剩余价值对劳动的剥削"[1]。通过马克思的历史唯物主义对资本主义生产动力的分析，佩珀指出："资本主义内在地'对环境不友好'。"[2]资本主义社会对环境的破坏"应该责备的不仅仅是个性'贪婪'的垄断者或消费者，而是这种生产方式本身：处在生产力金字塔之上的构成资本主义的生产关系"[3]。佩珀认识到，正是这种资本主义的生产关系决定下的毫无止境地追逐剩余价值最大化的生产吞噬了资本主义赖以生存的自然基础，导致了生态危机的爆发。

（二）资本主义生产手段诱发生态危机

1. 资本主义采取生产成本外化的生产手段

佩珀认为，在资本主义自由市场中，使生产率最大化和使剩余价值最大化的动力阻碍了资源的保护和再循环，以及污染的控制。因为，生态环境的恢复需要资金，而"在缺少集体行动（税收和计划）的情况下，资金只能来本可以成为利润的东西。在竞争性环境中，把一些收入转变为非盈利的活动例如恢复自然风光，就会威胁到企业生产率的提高，威胁到其自身的生存……"[4]所以，资本家在利润不能得到持续保障时，他们不会去追求风景改进的价值，也不会去追求资本增殖之外的价值。而目前，让资本家去支付资源开采之后所产生的环境污染的费用还有强大的压力。因而，资本家在"开采"资源的时候，他们考虑的是资源的价值，而不考虑对未来生产率和环境的影响。这不是资本家个性的"贪婪"，而是"资本主义经济中一种不可抗拒的趋势"。

在资本主义条件下，私人公司把环境成本外化于社会。佩珀指出，在竞争性

[1] 戴维·佩珀. 生态社会主义：从深生态学到社会主义 [M]. 刘颖，译. 济南：山东大学出版社，2012:96.
[2] 戴维·佩珀. 生态社会主义：从深生态学到社会主义 [M]. 刘颖，译. 济南：山东大学出版社，2012:106.
[3] 戴维·佩珀. 生态社会主义：从深生态学到社会主义 [M]. 刘颖，译. 济南：山东大学出版社，2012:105.
[4] 戴维·佩珀. 生态社会主义：从深生态学到社会主义 [M]. 刘颖，译. 济南：山东大学出版社，2012:107.

商业中，私人企业家本着所谓为家庭、支持者及自己负责的态度，只要不违背法律，就会使用一切手段使自己处于竞争中最有利的地位。为了支撑自己的观点，佩珀还列举了英国"全国电力"公司的例子。1991 年，尽管政府事先保证电力私有化不损害环境保护工作，但新私有化的"全国电力"还是决定关闭位于莱泽海德（Leatherhead）的国家最主要的酸雨实验室。为了削减成本，一名"全国电力"发言人声称："……考虑到了已经变化了的作为一个私人企业的地位。我们不再仅仅因为环境保护普遍国家利益来判断事情——那不是一个商业性公司如何运作的方式。"[1] 为了促使成本外化于社会，维护小部门的利益，商人们还通常以符合"国家利益"为自己辩护。佩珀指出："全国政治家捍卫的'国家利益'实际上是大商业的利益，尤其是当大商业已经把资金注入到他们的政治运动中时。"[2] 佩珀揭露，1992 年联合国环境与发展会议之前，西方国家，特别是美国，就在预备性谈判中压制有关发展新生物产品的安全标准、支持禁止有毒废物越境运输、设置二氧化碳排放下限、西方过度消费为环境退化原因等提议。因而，佩珀认为，资本主义很少有一个"国家利益"存在，资本主义国家也根本没有一个理性可持续的环境政策。

资本主义生产实施生态帝国主义策略，不仅将生态环境的成本外化于本国国内，还外化于第三世界。西方资本主义国家在对本国的资源进行掠夺和环境破坏的同时，逐渐采取掠夺第三世界的财富来维持和改善自身环境质量的策略。资本主义在"不太具有特权地区"毁坏树木，倾倒有毒废物，而在加利福尼亚建立生态乌托邦城市戴维斯。佩珀还揭示，为了控制第二、第三世界的资源，反对发展中国家和其他资本主义国家对自己环境问题的指责和约束，西方资本主义国家借环境问题干涉别国内政并阻止、抵制相关环境协议的通过，甚至废除已经通过的环境协议。

2. 资本主义生产手段对环境的破坏

资本主义企业在"开采"资源和生产过程中，采取收益内在化、成本外在化的做法，其实质是一种只顾自己当前的利益，而把环境破坏的成本转嫁给社会、

---

[1] 戴维·佩珀. 生态社会主义：从深生态学到社会主义 [M]. 刘颖，译. 济南：山东大学出版社，2012:108.
[2] 戴维·佩珀. 生态社会主义：从深生态学到社会主义 [M]. 刘颖，译. 济南：山东大学出版社，2012:109.

转嫁给未来、转嫁给后代的做法。这种做法被约翰斯顿称为"生态帝国主义"。"生态帝国主义"喜欢剥削新的土地和资源，因为新的土地和资源对于初始利润和生产率的迅速增长提供了巨大的潜力。在中世纪，为了资本积累，西方以这种方式对农业进行了大肆开发，造成了森林毁坏、湿地干涸的后果。16世纪之后，"生态帝国主义"获得了全球向度，"并最终导致干旱尘暴区、沙漠化、热带雨林被毁以及在白人移民区与第三世界的殖民地被强加的土地使用模式适应于外国市场"[1]。正如马克思认为的那样，资本主义对农业和其他资源的使用，只追求眼前利益，造成了"沙漠"和环境的退化。资本主义生产成本外部化不仅给土地、空气和水带来严重污染，而且还因偏好公路运输、一次性产品、过度包装造成资源浪费。此外，资本主义甚至还将因扩大机器生产造成的劳动者失业的成本也外化给社会，让社会来承担劳动者失业成本。

因此，佩珀认为，资本主义的"绿色"可持续发展计划是一个骗局，是不可能实现的梦想。通过绿色发展而补偿每个社会成员的"理想"资本主义或许只存在于某个地方、某个团体，即使这样，也是以其他地方、其他团体中的人远离所谓"理想"的资本主义为代价的。佩珀明确指出，美国和西欧等国家的富裕就是建立在"十亿人生活在绝对贫困中"和各种不平等基础上的。经过马克思主义和生态学的分析后，佩珀认识到一点："第二、第三世界中通过接受资本主义而加入这一神奇富裕竞赛的人口越多，可以肯定的是，持续经济繁荣的总体水平和环境质量将越下降，囚徒困境的原则开始起作用。"[2]

（三）资本主义的消费方式诱发生态危机

1. 资本主义过度生产导致过度消费

通过对资本主义生产关系和生产目的的分析，佩珀认识到，资本主义生产必然会导致竞争的激烈化。为了在竞争中占据有利地位，提高机械化水平成为资本主义生产的一种趋势。而机械化生产覆盖率的提升却加剧了利润率下降的趋势。因为，在技术既定的条件下，机械化生产需要支付更多的机器投资、更高的折旧

---

[1] 戴维·佩珀. 生态社会主义：从深生态学到社会主义 [M].刘颖，译. 济南：山东大学出版社，2012:108.
[2] 戴维·佩珀. 生态社会主义：从深生态学到社会主义 [M].刘颖，译. 济南：山东大学出版社，2012:109.

费和更多的辅助材料成本，从而导致单位投资比以前获得更少的利润。对于这一现象，佩珀引用了 T. 伯托摩尔等的解释："越先进的方法往往越以低利润率为代价获得一个更低的单位生产成本。尽管如此，竞争迫使资本家采纳这些方法。因为拥有较低单位生产成本的资本家能够降低它的价格并以他的竞争对手为代价扩大生产——因而通过更大的市场占有份额来抵消较低的利润率。"[1] 可见，资本家采取了占有更大市场份额的方式来抵消机械化生产带来的利润率下降的矛盾。

佩珀指出，资本家要扩大生产和市场空间以获得更多剩余价值。为了在利润率普遍下降的情况下获取更多的剩余价值，资本家除了采用获取廉价原材料的方式降低成本外，还采取了广告宣传、营销策略和生产革新等方式来说服人们扩大需求。总之，他们的目的就是要扩大生产和市场空间。佩珀进一步指出，就像在《共产党宣言》中马克思、恩格斯预见的那样，"资本主义必须无情地扩展到全世界"。为了说明这一观点，佩珀还列举了 1990 年麦当劳公司莫斯科普希金广场分店开业的例子，称其表面上是为了排除饥饿的莫斯科人不再为食物而排长队之苦，表面上像它在《时代》广告上宣称的"目标在三分钟内服务每一个人"那样，但其实质就是为了扩大市场，获取更多的剩余价值。

佩珀注意到，资本主义会导致生产过度。资本扩展动力内在地要求企业不断拓展市场。因为，其他企业会通过竞争方式夺得市场份额；新的竞争对手也会不断加入市场竞争，抢占市场份额。在扩大市场规模的同时，资本主义企业还必须扩大服务与商品的使用范围，不断研发新产品，促销新产品，以满足扩大后的市场需求。这样，资本主义企业就会在不断扩张市场的驱动下，出现过度生产现象。

佩珀认为，资本主义会产生生态矛盾。当利润率下降和过度生产矛盾出现时，"生产者必须更加努力地工作：通过创新的需求来抵消需求的下降和扩大需求。因此，存在着不断的研究、发展、产品更新、广告与营销宣传"[2]。佩珀指出，这导致生产工具的持续革命化，也加剧了不安和不稳定，并最终导致周期性危机爆发。因而，他相信，正如哈维认为的那样，周期性危机爆发必然使资本主义上层建筑与非绿色的哲学信仰的改变结合起来。后现代时期，这种哲学在市场和大众中都

[1]戴维·佩珀. 生态社会主义：从深生态学到社会主义 [M]. 刘颖，译. 济南：山东大学出版社，2012:97.
[2]戴维·佩珀. 生态社会主义：从深生态学到社会主义 [M]. 刘颖，译. 济南：山东大学出版社，2012:106.

变成时尚，它"强调一时服务的消费，并使大众意识中充满了人为制造的形象和暂时的、随意性的观念（商品的、价值的和与事物、人们、场所及自然之间稳定关系的观念）"[1]。当资本主义耗费大量的资源去提高生产以满足增加的需求时，增加的需求反过来又成为下一次提高生产的"负担"，这种增长的消费实质上就发生了"异化"。这种提高生产和"异化消费"循环下去，就会导致"'资本主义的生态矛盾'产生了，其中，资本主义制度持续地吞噬掉维持它的资源基础"[2]。

2. 资本主义过度消费对环境的破坏

佩珀相信，资本主义更乐意宣扬和生产更多而又非必需的产品。佩珀认为："在必须品与消费社会中人为诱导的需求之间存在着区别。地球的资源能够满足所有人的需要，而不是所有人的需求。"[3] 佩珀还赞同威廉·莫里斯（William Morris）对"我之必须为何"问题的回答："免于饥饿、身体健康、问心无愧的生理满足、活跃的思维，以及那种对此有裨益的教育、旅行、有意义的工作……宽松而优美的物质环境。"[4] 佩珀指出，大多数西方人赞同以上清单，也承认以上清单中多个条目还不具备，甚至承认因缺乏一些物项而造成生活上的空虚。但他们认为，大多数奢侈品和许多所谓的舒适生活是对人类进步的实际障碍，因而是可以缺少的。但资本主义却极力反对这种观点，因而，其媒体与社会机制总是边缘化这种观点，宣扬另一种观点——"通往富足的道路可能有两条：或者生产更多，或者别无所求，就可以'毫不费力地获得满足'。"[5] 显而易见，资本主义更乐意宣扬和生产更多的、但不一定是必须的，以及甚至是奢侈的产品。

资本主义为了追逐剩余价值最大化，不断扩张市场，不断创造出商品和服务的新需求。但为了剩余价值最大化真正实现而又缓解经济危机，资本主义必须让其商品在市场上进行交换，也就是必须被消费。因而，资本主义采取各种方式操纵人的喜好和消费，诱使人们过度消费和虚假消费。但是佩珀指出："在现实中，大量需求事实上是资产阶级通过广告和营销创造出来的，就像'新需求、新需要'

[1] 戴维·佩珀. 生态社会主义：从深生态学到社会主义 [M]. 刘颖，译. 济南：山东大学出版社，2012:107.
[2] 戴维·佩珀. 生态社会主义：从深生态学到社会主义 [M]. 刘颖，译. 济南：山东大学出版社，2012:107.
[3] 戴维·佩珀. 现代环境主义导论 [M]. 宋玉波，朱升琼，译. 上海：格致出版社，上海人民出版社，2011:74.
[4] 戴维·佩珀. 生态社会主义：从深生态学到社会主义 [M]. 刘颖，译. 济南：山东大学出版社，2012:107.
[5] 戴维·佩珀. 生态社会主义：从深生态学到社会主义 [M]. 刘颖，译. 济南：山东大学出版社，2012:75.

一样——通过对其他人劳动的占有满足资本积累的主要目的。"[1] 但佩珀还观察到，在资本主义社会会出现一种现象："生产者不可能被支付足够工资去消费其自身劳动的所有成果：如果是那样的话，这一制度中将不会有剩余价值存在。这个难题又被提高生产率的动力所恶化，它降低每一个单位产品的工资成本，结果是，需求与供应相比进一步被压制。"[2] 因而，资本主义生产的产品会出现大量的浪费。毫无疑问，资本主义过度生产、过度消费、虚假消费和海外倾销等各种手段都会耗费大量的自然资源，破坏生态环境，吞噬维持它的资源基础。

（四）资本主义社会不公正诱发生态危机

1. 资本主义缺乏社会公正

佩珀坚信，资本主义社会缺乏社会公正。佩珀认为："资本主义在不平等的社会中成长，同时又发展了那种不平等。"[3] 因而，他认为资本主义社会缺乏社会公正。而且这种社会公正缺失不仅表现在资本家与劳动者之间的关系上、企业与企业之间关系上、地区与地区之间关系上，更表现在涉及各种关系的生态环境问题上。

资本主义社会里资本家与劳动者之间的关系上缺乏公正。资本家利用对生产资料占有的优势，不仅可以在市场上购买生产所需要的生产资料，还可以购买生产所需要的劳动力。当劳动力可以被自由买卖时，资本家与劳动者之间的关系就变成了买者和卖者之间的关系，或者说是变成了一种金钱关系。在这种关系中，劳动者与资本家并不对等。佩珀指出，劳动者将自己降低到市场上与任何可以出售的其他东西的相同地位，"他们被客体化了，也就是被具体化了：降到物的地位"[4]。在劳动力商品买卖及以后的使用过程中，劳动力所有者除了能够有效地控制着生产的能力之外，已经不能控制其他。因为，"在出售劳动时，我们也在出售我们自己和我们的（部分）生活"[5]。至于道德和精神层面的东西已经失去了其在生产方式中的重要性，成为利润最大化的辅助因素。资本家不会由于人们对自然或场所的

[1] 戴维·佩珀. 生态社会主义：从深生态学到社会主义 [M]. 刘颖，译. 济南：山东大学出版社，2012:104.
[2] 戴维·佩珀. 生态社会主义：从深生态学到社会主义 [M]. 刘颖，译. 济南：山东大学出版社，2012:97.
[3] 戴维·佩珀. 生态社会主义：从深生态学到社会主义 [M]. 刘颖，译. 济南：山东大学出版社，2012:91.
[4] 戴维·佩珀. 生态社会主义：从深生态学到社会主义 [M]. 刘颖，译. 济南：山东大学出版社，2012:100.
[5] 戴维·佩珀. 生态社会主义：从深生态学到社会主义 [M]. 刘颖，译. 济南：山东大学出版社，2012:99.

热爱，而放弃开发资源；也不会在即使"雇佣他们"也不影响利润减少的情况下就不解雇工人。因为资本家强调："我不能让情感压倒商业。"[1] 可见，资本家为了获取自己的利益最大化，在生产过程中既要剥削资源又要剥削工人，劳动者始终处于被剥削的地位。

资本主义社会里企业与企业之间、国家与国家之间也存在不公正。佩珀指出："在社会和环境意义上最具有剥削性的资本主义组织之一是垄断集团。"[2] 佩珀指出，垄断集团因缺少竞争而产生，而又因"自由"竞争而产生。垄断集团产生后，由于竞争原因，它们会封锁很多相关信息，而处于不利地位的小企业因此遭受较大损失。这样循环下去，处在不利地位的企业就会逐渐被占优势地位的企业吞并，产生新的垄断集团。在资本主义社会，每隔大约 50 年或者更少的时间，"过度生产、下降的利润和经济停滞的危机促使资本家从生产中大规模撤退（资本家把他们的资金转变为'固定'的形式——建筑、机器、土地），并因而鼓励垄断组织发展"[3]。这样一来，不同国家的内部和不同国家之间的垄断集团的力量会产生变化，因此导致不同国家内部和不同国家在地理位置上会产生新的地理中心和边缘地带。核心地区集中拥有大量的财富和强大的政治力量，而这些财富与政治力量则来自对边缘地区的占有。在资本主义如何占有和控制其他地区的问题上，佩珀引用 E. 戈德史密斯（E.Goldsmith）的观点。他说："像中国那样的国家如何被通过炮舰外交被迫与西方国家贸易。自从 1944 年布雷顿森林会议以来，最富裕的国家加倍努力把前殖民地国家纳入世界贸易体系中，尤其是为了避免另一个由国内过度生产造成的 1929 年那样的危机。国际货币基金组织、世界银行和关贸总协定都是为此目的建立起来的。他们鼓励和胁迫第三世界降低他们保护其新兴工业的进口限额和关税并使他们的货币贬值，从而使其出口商品变得便宜和来自西方国家的进口商品变得昂贵，并通过削减福利开支和进口西方的机器与农业化学产品，使农业资本主义化。"[4]

---

[1] 戴维·佩珀. 生态社会主义：从深生态学到社会主义 [M]. 刘颖，译. 济南：山东大学出版社，2012:100.

[2] 戴维·佩珀. 生态社会主义：从深生态学到社会主义 [M]. 刘颖，译. 济南：山东大学出版社，2012:96.

[3] 戴维·佩珀. 生态社会主义：从深生态学到社会主义 [M]. 刘颖，译. 济南：山东大学出版社，2012:98.

[4] 戴维·佩珀. 生态社会主义：从深生态学到社会主义 [M]. 刘颖，译. 济南：山东大学出版社，2012:199.

2. 资本主义社会不公正对环境的破坏

各种社会的不公正反映到生态环境问题上，自然也导致了生态环境不公正现象的产生。随着资本主义生产的扩大，其对自然资源的需求也不断攀升。但无论国内还是国外，自然资源却是有限的。这样，资本主义国家企业就会展开资源抢夺大战，那些垄断集团则跨出国门，对其他国家的资源进行掠夺，这使得国家内部不同地区和国外不同地区之间的环境差异越来越大。为此，佩珀引用奥康纳的一段话来证明这种观点。奥康纳说："戴维斯与世界其他地方相比，是建立在一个规模扩大的不平等和特权的重建过程基础上的，即保持这个城市社会地'干净'的过程。它是美国白人特权社会拒斥工厂、工人阶级、罢工和其他被迫少数民族的速写。"[1] 而对于其他国家和地区，资本主义国家则不关心生态问题，它的目标就是像塞西尔·罗得斯指出的那样，"必须寻找到可以十分容易就获得原材料的新土地"。佩珀还指出，跨国公司控制了铜、铁矿和铝矿贸易的 80% ~ 90%，但他们还想控制更多。1990 年关贸总协定谈判中，跨国公司还迫使美国进一步向第三世界开放并要求最低的污染控制。另外，美国还减少了国内农业支持计划，放松对农业进口西方国家限制，直接或间接鼓励了农场主对环境的破坏。甚至世界银行首席经济学家在 1991 年给《经济学家》撰文时称，基于污染成本等因素考虑，"难道世界银行不应该鼓励更多的肮脏工厂移居到低发展水平国家吗？"[2] 所以，佩珀得出的结论是："资本主义制度内在地倾向于破坏和贬低物质环境所提供的资源与服务，而这种环境也是它最终所依赖的。从全球的角度说，自由放任的资本主义正在产生诸如全球变暖、生物多样性性减少、水资源短缺和造成严重污染的大量废弃物等不利后果。不仅如此，这些难题显然并不是不分阶级的——它们不平等地影响每一个人。富人比穷人更容易免除这些影响，而且更能够在面临危险时采取减缓策略以确保他们自己的生存。"[3]

[1] 戴维·佩珀. 生态社会主义：从深生态学到社会主义 [M]. 刘颖，译. 济南：山东大学出版社，2012:111.

[2] 戴维·佩珀. 生态社会主义：从深生态学到社会主义 [M]. 刘颖，译. 济南：山东大学出版社，2012:121.

[3] 戴维·佩珀. 生态社会主义：从深生态学到社会主义 [M]. 刘颖，译. 济南：山东大学出版社，2012: 前言 2.

三、资本主义生态危机根源的揭示

戴维·佩珀认为，西方资本主义陷入了生态危机，而且这种危机影响到了全世界。面对生态危机带来的经济衰退和老中心地带制造业衰退，资本主义拒绝承担生态危机带来的严重代价，反而不断开拓第二、第三世界，以寻求原料来源、廉价劳动力和销售市场。这样，资本主义最终会把每个人都带进其全球经济体系中，建立起一个商品生产水平很高、享乐主义盛行而人类需求满足度较低的社会。而在这种社会里，"政治上无权和处于不利地位的人们在经济上日益地被边缘化，并且实现利润增长的环境成本也越来越大"[1]。那么，资本主义社会里，社会不公正和环境退化就会继续扩大。

对于资本主义无法摆脱生态危机的原因，佩珀接受了马克思的观点。佩珀注意到，马克思通过对资本主义的动力机制的研究揭示了资本主义"内在地对环境不友好"秘密。佩珀相信，在马克思那里，资本主义增长动力内在地要求不断增加资本积累，从而要求日益扩大市场范围，不断拓展市场的服务与商品的范围，不断研发和促销新产品，不断进行生产工具革命。这样，资本主义对资源的需求就会不断提高，就会吞噬维持它的资源基础。同时，资本主义尽其所能追逐剩余价值最大化，必然导致资源保护、资源循环利用和污染控制等措施无法得以有效执行，必然导致收益内在化而成本外在化的结果发生。马克思还认为，成本外在化必然导致一系列严重后果。例如，影响未来生产率；将成本外在化的危机转嫁给未来；追求眼前利益，造成"沙漠"和环境退化；造成空气、水、土地的污染；将失业成本和环境成本让社会承担；大商业把资金注入政治运动中，政治家以捍卫"国家利益"保护大商业利益；等等。

佩珀坚信，在资本主义社会，资本家之所以能够榨取劳动者的剩余价值，"只是因为他们拥有生产力并控制生产力（包括他们在公开市场上购买的劳动本身）"[2]。而在生产中资本家之所以具有获取资本的能力，是"基于对土地（自然的物质材料）和劳动力的接近"[3]。在资本主义条件下，生产资料实行私有制，资本家拥有土

---

[1] 戴维·佩珀. 生态社会主义：从深生态学到社会主义 [M]. 刘颖，译. 济南：山东大学出版社，2012:2.

[2] 戴维·佩珀. 生态社会主义：从深生态学到社会主义 [M]. 刘颖，译. 济南：山东大学出版社，2012:92.

[3] 戴维·佩珀. 生态社会主义：从深生态学到社会主义 [M]. 刘颖，译. 济南：山东大学出版社，2012:92.

地等自然的物质资料的所有权。由于没有生产资料,劳动者只有出卖自己的劳动力,因此劳动力也像其他商品一样可以自由买卖,而一旦劳动力被出卖后,劳动力的使用价值就被资本家占有,而劳动者自身只能获取其劳动价值中的一部分,也就是通常所说的工资,作为劳动的报酬。那么,劳动价值与工资之间的差额即剩余价值就此产生,并被资本家无偿占有。佩珀认为,不仅工业资本家通过生产追逐剩余价值,而且金融资本家通过向工业资本家出借贷款以获取利息的手段从工业资本家那里占有部分剩余价值。

佩珀指出,"资本积累是以一定的阶级结构为基础的"[1],资产阶级和无产阶级之间细微的关系变化并没有改变资产阶级对无产阶级进行剥削的事实。佩珀认为,非人性的资本主义经济生产过程其实质是资产阶级和无产阶级关系的表现——资产阶级控制生产资料并控制分配与交换,而无产阶级只能出卖自己的劳动。资本主义制度要想继续维持下去,必须依靠阶级剥削,必须保证"投入生产中并在商品交换中实现的劳动价值必定总是大于支付给劳动力的价值"[2]。但随着资本主义的发展,资产阶级和无产阶级之间的关系变得越来越复杂。在资本主义不断扩张的过程中,资本的个人积累越来越不能满足资本投资的要求,因而资本家要进行联合以获取必要的资金。随着资本家吸纳中小投资者的投资增多,很多人认为,无产阶级和资本家之间的差别消失了,两者之间体现出来的是资本管理者与工人之间的关系。对于高兹把后工业社会中的资本家当作"资本的工作人员"的观点,佩珀进行了反驳。佩珀认为,在第三世界无产者中,甚至是西方世界里,高兹的观点都站不住脚。因为,一是在20世纪80年代,贫富差距不是缩小了,而是拉大了;跨国公司进行了大量的兼并和财产剥夺活动,其势头连民族国家政府都不能控制。二是中小投资者只是拥有公司比例较小的股份,并没有任何控制公司运作的权利。

通过对资本主义生产目的、生产手段、生产结果等因素的分析,佩珀认为生态危机来自资本主义制度。佩珀指出:"正是资本主义制度下人类'干预'自然的方式是大量土地退化和由此造成的让人吃惊的人类后果的原因。"[3] 由此可知,佩珀

---

[1] 戴维·佩珀. 生态社会主义:从深生态学到社会主义 [M]. 刘颖, 译. 济南:山东大学出版社, 2012:94.

[2] 戴维·佩珀. 生态社会主义:从深生态学到社会主义 [M]. 刘颖, 译. 济南:山东大学出版社, 2012:94.

[3] 戴维·佩珀. 生态社会主义:从深生态学到社会主义 [M]. 刘颖, 译. 济南:山东大学出版社, 2012: 105.

认为资本主义生态危机的真正来源是资本主义制度，是资本主义生产方式的内在矛盾造成了生态危机的爆发。佩珀对生态危机根源的正确揭示，为其制定解决生态危机的策略及未来社会构建理论提供了理论依据。

第二节　佩珀解决资本主义生态危机的策略

　　戴维·佩珀相信，西方资本主义陷入了生态危机，社会不公正和环境退化就会继续扩大。而现实中，资本主义采取各种手段编织着生态骗局。在 1992 年里约热内卢全球峰会上，西方领导人不仅推诿，甚至拒绝签署文件，而且回国后依然照旧行事；20 世纪 80 年代初，欧洲绿色分子在选举中支持率大幅下滑，英国绿党也面临危机。佩珀认为："既然现实主义的社会民主主义、民主社会主义和绿色改良主义都未能构成对现状的一个严重威胁，更激进的社会主义者和绿色分子重新主张人类社会真正需要的是更根本性的生态社会主义政治。"[1] 因而，佩珀提出了通过社会变革的方式来解决生态危机的主张。

一、拒绝编织资本主义的生态骗局

（一）资本主义的"生态帝国主义"

　　佩珀指出，资本的国际化是对资本主义内部矛盾的必然反应，资本在对外进行扩张的过程中，所到之处不仅没有关心当地人们的健康和福利，而且还对当地进行经济剥

---

[1] 戴维·佩珀. 生态社会主义：从深生态学到社会主义 [M]. 刘颖，译. 济南：山东大学出版社，2012:3.

削和生态剥削。佩珀认为，西方资本主义又一次陷入危机，但"人们顽固地拒绝承担走出萧条状态的代价，资本主义的回应是更深入地进入第二、第三世界以寻求市场和廉价的劳动力与原料来源"[1]。佩珀指出，为了达到此目的，目前资本主义寻求建立的关贸总协定（GATT），希望把全球带进资本主义。资本主义在全球化过程中，不断把世界上的各民族、各国家裹挟其中，致使资本主义发达国家可以攫取落后国家的初级农产品、原材料和自然资源，然后将这些攫取过来的资源进行加工，开发成工业商品，倾销至落后国家和地区。这样，资本主义发达国家攫取了他人的生态精华，却留下了生态问题；攫取了他人的物质财富，却留下了贫困难题。除了生态剥削之外，部分发达国家在国内生态恶化的压力下，还把生态危机转嫁给其他国家和地区。有的甚至把造成严重生态问题的企业迁移至第三世界国家，把污染性产品倾销给发展中国家，把有毒废料、垃圾等倾倒至落后国家和地区，把清洁生产技术、环保技术进行封锁。总之，资本主义发达国家就是要实行"生态帝国主义"政策，输出污染，把自己造成的环境污染和生态恶化的后果让别人承担。

（二）资本主义的生态骗局

佩珀指出，资本主义国家已经意识到生态环境问题的严重性，除了采取"生态帝国主义"政策之外，还在意识形态上下功夫，企图编造各种骗局来解决问题。佩珀认为，生态环境问题其实具有阶级性。在资本主义社会里，在面临生态环境危险时，富人比穷人更能够采取减缓策略以确保自己的生存。对于以上事实，虽然西方政府及"发展中世界"的政府或许予以承认，但一直不去正视和严肃回应这一问题。因为这些政府担心对环境问题过于严厉地关切与限制会影响到富人及他们自身的工商业利益。比如，正因为此种考虑，美国拒绝批准《京都议定书》。一些资本主义国家政府不但不正视生态危机问题，"相反，却编织着新自由主义的乌托邦幻想。比如'生态现代化'——一种基于错误假定的环境保护方法——的教义，包括世界上的每一个人都可以享受像富裕的西方人那样的生活标准、持续的经济增长与环境改善是相互促进的而不是相互冲突的等观念"[2]。佩珀指出，资本

---

[1] 戴维·佩珀.生态社会主义：从深生态学到社会主义 [M].刘颖，译.济南：山东大学出版社，2012:2.
[2] 戴维·佩珀.生态社会主义：从深生态学到社会主义 [M].刘颖，译.济南：山东大学出版社，2012:前言 2.

主义国家政府编织这种幻想，就是意图宣扬一种错误的、事实是幻想的观念，这种观念就是："一个人道的、社会公正的和有利于环境的资本主义实际上是可能的，即使在日益加剧的增长与竞争的背景下。"[1] 通过分析，佩珀明确指出，这种观念就是在根本没有充分和准确理解资本主义完整过程的基础之上，就作出分析与描述的结果。

（三）对"生态帝国主义"和资本主义生态骗局的拒斥

佩珀认为，无论是转嫁生态危机给其他落后国家和地区也好，还是在国内编织各种生态骗局也好，都只是缓解生态危机问题的权宜之计，不能解决根本性问题。资本主义国家已经意识到自身生态危机的严峻性，但却无法在其自身制度范围内找出一条根治生态危机的途径，只能采取权宜之计和编织生态骗局。因此，佩珀在批判资本主义生态危机问题时指出，由于资本主义生态问题根植于现存的政治和经济之中，因此，生态危机在资本主义制度条件下，不存在从根本上得以解决的希望，即使人们意识到社会不公和环境退化问题，愿意去改善生态环境问题，但生态危机只会持续恶化。通过对马克思主义和生态学的分析，佩珀指出，美国和西欧等国家的富裕是建立在"十亿人生活在绝对贫困中"和不平等基础上的。西方资本主义新发现的"绿色"是通过其他地区树木毁坏和有毒物质倾倒而实现的。只要第二世界和第三世界加入资本主义的人口越多，环境质量和持续经济繁荣的总体水平就会下降。因而，佩珀得出结论："资本主义的生态矛盾使可持续的或'绿色的'资本主义成为一个不可能的梦想，因而是一个骗局。"[2]

二、推动资本主义的社会变革

（一）佩珀对传统社会主义生态问题的分析

佩珀在探索资本主义生态危机问题时，不仅考察了资本主义对生态危机问题的解决办法，而且还考察了社会主义的解决办法。佩珀指出，在讨论社会主义生

[1] 戴维·佩珀. 生态社会主义：从深生态学到社会主义 [M]. 刘颖，译. 济南：山东大学出版社，2012:2.
[2] 戴维·佩珀. 生态社会主义：从深生态学到社会主义 [M]. 刘颖，译. 济南：山东大学出版社，2012:110.

产方面的观点时，人们往往就会把它与苏联、中国和东欧社会主义国家所发生的现实环境问题联系在一起。因此，格伦德曼宣称："'现存的'社会主义的污染纪录以及生态难题的全球性说明了马克思技术乐观主义的缺陷。因为生态难题在一定程度上是非历史的——并非仅仅来自资本主义的利用方式，而是来自技术的内在逻辑。"[1] 对于苏维埃政权是否曾在 20 世纪 70 年代之后严肃地关切生态问题的探讨，佩珀也引用了不同人的观点。一种观点认为苏维埃政权没有认真对待过生态环境问题，而另一种观点认为苏联的确存在污染纪录，但这种污染纪录在社会主义中不是系统性的，不但不应该把苏联生态问题作为"共产主义"污染凭证，反而应该看到"现存社会主义"和真实的社会主义之间的鸿沟。"这种鸿沟之所以存在，或是因为社会主义必须经过一个资本主义阶段，或是因为俄国一直是（国家）资本主义的和'社会主义还没有存在于任何地方。'"[2] 很显然，佩珀引用这种观点是想说明一个问题，那就是：苏联是在搞（国家）资本主义，虽然名义上宣称是社会主义国家，但其实质却不是。因而，即使苏联存在环境污染，也不能作为社会主义污染纪录的证明。为了证明他的判断，佩珀进一步引证了奥康纳的观点："大规模的环境退化很可能像它在资本主义条件下看起来的那样不是社会主义所固有的，尽管社会主义国家还没有显示这种特征。"[3]

（二）佩珀对其他"社会主义者"生态观点的考察

威廉·莫里斯无政府社会主义主张，在新的生产模式中，避免废弃物的出现，避免生产毒物和避免生态的破坏。他们认为，人的需要不要过分重视物质需要，而要强调物质需要之外真正的需要："感受到纯粹的生活愉悦；运用我们身体的力量去享受；与阳光、微风和细雨相嬉戏；在满足人类本能的适当身体欲望中得到欢乐，而不必担心环境退化或做错事的感觉……欣赏世界的自然美。"[4] 当然，除了这些需要之外，还一定需要教育、旅游、舒适的工作环境和面向所有共同体的美丽而令人愉悦的物质环境。

---

[1] 戴维·佩珀. 生态社会主义：从深生态学到社会主义 [M]. 刘颖，译. 济南：山东大学出版社，2012:143.

[2] 戴维·佩珀. 生态社会主义：从深生态学到社会主义 [M]. 刘颖，译. 济南：山东大学出版社，2012:143.

[3] 戴维·佩珀. 生态社会主义：从深生态学到社会主义 [M]. 刘颖，译. 济南：山东大学出版社，2012:144.

[4] 戴维·佩珀. 生态社会主义：从深生态学到社会主义 [M]. 刘颖，译. 济南：山东大学出版社，2012:143.

英国社会主义党则认为，社会主义可以毫无困难地使组织生产中"环境负面影响最小化"。因为，在社会主义生产模式中，通过产品简单维修和资源再循环利用等方式，人们可以推进工业快速发展，以便给每个人提供基本需要的优质食品、卫生、健康、教育和娱乐等。当人的基本需要满足后，生产就回归到一个稳定的生产水平。并且，由全球生产逐渐转向地方水平生产，让人们的幸福感的增加不再基于生产和占有的增加。

新马克思主义者格伦德曼认为，把资本主义看作生态危机主要原因是"明显错误的"。他认为，即使阶级社会被废弃，现代社会中的社会与自然的关系还是处在个体与共同体的控制之下。所以，他认为："人类自我发展的缺乏是引起生态危机的根本原因。"[1] 但他又强调，除了资本主义生产方式，还有其他生产方式造成生态破坏，但共产主义社会不会有环境难题。

（三）佩珀对解决生态危机的主张

佩珀认为，社会主义者倡导一种更具有未来性、前瞻性的观点，即在新的生产模式基础之上建立起新的人类关系和新的环境道德。分散主义的社会主义者倡导新的生产模式建立在社会公正基础之上。在这种新的生产模式中，共同所有制不仅可以避免成为民主的集权化所有制，而且还可以实现资源利用计划化和资源枯竭最小化的设想。另外，在这种生产模式中，没有市场经济，就业充分，财富分配适当，经济增长缓慢并没有消费主义压力。因而，他们从理论上相信，如果这种新的生产模式应用适当，社会主义就可以避免成为一个污染的社会。

佩珀指出："毫无疑问，'真正'的社会主义与共产主义的生态仁爱性的关键在于它的经济学。"[2] 与新古典经济学相反，社会主义与共产主义经济学要求生产由社会组织起来，进行理性生产，既要满足人的需要，不给人类和自然造成破坏，又要对人类物质需要进行限制。这就要求生产中要合理利用资源，避免造成污染，通过计划实现生产而不能通过货币、市场和国家所有制。当然，这种计划是"一

---

[1] 戴维·佩珀.生态社会主义：从深生态学到社会主义 [M].刘颖，译.济南：山东大学出版社，2012:145.
[2] 戴维·佩珀.生态社会主义：从深生态学到社会主义 [M].刘颖，译.济南：山东大学出版社，2012:145.

个理想化的、从全球到地方的计划联系网络"[1]。

在佩珀看来,现实中的各种主张都不能从根本上解决资本主义生态危机问题,对资本主义生态危机理论也没有构成严重威胁,因而,他提出一个更激进的主张:实行生态社会主义的政治。他认为要根除生态危机,必须加强"红绿联盟",对资本主义制度进行社会变革,建立一种新的生态社会主义社会。

---

[1] 戴维·佩珀. 生态社会主义:从深生态学到社会主义 [M]. 刘颖,译. 济南:山东大学出版社,2012:145.

第四章

戴维·佩珀关于人类中心主义重建的思想

　　在反思西方生态危机过程中，一些后现代主义学者否认生态危机与资本主义制度有关，而把生态危机发生的根本原因归结于人类中心主义。他们认为，人类中心主义驱使人类对自然资源进行掠夺，导致了生态环境的恶化。因而，他们主张人类应该采取生态中心主义原则，彻底抛弃人类中心主义。戴维·佩珀认为，不仅技术中心主义破坏了人与自然之间的关系，而且生态中心主义同样也破坏了人与自然之间的关系。由于其自身缺陷，生态中心主义的主张同样也无法解决生态危机问题。佩珀相信，马克思主义是人类中心主义的，而且，人类中心主义并不必然带来生态危机。佩珀不仅为人类中心主义正名，而且提出了新人类中心主义主张，倡导重塑人类主体地位。

第一节　环境主义破坏人与自然关系

佩珀认为，从某种程度上讲，西方大多数政治敏感的人是环境主义者。只不过，一些人属于"浅"绿色的环境主义者，而另一些人是"深"绿色的环境主义者。T. 奥里奥丹（T.O'Riordan）把这两种环境主义区分为"技术中心主义"和"生态中心主义"。无论是技术中心主义还是生态中心主义，它们都是反人类中心主义的，都把生态危机的原因归结为人类中心主义。佩珀认为，两者都破坏了人与自然之间的关系。

一、技术中心主义引发人与自然分离

（一）技术中心主义及其主张

技术中心主义起源于古典科学，伴随着 16 至 18 世纪的科学革命和产业资本主义同步发展，主张把人和自然分离，鼓励人类通过发展科学技术来支配自然以达到满足自己需求的目的。技术中心主义为"现代"时期（18 世纪中期至 20 世纪）的大发展奠定了基础。

技术中心主义把科学技术当作人类征服自然的工具。笛卡尔是近代哲学中把人与自然进行划分的开创者之一。笛卡尔提出了"我思，故我在"的观点，他认为人类不多

不少地可以定义为思考的存在。正是这种思考过程将人与自然界其他部分与他自己的身体分开。笛卡尔认为，尽管身体可以被分析为人的组成部分，但心灵却在人的组织部分之外。在笛卡尔看来，人的身体和心灵是二元的，人的心灵与自然也是二元的。因而，笛卡尔主张"心物二元论"并将这种"心物二元论"引入现代思想之中。这种人与自然的二元论在佩珀那里有了重要意义，他认为："正是这种二元论而不是基督教道义为人与自然的分离开辟了道路。"[1]佩珀指出，就勾画新科学对社会—自然之间关系的意义而言，毫无疑问，培根是科学革命中的第一人。与认为人与自然统一的前现代宇宙论不同，笛卡尔将人与自然进行二元分离。

　　除笛卡尔之外，培根也设法解决人与自然分离的问题，坚信科学知识是凌驾于自然之上的力量。他认为人类作为主体，是带着感情和经验去解读自然的。培根认为，人类在使用书面语和口语上不需要精确，人类心智在推理过程中也会天马行空，因此，即便人类拥有科学的方法也还不够完备。培根主张："科学家们首先应当大量地观察自然，然后从中拟定或归纳出支配他们关系的法则。"[2]然后通过演绎的方法去验证事先提出的假设。但由于数据的收集及科学研究的复杂，培根希望国家力量来支持建立一种新的科学体系。随着国家对新科学支持力度的加大，科学工作者逐渐成为一种独立的新职业，并且在丰富人类物质生活过程中的作用日益突出。

　　现代科学继承了古典科学的方法和理性等原则，并采用了实证主义，科学与非科学之间的区分更加明显。技术中心主义者认为应该用科学来控制社会，用科学来建立一种公正的、道德的社会法则。因此，他们认为，人类应该继续依靠技术推进社会进步，促进经济增长，满足人们的需求，而不应该对经济增长和人的需求进行限制。技术中心主义者认为，即使在技术和社会发展的过程中出现生态环境问题，也不应该抛弃科学。因为，他们相信理性地运用科学技术可以解决生态环境问题和社会进步问题。对于环境问题，技术中心主义的观点是："必须按科学方法，客观且理性地进行处理和管理，而这种观点的根基在于这样的概念，即将自然当作机械般的、在根本上与人是分离的事物，它一旦被理解，就可以公开

[1]DAVID PEPPER.The Roots of Modern Environmentlism[M].London:Croom Helm，1984:52.

[2] 戴维·佩珀. 现代环境主义导论 [M]. 宋玉波，朱丹琼，译. 上海：格致出版社，上海人民出版社，2011:167.

地被加以支配和操控。"[1]

（二）技术中心主义破坏人与自然的关系

随着其不断发展，科学技术的重要性日益明显，甚至在一些国家和地区，人们把科学技术发展看作社会进步的同义语。于是，技术中心主义的精英主义倾向日益明显，培根所希望的科学技术中立已经不可能，科学技术的立场不再中立。佩珀认为，科学技术本身并没有立场问题，而问题在于科学技术的使用方法。他指出，古典科学之后，科学技术已被资产阶级所控制，资产阶级利用自己所控制的技术征服自然的野心越来越大，对生态环境的破坏越来越严重。

而佩珀认为："技术中心主义认识到了许多环境难题，但他们或者拒绝任何限制地认为，我们现行的社会形式将解决这些难题并获得无限的增长，即一种'丰饶论'（cornucopian）的观点；或者相对谨慎地认为，这些难题可通过细致的经济和环境管理来解决，即一种'适应者论'（accommodators）的观点。"[2]可以看出，技术中心主义者认为，即使在环境方面遇到了许多难题，也要坚持现有的资本主义制度，并不需要对现有社会、经济或政治结构进行根本改变。因为他们乐观地认为自然资源是足以满足人类需要的，或者谨慎地认为通过适当地运用技术可以解决环境难题。佩珀指出，无论技术中心主义者采取"丰饶论"观点还是支持"适应者论"，"他们都将信任赋予了古典科学、技术、传统的经济理性（比如成本和收益分析）的有用性以及它们的实践者的能力。这种观点很少希望决策中真正的公共参与或关于价值的争论,对于这一意识形态的右翼来说尤其如此"[3]。佩珀还指出，在现代西方社会，技术中心主义已成为官方的、支配性的对待自然和环境问题的态度，它不仅粉饰资本主义对生态环境的破坏，也似乎构成了西方社会大多数人的"常识"之基础，对生态环境问题改善带来了严重的威胁。

[1] 戴维·佩珀. 现代环境主义导论 [M]. 宋玉波，朱丹琼，译. 上海：格致出版社，上海人民出版社，2011:143.

[2] 戴维·佩珀. 生态社会主义：从深生态学到社会主义 [M]. 刘颖，译. 济南：山东大学出版社，2012:39.

[3] 戴维·佩珀. 生态社会主义：从深生态学到社会主义 [M]. 刘颖，译. 济南：山东大学出版社，2012:39.

二、生态中心主义挑动人与自然对立

（一）生态中心主义及其特点

生态中心主义同样是西方生态运动中产生的一种绿色思想，是一种后现代主义思潮，属于激进环境主义范畴。生态中心主义反对将人与自然分离，主张从生态整体思考人与自然的关系；在伦理上主张"生物圈平等主义"，即主张人与自然之间具有同样的内在价值，而不是强调人是内在价值的唯一承担者，也不是强调人的内在价值高于其他自然存在物。生态中心主义者认为，人类中心主义过分强调了人的内在价值，而否定自然的内在价值，把自然当作满足人类自身需要的工具，从而导致了生态危机的发生。

在佩珀看来，生态中心主义具有以下特点。

一是对官僚精英不信任，憎恨中央集权和物质主义。生态中心主义者认为，官僚精英会对技术进行占有与控制，然后对社会进行控制，很容易导致中央集权和物质主义的产生。"相对于政治上的右翼，生态中心论者强调极限的概念，主张对人类繁衍、资源消费水平和接近自然'共同财富'的强制性限制；而相对于左翼，他们更多强调的是把重心放在分化的、民主的和小规模的共同体，这些共同体使用'软'技术和可更新的能源，'地方化行动却全球性思考'。"[1] 生态中心主义者反对中央集权，希望建立权力分散、规模小巧的社会与景观。

二是对技术的观点是复杂的。从总体上来说，生态中心主义者并不盲目地反对一切技术。他们反对"高"科技和现代大规模的技术，例如核武器、核能、农业绿色革命和遗传工程等相关技术。其原因就是，这些技术容易被精英人物占有和控制。但他们支持技术"替代的"形式，例如风车、太阳能电池板、有机蔬菜等，他们拥护那些"软的""中间的""温和的""适当的""选择性的"技术。其原因部分地在于这些技术潜在地是"民主的"，不太可能被精英人物垄断，"可以被只有很少经济或政治权力的个人和团体所拥有、理解、维持和使用"[2]。

三是强烈地批评现行的模式。生态中心主义者认为现行的发展模式中，很多

---

[1] 戴维·佩珀.生态社会主义：从深生态学到社会主义 [M].刘颖，译.济南：山东大学出版社，2012:38.
[2] 戴维·佩珀.生态社会主义：从深生态学到社会主义 [M].刘颖，译.济南：山东大学出版社，2012:38.

国家，特别是第三世界国家，把"发展"简单地等同于现代化。因而，生态中心主义偏爱把独立发展与生物区域主义结合起来，实施一种"可持续发展"的模式。

四是谴责科学理性。生态中心主义者认为，科学理性使原本简单的社会复杂化，使人的善良本性贪婪化。

五是讨厌喧嚣的城市。生态中心主义者认为城市是罪恶发源地，因而主张返土归田，回到自然，欣赏自然的美和治疗人类的心灵。

（二）生态中心主义破坏了人与自然的关系

佩珀指出："生态中心主义把人类视为一个全球生态系统的一部分，并且必须服从于生态规律。这些规律以及以生态为基础的道德要求限制着人类行动，尤其是通过加强对经济和人口增长的限制。生态中心主义还包含一种对自然基于其内在权利以及现实的'系统'原因的尊敬感。"[1]佩珀还指出，正如澳大利亚墨尔本大学教授罗宾·埃克斯利（Robyn Eckersley）所强调的那样："这种优先考虑非人类自然或至少把它放在与人类同等地位的'生物道德'是生态中心主义的核心方面。"[2]

生态中心主义把人与其他物种等同起来，实行"生物圈平等主义"，基于自然的"内在价值"而非自然对人的价值去保护和尊重自然，表面上看是尊重了自然，但却丧失了人的主体地位。佩珀认为，对非人自然的关切不应该代替或超过对人类自身的关切。因为，离开人的自然，自然自身并没有内在价值。因此，在佩珀看来，生态中心主义实质上是一种唯心主义，逃避现实并主张无为，在政治上采取散漫的方法，在思想上阻碍了人类发挥主体作用，无法促进人类和自然的和谐发展。

---

[1] 戴维·佩珀. 生态社会主义：从深生态学到社会主义 [M]. 刘颖，译. 济南：山东大学出版社，2012:38.

[2] 戴维·佩珀. 生态社会主义：从深生态学到社会主义 [M]. 刘颖，译. 济南：山东大学出版社，2012:38.

第二节　佩珀对生态中心论的马克思主义分析

在佩珀看来，马克思恩格斯所处的时代，生态环境问题并不是最核心的问题。但是，马克思、恩格斯结合那个时代的情况同环境问题作过斗争，并提醒人们用发展的眼光来看待人与自然的关系，这对生态中心主义是有益的，是能给生态中心主义以启示的。佩珀用辩证的眼光来看待生态中心主义，他看到了马克思主义与生态中心论的关联性，同时又用马克思主义对生态中心论进行了批判。

一、"马克思主义对生态中心论有益"

（一）马克思并不简单地排斥自然的价值

佩珀认为，对于环境问题，马克思、恩格斯早就对我们进行了提醒，并作了环境斗争。马克思认为，19世纪的环境问题主要由城市化和资本主义工业化过程中的经济剥削造成的。马克思和恩格斯指出："遭受生态破坏的主要场所是工厂和产业工人的居住地、大规模农场和乡村贫民窟。"[1] 在《英国工人阶级的状况》一文中，恩格斯描述了工业、矿业、农业无产阶级所遭遇的恶劣生存状况。在《资

---

[1] 戴维·佩珀.生态社会主义：从深生态学到社会主义 [M].刘颖，译.济南：山东大学出版社，2012:75.

本论》中，马克思描述了工厂状况："每一个感官都在同等程度上受到升高的温度伤害、被充满了灰尘的空气伤害、被震耳欲聋的噪音伤害，更不用说对生命和肢体的危险了……"[1] 佩珀认为，马克思、恩格斯不仅对环境问题进行了描述，而且还进行了斗争。佩珀指出："工会运动在本质上是一种环境抗议运动。"[2] 因为，工会运动是一种在生产工作场所为了获取健康和安全环境质量而进行的斗争，是在再生产的社会领域中为获取体面工资而进行的环境斗争。而这种形式的环境斗争还的确对西方的环境质量和生活产生了深远影响。

佩珀还认为，马克思用发展的眼光来看待世界，来看待人类与自然的关系，因而他的著作本身与写作时代的精神是吻合的。即便当今时代不同，假如马克思活在当今，他肯定会写不同的东西，但在那个时代他所用的总的方法仍然是有效的。引用帕森斯的话来说，即："假如马克思和恩格斯生活在今天，我们可以合理地假定，他们将会更加有力与明确地阐明他们自己关于人和自然辩证关系的生态方面。"[3] 格伦德曼也认为，马克思没有把更多的关注放在非人自然上，而是优先考虑浪费性的人类生活和劳动，表明他不是一个生态中心主义者，更表明他是在对时代最紧迫问题作回应。虽然马克思强调了自然价值的工具性，但是对于马克思来说，"工具性价值不仅仅意味着经济或物质价值。它还包括自然是审美、科学和道德价值的源泉"[4]。

（二）马克思为生态中心主义提供有益视角

通过分析，佩珀认为，马克思、恩格斯在其所处的时代背景下更关注自然对人的使用价值，但他们并没有简单地拒斥自然的内在价值。与生态中心主义不同的是，马克思、恩格斯拒绝脱离人对人的关照而一味地去谈自然的内在价值。因此，佩珀认为，马克思对待环境问题的这种辩证方法为生态中心主义提供了两个有益的视角。一个视角涉及社会变革。马克思的方法告诉生态中心主义者，社会变革可以实现，甚至可以创造一个生态的未来，但社会变革要重视社会物质组织变革，

---

[1] 戴维·佩珀. 生态社会主义：从深生态学到社会主义 [M]. 刘颖，译. 济南：山东大学出版社，2012:75.

[2] 戴维·佩珀. 生态社会主义：从深生态学到社会主义 [M]. 刘颖，译. 济南：山东大学出版社，2012:75.

[3] 戴维·佩珀. 生态社会主义：从深生态学到社会主义 [M]. 刘颖，译. 济南：山东大学出版社，2012:76.

[4] 戴维·佩珀. 生态社会主义：从深生态学到社会主义 [M]. 刘颖，译. 济南：山东大学出版社，2012:76.

要通过集体行动。另一个视角涉及资本主义经济体系。如果没有用马克思的辩证方法，就无法对当今全球蔓延的资本主义经济体系进行理解，因而也就无法理解为何这个经济体系对环境体系干预达到了威胁人类生存的地步。

二、马克思主义者对生态中心论的批判

自从恩森伯格发表了其对政治生态学的批评之后，出现了一股从马克思主义立场批评生态中心主义的潮流。在佩珀看来，马克思主义者对生态中心主义的批评总结起来主要体现在以下几个方面。

（一）生态中心主义是一种政治冷淡主义

生态中心主义忽略马克思主义中的阶级斗争理论对改变世界秩序的重要性，对资本或劳动问题也缺少坚定的立场，并且拒绝阶级政治。C.斯通汉姆（C.Stoneham）说："当生态的考虑介入时……几乎所有关于资本主义、帝国主义或'第三世界'的未来发展理论——自由主义的或马克思主义的——将变为严格意义上的学术兴趣。"[1] 波里特则说："左翼、右翼和中间立场的所有政治家都是当前危机的双亲和囚犯。"[2] 米尔布拉斯则认为资本主义与社会主义的共同点多于不同点。而 P. 洛（P.Lowe）和 M. 沃博伊斯（M.Warboys）则指出，意识形态应该终结，呼吁结束"旧的"政治争吵，面对环境对世界的威胁。佩珀指出："'环境'威胁对每一个人来说并不是同样严重的。"[3] 佩珀相信，即使地球上人满为患，足够富裕的人总能找到摆脱环境困扰的出路。即便"世界新秩序"意味着意识形态的终结，但资产阶级还是在进行联合，共同榨取第三世界的剩余价值。因而，当前条件下的阶级和阶级斗争还是有意义的。

（二）生态中心主义是一种唯心主义和个人主义

生态中心主义对观念进行了过度强调，认为价值、态度变化和教育启蒙（尤

[1] 戴维·佩珀. 生态社会主义：从深生态学到社会主义 [M]. 刘颖，译. 济南：山东大学出版社，2012:159.
[2] 戴维·佩珀. 生态社会主义：从深生态学到社会主义 [M]. 刘颖，译. 济南：山东大学出版社，2012:159.
[3] 戴维·佩珀. 生态社会主义：从深生态学到社会主义 [M]. 刘颖，译. 济南：山东大学出版社，2012:160.

其是个人层面的）是推动历史和经济的力量。例如，生态主义者说："个人价值观和态度的任何变化都将显现为社会所有方面的变化……当我们改变我们的思考、观察、爱和行动的方式时，我们的经济也发生改变。"[1]佩珀认为，这种生态中心主义是一种朴素的保守主义，是一种唯心主义，它没有主张对物质生产模式进行改变，它不知道如何面对资本主义制度对其主张的社会和经济的改变的抵制。佩珀还指出，生态中心主义颂扬自由主义核心信条，把个体当作社会变革的主要行动者，同时也把社会和环境改善的责任推到个体身上。生态中心主义的这种唯心主义误导人们，是他们自己创造了自我压抑的现实，因而不要陷入愤怒、挫败等情感之中，也不要采取行动去为社会变革而斗争。

（三）生态中心主义是一种非历史主义

生态中心主义没有在一个历史唯物主义的前提下根据变化中的生产方式讨论问题。它继续坚持新马尔萨斯主义的增长极限理论，"拒绝追问假定的人口过剩的症状是什么以及为什么这些症状不可能是资本主义生产关系造成的贫穷、失业和财富分配不均的结果"[2]。生态中心主义还指责"破坏灵魂、破坏生活的工业主义"，认为是"工业主义"造成了"生态危机"，拒绝接受社会主义制度能够避免生态危机的观点。生态中心主义对待技术也是非历史主义的，不把技术与特定生产方式联系起来，即使意识到高科技背后隐藏着金融利益，但又不能面对和推动减少大公司控制技术的议题。生态中心主义没有意识到空间形式反映社会经济结构这一问题，反而错误地主张把空间重组成小规模的共同体，而不改变社会经济结构本身，还误将表面现象当作结构现实，主张实行"生物区域主义"。因为它认为，"经济的衰弱不是特定经济制度而是经济规模的结果"[3]。

（四）生态中心主义漠视集体所有权和国家

马克思主义者认为，生态改善不仅需要倡导财富重新分配，而且要建立社会

---

[1] 戴维·佩珀.生态社会主义：从深生态学到社会主义 [M].刘颖，译.济南：山东大学出版社，2012：160.

[2] 戴维·佩珀.生态社会主义：从深生态学到社会主义 [M].刘颖，译.济南：山东大学出版社，2012：162.

[3] 戴维·佩珀.生态社会主义：从深生态学到社会主义 [M].刘颖，译.济南：山东大学出版社，2012：164.

主义社会。而生态中心主义者对社会经济没有明确的设想，并认为生产资料归谁所有是个次要问题。生态中心主义者在经济上采取折衷主义，有时赞同社会主义者的观点，有时又带有明显的资本主义痕迹，他们不要求所有权转移，只想找到一个能让公司中各种不同股票持有者满意的处理所有权的方式。生态中心主义反对中央集权国家，拒绝国家对个人承担完全责任。佩珀指出，如果没有国家作为中介，生态中心主义所主张的绿色经济中诸如基本收入计划等特征将无法得以体现。

（五）生态中心主义是一种反人类主义

默里·布克金（Murray Bookchin）批评生态运动中的大部分人，说他们自 20世纪 70 年代开始，由社会关切转向精神关切，而且这种精神关切中带有很多极度神秘和有神论成分。达曼（Damann）和詹姆斯·拉伍洛克（James Lovelock）责备人类，认为人类必须为世界的不幸承担责任。拉伍洛克说："我们这些并非白领的恶魔人物（科学家）的人购买小轿车，驾驶它并污染环境。因此，我们作为个人应该对受到光化烟雾和酸雨破坏的森林负责。"[1] 拉伍洛克认为，人类导致世界变得不宜居住；星球要继续存在下去，但人类却要让步于"那些可以获得一个新的更舒适环境的物种……对人们来说，一种将对生命更好、但不一定对我们更好的体制性变化"[2]。现代生态中心主义者认为，人类毁坏了"荒野"和"传统"风景。他们主张要么回归土地的乡村公社，要么赞同让美国成为"地球第一"警戒成员的暴力。佩珀指出，生态中心主义的这种"反人类"立场往往以偏向乡村"灌木树篱、蝴蝶和小兔子"的方式出现，但"并没有把自然当成是社会（作者注:社会中的人）形成的，或把'环境'看作是大多数人居住的郊区和城市。它是一个分离的'荒野的'自然，被人们参观或拒绝人们参观或通过电视转换成市场上的画像和幻想物"[3]。佩珀批评生态中心主义没有认识到环境问题是由资本主义的经济不平等造成的这一事实，却在环境主义运动中把工人运动、工会主义和社会主义边缘化。

[1] 戴维·佩珀. 生态社会主义: 从深生态学到社会主义 [M]. 刘颖，译. 济南：山东大学出版社，2012:166.
[2] 戴维·佩珀. 生态社会主义: 从深生态学到社会主义 [M]. 刘颖，译. 济南：山东大学出版社，2012:168.
[3] 戴维·佩珀. 生态社会主义: 从深生态学到社会主义 [M]. 刘颖，译. 济南：山东大学出版社，2012:166.

（六）生态中心主义表现出太平盛世主义和乌托邦主义

佩珀指出，生态中心主义虽然把马尔萨斯主义、无政府主义、一元论和中世纪主义等旧观念进行无休止循环，但其主张却不具有一致性。在回答什么是错误的和什么是应该做的等问题时，生态中心主义往往用"新颖性"代替"一致性"。生态中心主义所称的"新颖性"充满生态太平盛世主义和生态乌托邦主义。生态中心主义者想象超越阶级对抗，希望所有阶级合作，同时解放人类，相信道德独立模范力量，拒绝革命性行动和大部分政治运动。佩珀指出，生态中心主义的主张不切实际，它所主张的道德示范不能重建世界。

（七）生态中心主义维护资产阶级利益

很多社会主义者指出，绿色分子代表的不是劳方的利益，而是资方的利益，即他们保护资产阶级的利益。生态中心主义者主张："保护作为资产阶级核心的风景区和价值观：资产阶级是保护他们的地理和意识形态领域的统治阶级。"[1] 佩珀指出，统治阶级和富裕阶级宁愿在动物上花费更多的时间和表现得更人性化，也不愿善待工厂中被虐待的孩子和工人，他们用对自然和动物的关心取代了对人的关心。间接来说，生态中心主义不要求对社会物质基础进行变革，接受"绿色"消费主义和所谓的"绿色"资本主义。佩珀认为，生态中心主义是反国家的、反集体的，主张为自己的生活负责，强调个人主义，与撒切尔主张的自由主义相融合，能为资本主义调整生态矛盾并缓解来自生态环境方面的抗议，能够减轻富裕者对世界贫穷的内疚感。佩珀还尖锐地指出，包括生态中心主义在内的绿色运动是为了地位和被认可而斗争。参与绿色运动的主体一般是"被排挤工人阶级的第三代"，他们受过教育，享有相对的特权，但是又不特别富有，在国家中因缺乏政治权利而被排除在政治协商之外。另外，被排斥在政治权力之外的中产阶级和职业团体也加入绿色分子的"无产阶级"政治中来，共同反对工业主义，向往生态乌托邦。在佩珀看来，绿色分子的"无产阶级"是"一个为争取与它的社会地位相匹配的政治经济权力而斗争的亚阶级"[2]。

[1]戴维·佩珀.生态社会主义：从深生态学到社会主义[M].刘颖，译.济南：山东大学出版社，2012:170.
[2]戴维·佩珀.生态社会主义：从深生态学到社会主义[M].刘颖，译.济南：山东大学出版社，2012:170.

第三节　佩珀重塑新人类中心主义主体地位

在寻找生态危机产生根源时，有人曾经把矛头直指人类中心主义。绿色分子也把古老的"生物平等主义"用一个"新"的向度带入现实的环境政治议题。绿色分子所主张的"生物平等主义"虽然缺乏政治吸引力，但的确向人类中心地位发起了挑战，责难马克思的人类中心主义具有反生态性，因而主张用生态中心主义取代人类中心主义。格伦德曼、佩珀和休斯等人纷纷为马克思的人类中心主义正名。其中，佩珀还提出了重新塑造人类中心主义主体地位的主张。

一、为人类中心主义正名与辩护

（一）格伦德曼倡导重返人类中心主义

20世纪后半期，马克思主义在西方世界面临着两大挑战。一个是在生态运动中，生态学就解释和解决生态环境问题发起了挑战。另一个是生态运动者就苏联和东欧社会主义生态问题发起的挑战。面对挑战，马克思主义对生态危机问题和社会主义道路问题进行了回答。生态马克思主义的第一代代表人物巴罗认为，解决生态问题需要从马克思的人类中心主义世界观转向生态中心主义世界观。第二代代表人物莱易斯、阿格尔和高兹等认为，解决生态问题要在对人类中心主义批判的基础上重建马克思主义理论，把马克思主义与生态学进行结合，让生态运动向社会主义靠近。

格伦德曼认为，可以把马克思主义者对生态问题的回答归纳为两类。一类是正统的回答，一类是左派的回答。正统的回答认为，资本逐利原则和财产私有制造成了生态危机，而左派的回答则认为，马克思主义人类中心主义对自然的剥削造成了生态危机。对于这两种回答，格伦德曼主张为马克思的人类中心主义正名，呼吁重返人类中心主义。在《马克思主义与生态学》一书中，格伦德曼阐明了马克思的人类中心主义观点。格伦德曼指出："马克思明显具有一种人类中心主义的世界观，而且也没有想给人探索自然设置什么道德障碍。他显然是一个培根和笛卡尔等启蒙思想家的信奉者。"[1] 而且，格伦德曼还为马克思的人类中心主义进行了三点辩护。

第一，马克思的人类中心主义可以为保护生态提供依据。生态中心主义认为，人类中心主义强调自然的工具价值，没有赋予自然内在价值，没有对自然进行保护而是对自然进行操纵，因而导致了现代社会的生态环境问题。格伦德曼指出，人类中心主义强调自然的使用价值，并不否认其内在价值；承认自然的内在价值也不否认对自然的使用。因而，不能因为人类中心主义强调自然的工具价值就断定其对自然具有破坏性。相反，人类中心主义通过强调自然的工具价值，既强调了自然的经济效用，又强调了自然的美学、科学和伦理等方面的价值。格伦德曼指出："正如我们已经看到马克思没有赋予自然内在价值，而是工具价值。然而，如果把工具价值理解为包括其他因素（如美学的和娱乐的），从这样的前提出发可能形成生态意识。"[2] 毫无疑问，人类中心主义强调自然的使用价值有利于人类对自然付出更多关怀，而不必然导致生态环境问题。

第二，马克思的人类中心主义可以为生态问题的评价提供参考点。格伦德曼认为，对生态环境问题的评价，不应该以自然本身而应该以人为参考点。他说："人类中心主义方法的主要优点是为评价生态问题提供了一个参考点，可以用不同的

[1] 倪瑞华. 英国生态学马克思主义研究 [M]. 北京：人民出版社，2011:71.
[2] 倪瑞华. 英国生态学马克思主义研究 [M]. 北京：人民出版社，2011:72.

方式（当前生活的人类个体、社会、人类、未来的世代）界定这个参考点。但是，不管我们怎样界定它……定义自然和生态平衡是人的行为，人是根据人的需要、快乐和愿望来定义生态平衡的。"[1] 格伦德曼指出，相反，生态中心主义则从自然的本身去界定生态问题，表面上看，是从"正常的自然"和"自然平衡"等去界定自然环境，但其背后潜藏着人的利益，实质上还是为了人的利益去保护自然环境，从人的立场去界定生态环境问题。他说："生态中心主义观点的支持者主张自然'为了它自身'应是复杂的，但排除一个人采用神秘的或宗教的立场，'为了它自身'自然而应保留在那里的态度的背后总是存在着人的利益的，这些背后的人的利益或是美学的、或是纯粹自私的品性，或是人对他的环境的普遍关怀。"[2]

第三，马克思的人类中心主义可以为自然的繁荣提供支持。格伦德曼从两个方面论证了人类中心主义为自然繁荣提供支持。一是，他从马克思著作中"自然界是人为了不致死亡而必须与之处于持续不断的交互作用过程的、人的身体"等名言及相关描述推断出：自然是人的无机身体，人与自然共生共荣，人的繁荣离不开自然的繁荣。二是，格伦德曼从马克思对"土地和劳动力是财富的两个源泉"的判断中推断出：人类自身若要繁荣，必须保证土地和劳动力两者同时繁荣。在格伦德曼看来，人类的繁荣与保护自然的繁荣是一致的。

格伦德曼认为，在处理人与自然之间的关系时，不能"放弃人的尺度"。他认为马克思的人类中心主义"这种工具主义的自然观完全没有错误，对待自然的现代态度并不必然地伴随生态问题，而且，更为重要的是，只有人类中心主义的世界观允许我们发展出变革现状的标准来"[3]。格伦德曼强调，马克思的人类中心主义支持"人类的尺度"的标准，但它不是资本主义形式的人类中心主义，它关注的是人类长远和整体的利益。因而，格伦德曼认为，马克思的人类中心主义不但不必然造成生态危机，而且还有益于生态环境的保护。格伦德曼呼吁"重返人类中心主义"，主张提高支配自然的能力，并把"支配"自然与共产主义理想联系起来，实现人类支配自然的最高境界。

---

[1] 倪瑞华. 英国生态学马克思主义研究 [M]. 北京：人民出版社，2011:73.

[2] 倪瑞华. 英国生态学马克思主义研究 [M]. 北京：人民出版社，2011:74.

[3] 倪瑞华. 英国生态学马克思主义研究 [M]. 北京：人民出版社，2011:16.

（二）佩珀为人类中心主义的辩护

面对生态中心主义和技术中心主义等环境主义的挑战，佩珀不仅对格伦德曼重返人类中心主义的呼吁作出了积极响应，而且还为马克思的人类中心主义进行了辩护。

第一，人类只能以人类为中心。佩珀认为，在马克思的人类中心主义主张里，"除了人类的需要，它不认为有'自然的需要'"[1]。因而，佩珀指出，在处理人与自然的关系时，人类只能以人类自身为中心，从人类意识的角度去考察自然。佩珀指出，马克思主义主张社会和自然之间关系上的一种辩证观点，这不同于生态中心主义者和技术中心主义者的看法而是同时挑战二者。而布克金认为马克思的"这种辩证法的观点导致'中心地位'的缺失，也就是说既没有人类的中心，也没有生物的中心"[2]。佩珀则反驳布克金的观点，他说："一种对社会如何改变自然和自然如何改变社会以及成为有益于生态的期望的不偏不倚的评价，并不意味着人们作为人类社会成员的地位将会是中立的。在我们与自然的其他部分密切相连的辩证法所提供的更广泛的理解中，完全有理由去喜欢促进人类利益而不破坏自然的其他部分的东西（即使我们不得不持续改变——生产——自然）。依据同样的理由，大象完全有理由选择那些满足大象利益的东西。"[3] 在佩珀那里，人类中心主义在不破坏自然的情况下，把自身的利益摆在非人类存在物之上是正常和自然而然的。即使人类与自然之间产生矛盾，人类的利益也要优先于非人类的利益。佩珀指出，大多数社会主义者都认为，对于人类来说，生物中心主义是不可能实现的。因为，他们认为生态中心论者所说的和所做的是自相矛盾的。他们一方面说"所有其他物种都是道德中立的，而人类是道德败坏的"[4]，另一方面又"假装完全从自然的立场来界定生态难题……但是，对自然和生态平衡的界定明显是一种人类的行动，一种与人的需要、愉悦和愿望相关的人类的界定"[5]。

第二，马克思的人类中心主义与资本主义的技术中心主义所主张的人类中

---

[1] 戴维·佩珀.生态社会主义：从深生态学到社会主义 [M].刘颖，译.济南：山东大学出版社，2012:271.

[2] 戴维·佩珀.生态社会主义：从深生态学到社会主义 [M].刘颖，译.济南：山东大学出版社，2012:270.

[3] 戴维·佩珀.生态社会主义：从深生态学到社会主义 [M].刘颖，译.济南：山东大学出版社，2012:271.

[4] 戴维·佩珀.生态社会主义：从深生态学到社会主义 [M].刘颖，译.济南：山东大学出版社，2012:272.

[5] 戴维·佩珀.生态社会主义：从深生态学到社会主义 [M].刘颖，译.济南：山东大学出版社，2012:270.

心主义有着本质区别。佩珀认为，马克思的人类中心主义对"自然"状态的关心"不仅被视为主要是在社会中形成的，还是由传统的社会主义的人文主义关切引起的"[1]。而资本主义社会里常常宣称的"人类中心主义"强调人通过控制技术改造自然和发展技术来解决生态环境问题，表面上也是在强调人的中心地位，本质上是把技术放置于中心地位。因而，佩珀认为资本主义的"人类中心主义"实质上是技术中心主义，与蕴含着传统人文关怀的马克思的人类中心主义存在着本质区别。技术中心主义是反人文关怀的，在现实中造成人压迫人的现象，造成了一种以少数欧洲人、白人为中心的"人类中心主义"。而马克思的人类中心主义主张："通过人类劳动和科学创造实现的增长，通过强调资源保护、无污染、再循环和优质风景的民主的、集体的、有计划的生产，满足物质上有限的但日益丰富的人类需要。"[2]可见，马克思的人类中心主义的确更多地关注人类生活，但它强调通过人类的劳动创造和科技进步实现生产力的增长以满足人类的需要。并且，马克思的人类中心主义强调在生产劳动和科技创造过程中实行民主集中的和有计划的措施保护环境，既追求物质利益，又追求"人类的精神福利"，是一种长期的、集体的和持续发展的人类中心主义，不是资本主义社会和传统的人类中心主义。

第三，在社会不公正的条件下，谈论自然的价值没有意义。佩珀指出："它（马克思主义）在很大程度上是人类中心主义的，以至于足以坚决地主张：自然的权利（生物平等主义）如果没有人类的权利（社会主义）是没有意义的。"[3]佩珀认为，当代世界存在贫穷、不公正和基本人权得不到保障的情形，脱离这些现实去谈论生态中心主义主张的自然的"内在价值"和自然的权利是没有意义的。要解决在环境问题中的社会不公正问题，当下要做的是坚持人类中心主义。因为，造成生态危机和社会不公的根源就在于发达资本主义国家对本国和其他国家的自然资源进行掠夺，并实施"生态帝国主义"，把生态危机转嫁给他国。生态中心主义弃社会公正于不顾，却强调生态环境问题的原因在于人类的观念，即强调生态环境问题由人类中心主义引起。佩珀还认为，资本主义不仅在生态问题上造成了不公正，

[1] 戴维·佩珀. 生态社会主义：从深生态学到社会主义 [M]. 刘颖，译. 济南：山东大学出版社，2012:270.
[2] 戴维·佩珀. 生态社会主义：从深生态学到社会主义 [M]. 刘颖，译. 济南：山东大学出版社，2012:273.
[3] 戴维·佩珀. 生态社会主义：从深生态学到社会主义 [M]. 刘颖，译. 济南：山东大学出版社，2012:273.

而且还通过全球化进程把落后国家拖入现代化潮流中来，造成了落后国家和地区对发达国家和地区的依附和贫穷。而这种依附又加重了落后国家和地区的环境破坏和贫穷。佩珀告诫绿色分子，如果贫困既是生态环境问题的原因和结果，那么为了维护社会公正和人的基本权利而消除贫困就应该成为首要的责任。佩珀认为，只有马克思的人类中心主义才能有利于社会公正、贫困的消除和环境的改善。

二、构建"弱"的人类中心主义

（一）"弱"的人类中心主义

追溯人类发展历史，在处理人与自然的关系的过程中，人类对待自然的态度从顺应自然开始，然后经历了改造自然、征服自然和善待自然的过程。自从文艺复兴运动兴起人文主义之后，人类中心主义价值观不断凸显，体现在人与自然的关系上就是人成了自然的主人，而自然则成了被改造和奴役的对象。这种传统的人类中心主义虽然对人类改造自然有指导意义，但却过度强调了人的主体地位，而忽视了其他生物的存在价值和与自然的和谐相处。

佩珀认为，马克思主义鼓励他去形成一种新的生态主义。这种生态主义对启蒙计划的大部分内容持支持态度，但对后现代主义的生态主义主张则形成挑战；希望通过"支配"自然以保障人的物质福利，但反对资本主义和东欧"社会主义"工业化对自然的"统治"。佩珀指出，"支配"自然与"统治"自然不一样，"统治"自然暗含着对自然的征服和破坏，"支配"自然意味着"人类对他们与自然关系的集体有意识的控制"[1]，意味着对自然的管理而不是对自然的破坏。佩珀非常赞同格伦德曼宣称的观点：马克思主张的对自然的"支配"不仅不会引起生态问题，而且还是解决生态问题的起点，生态问题的出现不是支配自然的结果，恰恰证明了对自然支配的缺乏。佩珀相信，"支配"自然"蕴含着社会主义的理性和人本主义，承认在创造有害和不舒适环境中的愚蠢与不公正"[2]。

佩珀相信："生态社会主义是人类中心主义（但不是资本主义社会技术中心主

[1] 戴维・佩珀 . 生态社会主义：从深生态学到社会主义 [M]. 刘颖，译 . 济南：山东大学出版社，2012:270.
[2] 戴维・佩珀 . 生态社会主义：从深生态学到社会主义 [M]. 刘颖，译 . 济南：山东大学出版社，2012:270.

义意义上的人类中心主义）和人道主义。它反对生物道德论和自然神秘论以及由它们所导致的任何各种可能的反人道主义体制。"[1] 因此，佩珀所主张的生态社会主义不实行资本主义社会所宣称的那种"人类中心主义"，而是马克思的人类中心主义。这种人类中心主义"是一种有益于自然的'弱'人类中心主义，而不是把非人世界仅仅作为实现目标的手段的、可避免的'强'人类中心主义"。[2]

（二）"弱"的人类中心主义构建途径

在重塑新的人类中心主义的方法上，佩珀主张把马克思主义带入生态主义主流之中，用马克思主义的人类中心主义改造生态中心主义。佩珀指出："马克思主义信奉社会主义。而且，像我主张的一样，它在很大程度上是人类中心主义的，以至于足以坚决地主张：自然的权利（生物平等主义）如果没有人类的权利（社会主义）是没有意义的。"[3] 佩珀在主张推行人类中心主义的同时，也看到了在当前推行人类中心主义中的实际困难。他指出，在当前，生态主义受无政府主义影响的程度更深，同时也吸收了深生态学和新时代主义的一些观点。因而，马克思主义和社会主义的东西遭到很多绿色分子的质疑或抛弃。在佩珀看来，要扭转生态主义者的这种思维，"要更多地把马克思主义的分析带进生态主义的主流中，而且使其摆脱它的无政府主义的自由方面，转而支持更多的共产主义和工联主义—无政府主义传统"[4]。同时，佩珀又强调，生态主义要吸收马克思主义，但又不是一股脑地吸收。因为，现实中对马克思主义的解释不止一种，他自己也不能确定哪一种更"正确"。于是，佩珀认为，吸收马克思主义最重要的在于用其观点来分析问题。只有这样，"可以使生态主义成为更加连贯的、强有力的和有吸引力的意识形态——它最终一定是一种社会主义形式"[5]。

在佩珀看来，要用马克思主义来对生态主义进行改造，重塑人类中心主义主体地位需要用马克思主义的历史唯物主义方法去进行社会变革，建立生态社会主

[1]PEPPER D.Ecosocialism:from deep ecology to social justice[M].New York:Routledge, 1993:232.

[2]戴维·佩珀.生态社会主义：从深生态学到社会主义 [M].刘颖，译.济南：山东大学出版社，2012:41.

[3]戴维·佩珀.生态社会主义：从深生态学到社会主义 [M].刘颖，译.济南：山东大学出版社，2012:270.

[4]戴维·佩珀.生态社会主义：从深生态学到社会主义 [M].刘颖，译.济南：山东大学出版社，2012:266.

[5]戴维·佩珀.生态社会主义：从深生态学到社会主义 [M].刘颖，译.济南：山东大学出版社，2012:266.

义。佩珀指出："马克思主义对于生态社会主义至关重要，而不应该被草率抛弃，虽然它本身不能构成一个完整的生态社会主义理论，然而，用马克思主义的观点来透视那些相互关联的生态问题群，它至少犹如一剂解毒药，可以消除弥漫于主流绿党和无政府主义绿党话语中的含混不清、不连贯以及枯燥无味，等等。"[1] 佩珀认为，人不是污染源，人的本性是理性的，人所做的也是自然的，人在与自然交往的过程中所展现出来的种种野蛮性不是与生俱来的，而是现行的社会经济制度导致的，也是可以改变的。那么，对现有的资本主义制度进行变革，彻底消除现有资本主义社会里过度生产、过度消费和生态帝国主义等对生态环境产生严重破坏的行为，"从社会正义推进生态学"[2]，人类对自然的野蛮性就会转向理性，人就能按照自身的合理需要和利益与自然交往，促进人与自然的共生共存。

通过分析，佩珀认为，启蒙运动以来"自然应当服务于人类物质利益"的态度无法改变，人类为了生存，一定量的杀戮和自然开发无法避免。佩珀相信，生态中心论者无法做到同时克服以上两个事实。因而，人类中心论的地位无法动摇。佩珀主张，人类观察自然的视角只能从人类意识出发，而不能从非人自然的视角出发。因此，"为了现实政治目的，生物平等论者的立场必须变得更加人类中心主义——尽管这是一种有益于自然的'弱'人类中心主义，而不是一种把非人世界仅仅作为实现目标的手段的、可避免的'强'人类中心主义"[3]。

总之，佩珀所主张的生态社会主义的人类中心主义是通过集体控制已达到符合人类长期的、集体的利益的人类中心主义，与新古典经济学所追逐的个人主义的、符合短期利益的人类中心主义不同，更与资本主义社会鼓吹的、为了资本家个人利益的、以技术为中心意义上的人类中心主义有着根本的区别，它"致力于实现可持续的发展"，并保证无论是从物质上还是从精神上都会实现生态中心论者所希望的同样结果。

[1] 戴维·佩珀.生态社会主义：从深生态学到社会主义 [M].刘颖，译.济南：山东大学出版社，2012:248.
[2] 戴维·佩珀.生态社会主义：从深生态学到社会主义 [M].刘颖，译.济南：山东大学出版社，2012:4.
[3] 戴维·佩珀.生态社会主义：从深生态学到社会主义 [M].刘颖，译.济南：山东大学出版社，2012:32.

第五章

戴维·佩珀关于生态社会主义社会构建的思想

　　佩珀认为，在现有的资本主义制度下无法解决生态危机和社会不公正等问题，左翼和绿色分子不仅没有产生其预想的更大影响，而且没有实现他们用"新政治"替代社会主义和资本主义的诺言，反而从 20 世纪 80 年代初开始走向衰弱，无法对现状产生严重威胁。因而，佩珀主张更激进的社会主义者和绿色分子创建人类社会"真正需要"的生态社会主义社会。佩珀承认"红绿联盟"正在试探性运行，但是，"还没有非常有力的、有效的、连贯一致的生态社会主义出现"[1]。因此，他主张把红色运动和绿色运动团结起来，在马克思主义的"红色"领导下，把马克思主义与政治生态学结合起来，把社会主义和无政府主义有效联合起来，推动生态社会主义政治。佩珀分析了社会主义和无政府主义，发现了两者之间有许多不同。但是，他希望能填补两者之间的鸿沟，建议绿色分子放弃自由主义和无政府主义，与红色分子协调而复活社会主义传统，实现"红绿联盟"，建立起一个人类中心主义的、经济适度增长的、社会公平正义的、人民生活幸福的和生态环境友好的生态社会主义社会。

---

[1] 戴维·佩珀.生态社会主义：从深生态学到社会主义 [M].刘颖，译.济南：山东大学出版社，2012:3.

第一节　填补无政府主义与社会主义之间鸿沟

　　面对资本主义社会的生态危机和现实社会主义国家严峻的生态环境问题，无论是生态中心主义者还是人类中心主义者都希望通过变革而重新构建一个生态友好的社会。作为生态主义中的一部分，生态无政府主义按照自己的主张，提出了解决生态危机和解决社会公正等问题的主张。佩珀分析了无政府主义，论述了"无政府主义对当今绿色政治哲学的影响，并指出这种影响中的哪些因素应该保留和哪些因素应该抛弃"[1]。佩珀之所以分析生态无政府主义，目的就是希望将社会主义与之联合起来，共同推进生态社会主义发展。

一、生态无政府主义及其主要原则

（一）生态无政府主义及其总体特征

　　无政府主义（Anarchism）是一种左翼政治运动，它反对政府（自治政府除外）与国家，赞成那些在小集体、公社和社区建立人人参与和共同协商的非等级自治组织，拥护自下而上的直接民主。无政府主义希望人们的意愿能够

---

[1] 戴维·佩珀. 生态社会主义：从深生态学到社会主义 [M]. 刘颖，译. 济南：山东大学出版社，2012：前言 1.

得到真实的表达，希望个体与团体通过自由联合和自愿协作的方式，以无政府的状态取代国家，实现个体"自然"生活的自由，最大程度地建立获得自我实现的自然社会。在如何实现个体与他人联合的问题上，不同形式的无政府主义采用不同的策略。工联主义主张把联合的焦点放在车间与工会；无政府共产主义则是放在人们生活的公社。无政府主义相信，小规模的乡村公社、市镇、地区可以因实现某些共同的组织目标而打破区域局限，结成联盟。

佩珀注意到 17 世纪内战时期的平均派、掘地派和喧嚣派文献与 19 世纪的无政府主义有关联性，但他认为无政府主义理论则主要是"从 19 世纪 40 年代以来，由普鲁东（Prodhon）、施蒂纳（Stirner）、巴枯宁（Bakunin）和克鲁泡特金（Kropotin）所构建起来的，而且无政府主义在浪漫主义运动中也有相当的表现"[1]。佩珀认为，威廉·戈德温在 1793 年的《政治正义论》中阐述了无政府主义的出发点，驳斥了卢梭（Rousseau）所主张的政府看管及世代有效力的社会契约论。《政治正义论》认为，自然社会是和睦协作的，是自发联合的，而社会契约论却侵犯了个人自由行动的权利，创造出来的社会也不是自然的，因为这种社会是等级制的，是分裂的，是充满竞争的。在佩珀看来，无政府主义者捍卫个人的权利，主张小规模社会里最大程度上控制自己的生活，实现最高质量的生活。

无政府主义思想存在着基本的分裂。基于在思想上的不同，伍德科克（Woodcock）对无政府主义进行了划分，特别是把普鲁东的互助论等自由主义的形式与无政府主义和无政府—工联主义等社会主义的形式区分开来。普鲁东对自由意志论的资本主义的一些东西并不排斥，他认为只要自由个体生产者认为那是有益的，就可以与他人缔结条约。他认为应该废除大规模垄断资本主义和国家，因为那限制了个人自由交易，带来了财产巨大蓄积。而克鲁泡特金则认为无政府主义可通向共产主义——"生产者的自由联合，没有阶级划分、工资奴隶或者甚至是货币，每一个体各尽所能、按需分配"[2]。但是，佩珀指出，大多数无政府主义者反对直接的政治较量，因而他们会拒绝巴枯宁和克鲁泡特金的主张。威廉·莫里斯批判消费主义带来了污染，他相信自然资源对所有人而言是充裕的，但他认为自

[1] 戴维·佩珀. 现代环境主义导论 [M]. 宋玉波，朱丹琼，译. 上海：格致出版社，上海人民出版社，2011:256.
[2] 戴维·佩珀. 现代环境主义导论 [M]. 宋玉波，朱丹琼，译. 上海：格致出版社，上海人民出版社，2011:257.

然资源应该用来实现使用价值而非交换价值（商品价值），生产应该用来满足需要而不是用来满足"人为诱导的需求"。莫里斯也不反对工业成果，他偏爱小作坊式的手工艺生产；他也不反对人类改变自然，但他指责大规模住宅区，反对把自然和劳动商品化，反对将劳动者与其创造力异化，反对消费主义的污染，反对乡村城市化。他追求生活品质，追求在教育之中、自然之乐之中、社区之中和具有创造性的"有益劳动"之中享受一种卓越品质的生活。

　　早在 19 世纪 80 年代，英国无政府主义运动就已兴起，而第一次世界大战前的工联主义使得无政府主义兴盛，20 世纪 30 年代在西班牙无政府主义的影响下再次兴盛，第二次世界大战期间及 20 世纪 60 年代的和平主义对无政府主义产生了重大影响，新社会运动和非政府组织成为 20 世纪 60 年代无政府主义的表现形式。通过大致梳理无政府主义发展的历程，佩珀认为绿色无政府主义者包括生态无政府主义者、生态和平主义者和生态女权主义者，他们有着"自然社会"的基本信念，具有保守主义倾向，部分人反对城市和工业，大部分人具有强烈自由主义倾向，拒绝国家和阶级分析，拥有理性主义的社会变革方法。无政府主义既显示出了后现代主义的倾向，又显示出向 19 世纪的前 25 年甚至更早时期回归的倾向，是"一个流动的和持续地转变的观念与实践系统"[1]，"在政治上是难以理解的"[2]。

（二）生态无政府主义的主要原则

　　虽然无政府主义在观念和实践上不断变化，在政治上也是难以理解的，但佩珀认为无政府主义遵循着以下几条主要原则：

1. 拒绝传统政治实施的权力

　　无政府主义的起点是自由主义，它与代议形式下有组织的强迫"民主制"相对立。无政府主义认为传统政治实施的权力或许只可以创造出类似于由权威机构制定而具有法律所界定的那种自由，而这种自由不是个体所需要的绝对自由。无政府主义主张的个体所需要的自由是一种只有在个体主动且自愿接受限制才能加以限制的自由。因而，"无政府主义拒绝任何高于直接来自被统治者（即自治）的

[1]戴维・佩珀.生态社会主义：从深生态学到社会主义 [M].刘颖，译.济南：山东大学出版社，2012：188.

[2]戴维・佩珀.生态社会主义：从深生态学到社会主义 [M].刘颖，译.济南：山东大学出版社，2012：189.

规则、权威或政府的形式"[1]。

2. 废除国家

无政府主义认为，目前在世界上大部分地区的政府体现在国家当中，主张无政府主义就不应该仅仅反对政府本身，而应该反对并立即废除任何形式的国家。虽然一部分无政府主义者认为国家具有独立存在性，国家应该有自己独立的生命，但另外一部分人则赞同马克思主义的观点，把国家看作是资本的代理人。因而，这一部分人认为，在一定程度上反对资本主义也应该反对国家。而更多的无政府主义者之所以反对资本主义国家，主要是因为资本主义国家造成了他们所要反对的多种特征。

3. 反对"大规模主义"

无政府主义认为，无论是西方还是东方国家的资本主义中的企业、组织，或者楼区、庄园，大规模的组织和大规模的结构都是反人性的，疏离了个体，吞没了个人主义，否定了自我决定，在经济层面和社会层面都破坏了当地的共同体。一些无政府主义者认为，现代社会中的大规模主义由"工业主义"引起，资本主义无法摆脱大规模状况，社会主义也同样无法改变。尽管无政府主义者也接受社会主义中诸如平等主义等多项原则，但是，他们中的很多人认为"社会主义"也是"大规模主义"的。在他们看来，社会主义实行的国有官僚制毫无疑问也是大规模主义的。

4. 憎恨等级制

无政府主义者认为，私人或国有的大规模组织和结构是极端等级化的，导致了一些人通过权力的实施去控制另外一些人，从根本上导致了家长制的产生，并为压制性制度形成提供了基础。因此，无政府主义要求消除或跨越等级制。无政府主义者认为："支配和控制别人的倾向是一个广泛的文化现象，而不仅仅是政治—经济现象。"[2] 因此，他们认为，如果不能让等级制关系在资本主义消除或跨越，而是让其超越了资本主义，那么通过实现社会主义和消除阶级的方法也不能消除家长制和压制性制度，也就无法建立一个非等级的社会。

---

[1]戴维·佩珀.生态社会主义：从深生态学到社会主义 [M].刘颖，译.济南：山东大学出版社，2012:190.

[2]戴维·佩珀.生态社会主义：从深生态学到社会主义 [M].刘颖，译.济南：山东大学出版社，2012:191.

5. 仇视暴力

大多数无政府主义者认为，支配性的经济和社会关系在结构上具有暴力性，其结果必定带来人对人的剥削。因而，无政府主义者通常是拒绝暴力的。无政府主义者中的一些人采取绕过国家而建立选择性的共同体等方式，回避与资本主义具有暴力性的"法律和秩序"抗衡。而一些人则更偏向采取总罢工的策略，这批人主张在罢工过程中受到警察和军队攻击时采取被动保护措施，而不是发起暴力行动。另外一批接受和平主义或"甘地主义"的无政府主义者则主张直接的非暴力行动，倡导回归到一个不受外界控制、公平分配劳动成果、简单的、以自然村庄为规模的经济制度。

6. 提倡兴起"人人幸福"的乡村运动

反对都市主义。绿色无政府主义认为城市中的人在生物层面是不健康的，因为它的人口出生率远远低于乡村；在医学层面上同样也是不健康的，因为其犯罪率和死亡率却都远远高于乡村。他们还斥责城市是"庞大、生态破坏、集权化的官僚制和过分的消费者欲望的始作俑者"[1]，是"一个让人发疯的和非常危险的居住场所"[2]。他们中甚至有人认为世界不需要那么多城市，极少数的人居住在极少量的城市即可以满足经济和文化的需求。因而，人们应该把城市从土地中"解放"出来，而不是耗费大量的土地去兴建大量的都市。

7. 倡导相互帮助与合作，拒绝竞争性国际贸易

克鲁泡特金把相互帮助与合作原则看作社会进化中最关键和最本能性的因素，也是他视为后来的无政府主义者和绿色分子应遵循的基调。虽然无政府主义者也主张在互助主义社会中的工人合作社等个体和民主协会进行竞争，因为在无政府主义者和许多绿色分子看来，这种竞争就像是消除了国家的"市场社会主义"中的竞争。但是，无政府主义者支持这种竞争并不是说他们就支持所有的竞争，克鲁泡特金等许多无政府主义者就拒绝国际贸易中的竞争。

8. 主张采用自我管理的政治形式，反对对人民进行强制的组织形式

并不是所有无政府主义者都主张废除组织，他们中的大多数反对的是那种具

---

[1] 戴维·佩珀. 生态社会主义：从深生态学到社会主义 [M]. 刘颖，译. 济南：山东大学出版社，2012:193.

[2] 戴维·佩珀. 生态社会主义：从深生态学到社会主义 [M]. 刘颖，译. 济南：山东大学出版社，2012:193.

有胁迫性的组织，对那种可以自由加入的组织则是持支持态度。无政府主义者偏爱"公社"、城镇和社区团体，偏爱工厂和车间中的合作组，希望建立起诸如公社、街道会议和城镇集会等小规模和地方性的政治形式。而对于这些政治形式或单位之间的事务，则建立起自下而上进行管理的联邦来进行管理。联邦可以向联邦机构派送代表，但代表的权利需要经过地方团体的授权，因而他们在拥有处理权力的同时，在投票和发言上却要受到严格限制。当然，对于志趣相同的个体之间，可以进行自愿联合，以公民集会的形式通过投票和协商的方法管理社会。

当然，以上只是无政府主义的最主要的基本原则（参见表5-1），佩珀指出："无政府主义者大致支持的社会生活特征包括：个人主义或集体主义、平等主义、自愿主义、联邦主义、分权主义、乡村主义和利他主义或相互帮助，而无政府主义者大致反对的社会特征包括：资本主义、大规模主义、等级制、集权主义、都市主义、专门主义和竞争。"[1]

表5-1　无政府主义诸原则

无政府主义者广泛支持的社会生活的特征包括：	无政府主义者广泛反对的社会生活的特征包括：
1.个人主义或集体主义	1.资本主义
2.平等主义	2.巨大作风（大资本主义）喜好
3.唯意志论	3.等级制
4.联邦主义	4.中央集权制
5.分权	5.都市生活方式
6.农村生活方式	6.专业化
7.利他主义/互助	7.竞争力

资料来源：Cook，1990。转自：戴维·佩珀.现代环境主义导论[M].宋玉波，朱丹琼，译.上海：格致出版社，上海人民出版社，2011:255.

二、生态无政府主义对未来社会的构想

（一）生态无政府主义的"自然社会"

无政府主义者J.多赫尼（J.Doheny）认为无政府状态就像我们观察到的自然秩

[1] 戴维·佩珀.生态社会主义：从深生态学到社会主义[M].刘颖，译.济南：山东大学出版社，2012:193.

序一样，是一种自然的状态，在这种自然状态中，"人类天然地寻求独立、平等和自足"[1]。因此，无政府主义者主张塑造一个"自然社会"。

在无政府主义主张的"自然社会"里，多赫尼认为应该废除传统的"教育"。因为传统教育剥夺了天然内在于孩子身上的好奇心、求知欲和平等道德观，扭曲了人性，把孩子们铸造成了同质性的机器人，最终制造出了只是为资本主义服务的工具。因而，无政府主义者主张用一种不去蓄意塑造儿童的、体验性的、自我创新的非学校的教育去取代传统的教育。无政府主义主张的"自然社会"的另一个特征是：社会是生态的。在亨特看来，"自然社会"应是一种猎人与采集者形成的小团体性社会。在这个小团体性社会里，财产平均分配，法律和命令被平等遵守与执行；人是自然健康的，每年只需要花三分之一的时间进行劳动以维持生计，人的共同体也不需要与外部混合。因为这种自然社会本身就是温馨与富足的，也是和平、健康、懒散和地方化的。无政府主义"自然社会"无需国家，也无需专家、管理、"进步"、经济增长、宗教及国际贸易。无论是不发达还是发达国家中，蔬菜、野生水果、猎物及木材等多种生活必需品是可以免费获得的，彼此之间也停止了食物和原材料购买与商品的销售。另外，无政府主义"自然社会"是生物社会整体的一部分。布克金认为，这种人类自然社会的基础是生物道德，人类应该遵从生物道德，把人类自然与生物自然进行统一，不能把第一自然和第二自然看作彼此的延伸，也不能把人类和生物当成彼此的中心。

无政府主义认为，在人与自然的关系中，因为自然比人类知道得更多，人类所处的位置应该与其他物种一样，应该遵循"自然的"生态规律。无政府主义者深信，自然界中的每个物种都有自己的位置，都有自己的本性，如果某种物种因偏离本性而打破了自然链条，灾难便会发生。如果人类偏离了自己的位置和本性，人类社会中一部分就被另外一部分人支配和剥削，必然会引发人类社会对自然的支配与剥削。反过来，自然又会影响人类社会。现代无政府主义者还接受了泛灵论思想，认为与人类一样，万物都有生命和思想，万物都有能力并且也应该实现自我组织和自我管理。无政府主义者还强调，无政府主义的自然社会是与自然和谐的，它

---

[1] 戴维·佩珀. 生态社会主义：从深生态学到社会主义 [M]. 刘颖，译. 济南：山东大学出版社，2012:199.

回到了"原始的"或"传统的"社会。因而，人类也应该回归自然，成为"高贵的原始人"，因为"原始人是健康的，城市人充满疾病"[1]，也因为"生活在简单社会中的人们具有创造力和美德"[2]。

（二）"自然社会"的具体设计

无政府主义拒绝乌托邦的观念，认为乌托邦观念创造的生活蓝图既有可能限制当代人的自由，又可能成为强加于后代人的一种模式，很可能成为极权主义的基础。但无政府主义在整体上同样具有乌托邦的倾向，它的内部要么支持一个理想化的未来，要么支持一个理想化的过去。无政府主义的乌托邦倾向在其对未来社会具体的设计中得以体现。

在农村普遍实行公社和小乡村形式，在城市则重组被"绿化"了的共同体居民区，让每个人都享受乡村、自然及城市生活的优点。每个人都生活在小乡村和居民区，并在自己生活地的小工厂和小车间进行生产，生产的规模主要是 20 至 50 人的小规模生产，不追求"规模经济"；生产产品少，生产也无需过多的分工和专业化；生产的目的也只在于创造有意义的工作和实现自我价值，以及为社会提供有用的服务和产品。

此外，对土地、机器和建筑等生产资料实行共同所有，以保证无人也无地方实现当前社会中的污染"外部化"，从而在最大限度内减少污染。在能源上，全国电网可能存在，但大规模的、核能的电站则会消除，电力生产以普通人能够理解和操作为前提，房屋使用孤立的和高效的软能源设备。在交换过程中，因为资源是大家共同拥有的，所以不再需要货币作为中介，人们从生产的产品中拿走自己需要的东西。国际贸易需求也极其稀少，"中心商业区"消失，公路几乎被铁路全部取代。

代议制政府、强制性国家，以及与政府和国家相关制度配套的设施也都被废除。无政府主义认为，人们可以通过在所在居住地集合来共同决定当地的政策或者组成联邦以区域或国际集会的形式解决地方以外的事务。因为没有贫穷，没有战争，

---

[1] 戴维·佩珀. 生态社会主义: 从深生态学到社会主义 [M]. 刘颖，译. 济南：山东大学出版社，2012:202.

[2] 戴维·佩珀. 生态社会主义: 从深生态学到社会主义 [M]. 刘颖，译. 济南：山东大学出版社，2012:203.

没有国际资源和贸易竞争，法院、警局、军事基地、船坞和练兵场等设施和建筑也将消失。

在农业上，人们从事集体生产，进行密集型劳动，很少采用违背自然的高度科技化劳动。在农业上的劳动时间也花费很少，其余的大部分时间用于车间和手工业生产，另外一部分时间则用于教育。为了保护土壤，避免土地被风水侵蚀，小规模耕种土地，并在土地上为野生动植物留有灌木林等以作其避难地。在村庄、公社和城镇共同体周围，耕作区与"多树林乡村"交替出现，形成农村风景区。

在娱乐和休闲方面，人们没有过度娱乐需求。无政府主义认为，由于地方性生产要求最少地使用能源，在村社和共同体内部实现人的自我需要、自我满足和自我实现，因而人们不会有过度的物质和娱乐需要，大规模游乐、运动、休闲设施等将会消失。人们将会进行增长知识、了解文化多样性和欣赏地区性的旅行，进行身体健康和精神健康达成一致的、简单的和谦逊的自娱自乐活动。

当然，无政府主义对未来社会的具体设计远不止上述内容，各个无政府主义者对未来社会的构建也不尽相同。佩珀还较为详细地描述了莫里斯及克鲁泡特金对未来社会中生产场所、生产方式、技术和手工艺运用、工作状况、工业、风景、分散定居、住房、行政区、城市、人口、农业、自然、贸易和国际关系等方面的构想。此外，佩珀还指出，无政府主义还跟绿色运动进行了联系，双方不仅在构建未来的"乌托邦"和思维方式上取得了联系，还把联系延伸至乡村和城镇的公社运动，甚至还共同努力推进从内部摆脱国家的"第四世界"运动，推行生物区域主义，建立以为了需要而生产、社会有用性决定价值、生产资料共有、公共财富共有和不以工资付酬等为特征的生物区域。

（三）生态无政府主义社会变革方案

无政府主义认为"自然社会"是建立在互助、合作和人的自由基础上的，在这种社会里，人仅仅是暂时性地背离自然状态，但它又会重新回归自然。因而，无政府主义将产生社会问题和环境问题的根本原因归结于人类社会的等级制和支配关系的增加。无政府主义更普遍地认为造成社会问题和环境问题的根本原因是

"超越了阶级、特定的文化或经济制度"[1]，而"无论是适合特定生产方式的生产关系还是它们创造的阶级制度，都不是根本性原因"[2]。

　　无政府主义者对造成社会问题和环境问题，以及改变这些问题的观点也不是历史的，他们拒绝历史决定论。但是，无政府主义者又强烈支持一种革命历史观，那即是，通过历史不断增加分化的过程，以达到最终的动态平衡与和谐，进而促使社会的进化。例如，布克金就主张通过不断增加自我决定的方式来促进人类自由的进化观念。而卡特则认为，人们遭受现存的经济基础和生产关系的伤害，是因为国家在玩阴谋。布克金试图设计出自己的无政府主义历史理论。他向马克思的经济基础、生产关系和上层建筑"三层"模型发起挑战，认为可以让"三层"模型反方向运行，也即是说，让上层建筑去独立地和主动地选择符合自己的生产关系，去选择生产方式和生产力，而不是相反。卡特还设计了另一种"政治—意识形态结构"的无政府主义模式。他认为，国家有自己的生命、利益和行为者，国家行为者追求的是自身的壮大，认同自己偏好的意识形态，并不代表某个特定经济阶级，因而有时也会站在无产阶级一边去反对资产阶级。因为国家自身要服务自己的利益并运用军队和警察等压迫性力量保护自己，因而社会变革不能采用接管和运用国家的平等主义方式。卡特认为："革命性变革必须从一开始就建立在废除国家及国家经济制度所基于的意识形态基础上。"[3]

　　佩珀指出，卡特等无政府主义者认为，在政治和经济上无需领导者的分散性社会才是无阶级社会，社会革命不能在等级制和支配关系的基础上发生。因而，无政府主义者主张："为了创造一个自由的、非压迫的、和平的、无阶级的社会，人们必须运用自由的、无压迫的、和平的和无阶级的方法。"[4]无政府主义最基本的社会变革理论是：通过行动来实现社会变革，作为变革中的一分子，个体创造自己想要的东西。但无政府主义内部在社会变革方面也存在差异性。就如何通向最终向往的社会这一问题，无政府主义者提供了几条其认为可以成功实现的路径。一是通过"工

[1] 戴维·佩珀.生态社会主义：从深生态学到社会主义[M].刘颖，译.济南：山东大学出版社，2012:234.
[2] 戴维·佩珀.生态社会主义：从深生态学到社会主义[M].刘颖，译.济南：山东大学出版社，2012:235.
[3] 戴维·佩珀.生态社会主义：从深生态学到社会主义[M].刘颖，译.济南：山东大学出版社，2012:236.
[4] 戴维·佩珀.生态社会主义：从深生态学到社会主义[M].刘颖，译.济南：山东大学出版社，2012:236.

会和无政府—工联主义"道路,二是通过"公社的和生活方式的无政府主义"道路,三是通过新社会运动和合作社道路,四是通过情境决定论者所提供的道路。

"工会和无政府—工联主义"者主张通过农工阶级和工会组织进行革命。在1902—1914年,美国和欧洲的无政府—工联主义在法国和西班牙工人运动中,主张工人阶级领导社会大众运动并发动总罢工去废除政府。具体来说,其措施是如C.哈珀所说的那样:"工联主义的全国工会联盟(CGT)切断了与政党的所有联系,赞成经济直接行动包括工人管治、罢工、破坏机器、消费者抵制、威吓罢工抵制者和暴力反对老板及其财产。"[1]法国和西班牙工人运动影响了英国和美国工人,英国工人形成了一种稀释了的无政府—工联主义,设计了"基尔特社会主义"。罗素则把"基尔特社会主义"看作是无政府主义和社会主义妥协的产物。现代工会主义者和无政府—工联主义者都强调工人阶级和工会组织在理论和实践上都具有重要性和必要性。他们认为,工会可以对危险物质的扩散和使用起到抵制作用,可以使安排更加合理和民主,可以促进更安全的技术和程序通过并实施,可以联合起来对抗政府,可以促使政府和民族国家垮台。而工人则可以在"革命运动之前"组成以非官僚化和直接民主为特征的农工组织,去保障国家在资本主义秩序动荡及解体时各项重要服务有效运转;在"革命的破坏性阶段"介入阶级斗争;在"预先示范阶段"成为在公社之间进行活动的主人公。

"公社的和生活方式的无政府主义"通过改变个人价值观和改良个人生活方式进行社会变革。如果把无政府—工联主义说成是某种带社会主义性质的无政府主义的话,"公社的和生活方式的无政府主义"在今天就可以说几乎等同于绿色无政府主义。与无政府—工联主义强调集体、经济基础与工会不同,"公社的和生活方式的无政府主义"则强调个人的作用,它具有更多的自由意识形态。在这种主义者眼里,"社会变革被视为始于个体的态度和生活方式,它的发展和自我意识是不容侵犯的"[2]。他们认为,无论是采取革命的方式还是渐进的方式推进社会变革,都要绕过国家,而不是直接推翻国家。他们把公社、合作社及地方货币等类似物看作预示绿色无政府主义产生的标志,希望通过更多的个人一起努力去树立起一种更好的且

[1] 戴维·佩珀.生态社会主义:从深生态学到社会主义 [M].刘颖,译.济南:山东大学出版社,2012:236.

[2] 戴维·佩珀.生态社会主义:从深生态学到社会主义 [M].刘颖,译.济南:山东大学出版社,2012:239.

更健康的个人生活方式的途径去破坏资本主义。因而，他们通常拒绝阶级斗争，拒绝工人运动和传统政治。当然，并不是所有这种公社的绿色无政府主义者都拒绝对国家采取"直接行动"。例如他们认为可以作为"个人直接行动"的形式有：破坏核弹运输机、侵入军事基地、涂抹有性别歧视的广告牌、遵循简朴的生活方式和参与关爱地球活动的仪式，甚至通过杂志形成抵制剥削、银行和跨国公司的抵制文化。

新社会运动和合作社支持者赞成通过新社会运动和合作社运动推进社会变革。新社会运动和合作社支持者跟其他很多无政府绿色分子一样，拒绝传统的集体主义战略，反对阶级斗争。他们受法兰克福学派影响，"反对工人阶级是社会变革的代理人，赞成新社会运动，尤其认为绿色运动和女权主义运动是今日激进主义的真正贮藏地"[1]。他们是反资本主义的新民粹主义者，信奉"直接行动"的分散主义，赞扬德国绿党的激进思想。T. 卡希尔（T.Cahill）合作社让新社会运动更具有希望性，他认为合作社可以反抗资本主义并应对非公化影响。

情境决定论者认为，异化已进入人的日常生活，人们被自己的生活异化并变成了生活被动的和无权的旁观者。他们认为，对人来说，生活由一系列图像组成，生活的现实与其表象之间不存在差别，表象就是现实，人们无法改变生活的现实与表象。"虚拟现实"出现后，人们可以通过电子媒体和计算机技术从视觉、听觉、嗅觉和触觉方面体验整个世界的经历和前景，人们可以窥视自己的"生活"。情境决定论者更强烈地要求绕过国家，反对阶级斗争，拒绝工会、政党和左翼介入现存秩序，希望通过借鉴后象征主义诗人、超现实主义者和达达主义者的战略，"依据工人代表大会的需要重建整个世界的决定"[2]。情境决定论者鼓励个体切身体验以迂回的、"对愉悦和爱的确证"的方式和以"拒绝和反叛的行动"去重建"日常的存在"，而拒绝接受被强加的秩序。

三、加强无政府主义与社会主义联合

通过对生态无政府主义的主要原则和构建未来社会的图景与方案的分析，佩

---

[1] 戴维·佩珀. 生态社会主义：从深生态学到社会主义 [M]. 刘颖，译. 济南：山东大学出版社，2012:241.
[2] 戴维·佩珀. 生态社会主义：从深生态学到社会主义 [M]. 刘颖，译. 济南：山东大学出版社，2012:242.

珀认为生态无政府主义与生态主义具有关联性，与社会主义具有差异性，甚至生态无政府主义还具有一定的反动性。但是，佩珀却认为无政府主义与社会主义有合作的基础，因而两者应该加强联合。

（一）佩珀对生态无政府主义的评析

1. 与生态主义具有关联性

佩珀指出，无政府主义源于"19世纪对社会关系的关切"，而生态主义始于"一种对社会—自然关系的过度担忧"。虽然无政府主义者也有人类与"自然"的立场，但它不像生态主义那样成为一种自然哲学。因而，从表面看来，生态主义与无政府主义两者之间具有重大差别。但佩珀认为，生态主义与生态无政府主义之间具有关联性。

首先，生态无政府主义和生态主义都持生态中心主义价值观。绿党、地球之友和绿色和平组织等主流绿色分子与生态和平主义者、生态女权主义者和生态无政府主义者等绿色无政府主义者都属于生态主义者范畴，他们都支持生态中心主义。其次，两者都拒绝阶级分析，都反对国家，都具有强烈的自由主义倾向，都强调通过调整生活方式和消费习惯来追求生态平衡，都追求个人价值。再次，两者在政治经济学上与个人偏好理论、生产成本理论都有联系，与抽象劳动价值论都有着潜在联系。此外，佩珀还指出，"红绿"分子希望用马克思主义原则来引导生态中心主义，而"绿绿"分子中一部分（如地方自治主义者等）明确表明了自己的无政府主义观点，即使"绿绿"分子中大部分人不承认自己与无政府主义具有渊源，但在其社会理想和规划中通常支持无政府主义原则。佩珀认为，包括生态无政府主义者、生态和平主义者和生态女权主义者等在内的大多数激进绿色主义者受到了无政府主义的影响，他们相信"自然社会"的必要性，他们反对城市和工业，绝大部分具有强烈的自由主义倾向，强调个体自由独立。佩珀在多处表明："生态主义往往是对不同形式的无政府主义思想体系的重申。大多数生态中心主义者将会与无政府主义者同好恶。"[1]

---

[1]戴维·佩珀.现代环境主义导论[M].宋玉波，朱丹琼，译.上海：格致出版社，上海人民出版社，2011:255.

为了证明"绿绿"分子与无政府主义原则具有关联性，佩珀引用了多布森和阿德里安·阿特金森（Adrian Atkinson）的观点。多布森认为，生态主义的计划"只能通过修正的无政府主义的——分散化的、公社的和左翼自由主义的——民主观念实现"[1]。而在阿特金森那里，"贯穿着'绿色乌托邦主义'实践的政治生态学基本上是一种无政府主义的政治哲学"[2]。此外，佩珀还指出，撇开无政府主义和生态主义在对自然的社会态度不谈，如果从社会运动层面去讨论两者，"那么，人们很容易把无政府主义和生态中心主义的结合理解为一种中间阶级中被疏离和相对无权者的哲学"[3]。因为无政府主义既可以减缓中间阶层无权者对后工业的焦虑，又能使人们更接近自然。

2. 与社会主义具有差异性

佩珀认为，应该消除这种普遍的信念——把无政府主义政治大量地注入当前激进的绿色政治中会引起必然的和主要的"社会主义的"结果。一些人认为无政府主义和社会主义在一些方面具有相似性。例如，D. 格伦（D.Guerin）认为两者都接受唯物主义观点，都拥有通过阶级斗争推翻资本主义这一共同目标；科勒曼认为当时的社会主义者同无政府主义者一样：主要的斗争也是观念的战争，马克思主义者和无政府主义者一样向往无阶级、无工资奴隶、无政府和无货币的社会；罗素认为社会主义和无政府—共产主义在公共土地所有制和社会的经济组织上观点一致或相似，社会主义和无政府绿色主义的观点也具有相似性。但在佩珀看来，无政府主义某些要素跟社会主义相同、相似或一致，但这并不能表明无政府主义就等同于社会主义，两者具有明显的差异性，两者之间具有难以跨越的鸿沟。

卡特、布克金和巴斯扎克等众多绿色无政府主义者把东欧国家的"社会主义"等同于马克思主义，认为马克思所主张的社会主义就意味着大规模主义、官僚主义、专制主义和环境的退化。因而，他们强调的是无政府主义与社会主义之间的差异性，而否认两者之间具有关联性。罗素虽然注意到了无政府主义和社会主义之间在土地所有制和经济组织上的相似性，但认为两者在政治组织上和政治手段上有所区

---

[1] 戴维·佩珀. 生态社会主义：从深生态学到社会主义 [M]. 刘颖，译. 济南：山东大学出版社，2012:187.
[2] 戴维·佩珀. 生态社会主义：从深生态学到社会主义 [M]. 刘颖，译. 济南：山东大学出版社，2012:187.
[3] 戴维·佩珀. 生态社会主义：从深生态学到社会主义 [M]. 刘颖，译. 济南：山东大学出版社，2012:188.

别（见表 5-2）。罗素还注意到，两者在工作、劳动成果分配和废除工资制度上的观点也不相同。在工作和劳动成果分配上，社会主义主张通过劳动和交换获取个人生活必需品，而无政府主义认为人们乐意自愿工作，劳动成果按需要自由分配。无政府主义者认为自然能够提供丰富的生活必需品，因而废除工资制度是有权利做到的。虽然今天某些社会主义者主张废除工资制度，但总体上社会主义者并不赞同这一点。

表 5-2　社会主义和无政府主义的区别

社会主义	无政府主义
社会不公和环境退化由阶级剥削引起	社会不公和环境退化由等级权力引起
经济标准界定阶级	非经济标准（种族、性别）界定阶级
解释和分析与历史有关； 对国家态度模糊（但支持地方化的国家形式）	解释和分析通常与历史无关； 完全反对国家
资本主义创造了国家，因而要先废除资本主义，集权化国家才将消失	国家创造了资本主义，因而要先废除国家，资本主义才将消失
国家是资产阶级的代理人和护卫者	国家独立于经济阶级利益之外，代表自己的利益
革命道路上，允许参与传统政治； 依靠破坏和对抗资本主义进行革命，不采用天真和空想的实验性共同体	不允许参与传统政治； 用选择性共同体和经济来革命，通过绕过资本主义创造期望的社会
强调集体行动的政治力量	强调"个人是政治的"和进行个体生活方式变革
生产者采取集体行动进行革命（如工会撤出劳动、总罢工）	工联主义者鼓吹通过工会组织行动，其他无政府主义者强调通过共同体和其他非经济团体的不配合态度
工人阶级是社会变革的主要行动力量	新社会运动和共同体是社会变革中的主要行动力量
马列主义者是革命先锋队	没有革命先锋队
无产阶级专政（过渡阶段）； 唯物主义哲学和社会分析方法； 现代主义； 需要计划经济	不欢迎任何"专政"或政府； 唯心主义倾向； 后现代主义倾向； 在限制范围内公社自我管理，强调自发性的重要性
支持有限的分散化； 集体可能限制个人自由； 注重国际社会主义间进行国际互惠交换； 极少人反对货币经济	强调分散化； 强调个人自主； 基本反对国际贸易，赞成地方自给自足； 大多数人反对货币经济
以城市为中心	强烈反对城市，支持城市无政府主义
自然由社会建构	自然外在于社会，自然是社会的模型，应遵守自然规律
人类中心论（非资本主义的技术中心主义）； 倡导社会主义发展	主张社会生态学，不倡导人类中心主义和生物中心主义； 倡导各种发展模式，如：社会主义、环境决定论和独立发展（生物区域主义）
空间组织深层结构（尤其经济的）限制表面结构	空间组织是经济、社会和政治的决定因素之一

资料来源：PEPPER D.Eco-socialism:From deep ecology to social justice[M].London&New York:Routledge Press，1993：206-207.

3.无政府主义具有反动的趋势

佩珀在对无政府主义的主要原则、对未来社会构想进行分析之后，对无政府主义与生态主义的关联性，以及无政府主义与社会主义的关联性和差异性进行了分析，得出了无政府主义具有反动趋势的结论。

首先，佩珀认为无政府主义自然秩序的基本观念是其一元论观点的潜在反动方面。无政府主义者有一种基本的观念，那就是人类和人性会自然地适合自然秩序（存在链条）。但当这个存在链条具有等级制特点时，无政府主义这种基本观念就走向了一元论的反面。无政府主义者认为无论个人地位高下，他都处在链条中的一个联结的结点上，对保证链条的完整性十分重要。但是，在具有等级制的链条上，"高贵的原始人"的行为被理所当然地认为是高尚的，高等级生命体对低等级的生命体带有家长式的责任。那么，这种观念就带有保守主义的意味了，它追求形成一个共同的价值观去管理社会的目标。左翼认为，资本主义和集权主义也是通过形成共同价值的方式去管理社会，用思想控制人，用道德压迫人，使人像奴隶一样缺少思考和质疑的能力。因而，无政府主义自然秩序的基本观念实质上走向了一元论的反面。

其次，佩珀认为无政府主义用潜在反动的概念体现社会—自然一元论哲学。詹姆斯·拉夫洛克的"盖娅"理论认为，地球是个"有生命"的复杂系统，"它能够通过一系列响应环境变化的反馈机制，重新组织和修复自身"[1]。"盖娅范式"提出，即使人类不在生态学上进行改善，整个自然系统也不会被破坏，自然系统不会因为人类社会而停止运行。因而，它认为那些过分关心自然的人也不用行动起来去进行社会变革。盖娅理论的追随者经常对自然进行神秘化的宣传。社会生态学也同样故弄玄虚，宣传工匠和自然"合作"，从本无生命力的自然资源中创造出期待的现实。一些无政府主义生态学家却认为"盖娅范式"可以很好地体现他们主张的社会—自然的一元论哲学。但是，无政府主义却用潜在反动的概念体现着社会—自然一元论哲学。

最后，佩珀认为无政府主义自觉接受环境决定论是反动的。无政府主义社会

[1] 戴维·佩珀.现代环境主义导论[M].宋玉波，朱丹琼，译.上海：格致出版社，上海人民出版社，2011:415.

生态学家自觉地接受了"自然知道得最好"（作者注："自然法则"）的原则，因而自然的模式就应该成为社会的模式。马歇尔认为："自然是人类的第一任伦理师。"[1]而伍德科克则极力强调，无政府主义社会生态学家对这种原则的自觉接受是在消极地接受自然规律的重要性，把无政府主义引向了环境决定论，这是反动的。

当然，以上只是佩珀对无政府主义评论的一部分，更多是总体方面的，还有更多更具体的评论散落在无政府主义的人性观点、社会模式、变革方法和未来构想方面，考虑到这些评论与接下来要写的部分关联性不是太大，因而不再陈述。

（二）生态无政府主义与社会主义联合的建议

佩珀在其生态社会主义思想中，运用马克思主义相关理论，分析并揭示了生态危机的根源。他还用大量的篇幅为马克思"人类中心主义"正名，并号召重返"人类中心主义"。随后，佩珀又对生态无政府主义进行分析，认为生态无政府主义应该与社会主义进行联合。

首先，生态无政府主义、生态主义和社会主义都具有保护环境的目标，具有联合的目标基础。佩珀认为生态无政府主义和生态主义都支持生态中心主义，因而，他认为从这一点上，生态无政府主义和生态主义跟社会主义在保护生态环境上具有相同的目标。为了进行联合，佩珀希望把生态无政府主义对生态中心主义的关切通过"更加人类中心主义的、激进的、生态社会主义的环境主义来解决"[2]，即希望生态无政府主义排除并抛弃那些妨碍成为人类中心主义的东西来解决对环境的关切。

其次，生态无政府主义、生态主义和社会主义都主张社会公平正义，具有联合的价值基础。佩珀认为，无政府主义在意识形态上，虽然和生态主义一样，与主观偏好理论和生产成本理论在某些方面有着相关性，与抽象劳动有着潜在的联系。但更为重要的是，生态无政府主义、生态主义追求"个人自由"，反对集权，憎恨等级，提倡"人人幸福"，倡导互相帮助与合作，主张"自我管理"。虽然这些原则有其局限性，但这些原则还是反映出了追求公平正义的一面。因此，生态

---

[1] 戴维·佩珀. 生态社会主义：从深生态学到社会主义 [M]. 刘颖，译. 济南：山东大学出版社，2012:205.
[2] 戴维·佩珀. 生态社会主义：从深生态学到社会主义 [M]. 刘颖，译. 济南：山东大学出版社，2012:41.

无政府主义、生态主义与社会主义在"公平正义"这一价值目标上具有一致性，具有联合的价值基础。

最后，生态无政府主义、生态主义和社会主义都寻求社会变革，具有联合的动力基础。在佩珀看来，马克思主义和生态无政府主义在社会变革上也有相关性，两者都关注社会变革，因而，他建议生态中心论者应该远离自由工业资本主义的干预主义，关注根本的社会变革。在分析了生态无政府主义与生态主义、社会主义有合作的前提下，佩珀也注意到了生态无政府主义与社会主义的差异性，并批判了生态无政府主义的反动倾向。因而，从另外一个角度证明了生态无政府主义与社会主义进行联合的必要性。

总之，佩珀认为生态无政府主义比其他任何一个政治哲学更能影响绿色运动，他相信，"马克思主义观点与无政府主义的进步因素一起，可以使绿色社会主义成为一种不像以前的一些'社会主义'那样过于倾向于极权主义的社会主义形式"[1]。因而他对生态无政府主义进行了大量的分析，目的就是想将无政府主义和社会主义之间的鸿沟填补起来，将无政府主义和社会主义联合起来，推动生态社会主义政治。

[1] 戴维·佩珀. 生态社会主义：从深生态学到社会主义 [M]. 刘颖，译. 济南：山东大学出版社，2012:6.

第二节　批判地继承和发展当代生态社会主义

　　佩珀的生态社会主义思想是当代生态社会主义思想中的一种，它在发展过程中并不是孤立于同时代同一思潮之外的。佩珀深知当代生态社会主义及其基本原则，紧盯当代生态社会主义发展的新动态和新发展，密切关注当代生态社会主义的实践活动，从而批判地继承和发展自己的生态社会主义思想。

一、当代生态社会主义及其基本原则

（一）西方学者对当代生态社会主义的认知

　　佩珀指出，在诸如不列颠社会主义党等许多西方人看来，总体而言，社会主义是"建立在共同所有制和为了维护全社会共同体利益而对生产方式、生产工具以及财富分配进行民主控制基础上的一种社会制度"[1]。而生态社会主义是一种社会主义者把激进人类中心（非生态中心）主义应用于分析和应对环境主义的理论，出于对环境问题和环境前景考量，它主张对传统的社会主义进行改良。

---

[1]DUNCAN.C.The centrality of agriculture:History, ecology and feasible socialism[M]// L.PANITCH, C .LEYS. Necessary and unnecessary utopias:Socialist Register. Rendlesham, Suffolk:Merlin Press, 2000:187–205.

　　具体而言，西方学者认为，当代生态社会主义在一些问题上具有相同的主张。在理论构建上，生态社会主义主要借鉴马克思著作中的理论并部分地借鉴 19 世纪威廉·莫里斯对历史、社会变革和经济所进行的批判性解读[1]；在构建方案上，生态社会主义则往往重现莫里斯的乌托邦社会主义中地方分权、直接经济民主和社区自决生产手段等传统的方案。在生态危机的根源上，生态社会主义的历史唯物主义把当代生态环境恶化的原因归结于当代资本主义生产的经济运作模式，以及其运转所必需的制度和世界观。在资本主义生态危机的解决问题上，生态社会主义认为，环境非可持续发展是资本主义固有的，因此，资本主义迟早要灭亡并为社会主义所代替。因为，它认为在社会主义，人们可以结束导致环境恶化的人与自然，以及人与人之间的异化。在工业发展问题上，生态社会主义者与主张生态中心主义的深生态主义和其他后现代主义的环境主义者不同，它认为启蒙运动所追求的生产和工业的理想在生态社会主义社会里则可以继续存在。在生产和分配问题上，生态社会主义认为生产和分配应得到合理规划，虽然通常生态社会主义不信任政府，并且带有组成地方社区和区域联合会等更加无政府主义的愿望，但它还是认为生产规划或许应由一个赋权型政府来制定。

（二）佩珀对当代生态社会主义的认知

　　佩珀认为，生态社会主义社会将重新发现和表达人与自然的真实关系。佩珀相信，在生态社会主义社会，人与自然的关系既不像当代资本主义的先决条件认为的那样——人与自然的分离和人比自然更占优势，也不是生态中心主义认为的那种单纯的平等。相反，社会和自然是辩证关系，因为，自然是社会生产的，人类所做的也是很自然的，所以人与自然应该彼此互相体现着对方。生态社会主义反对"深层生态学"的原则，认为人类社区本质上并不必然像其他物种那样受到大自然的限制。尽管如此，这些社区更可能希望去管理、保护和明智地处理与自然的关系，以谋求所有社会成员的利益。

　　佩珀还提醒，更重要的一点是要认识到：生态社会主义认为，资本的利益和环

---

[1] THOMPSON E William Morris:Romantic to revolutionary[M].London:Merlin Press. 1977:71.

保之间的对立是与生俱来的。生态马克思主义者（例如来自美国和西欧围绕在《资本主义·自然·社会主义》杂志周围的群体）认为："可以视生态的矛盾为资本主义的第二对矛盾。"[1]鉴于资本主义的第一矛盾涉及的系统固有破坏其劳动力和劳动力生产条件倾向，从而最终使无产阶级在建立一个无阶级的社会主义和共产主义之前，会起来反对资产阶级并摧毁资本主义系统。

二、当代生态社会主义的新发展

（一）当代生态社会主义的新变化

佩珀认为，在西方生态社会主义理论的发展过程中，它一直试图避免马克思主义中的"普罗米修斯倾向"。因为，它认为"普罗米修斯倾向"助长了一种观点：历史过程最终导致人们用剥削和浪费自然的方式去控制自然。而且，生态社会主义者认为："马克思主义包含另一个（也许是被忽略了的）传统——人和自然是而且也应该是整体地、辩证地和更巧妙地联系在一起的。"[2]为使人与自然关系达到这种状态，生态社会主义者最大程度上接受了一些激进的环保主义者关于生态中心主义的论点——相对于地球的承载能力而言，的确需要对经济和人口增长进行限制。因此，在批判现实主义的方向上，生态社会主义在一定程度上放弃了某些东西，远离了强烈的社会建构主义，接受了在一定程度上对人类社会肆无忌惮地剥削自然并"主宰自然"行为进行约束的观念。

大多数生态社会主义者还试图放弃原始经济决定论，以及原始经济决定论对"基础—上层建筑模式"简单化的解释，佩珀认为这是"文化因素"在历史创造中发生作用的结果。佩珀认为，生态社会主义的学术论著开始密切关注文化对"自然"建构作用的诠释，开始把"自然和环境问题视为社会的、文化的、心理的和经济的等不同因素混合产生出来的'论题'"[3]。

至于深化马克思主义理论重构这一问题，其焦点开始集中到女性主义和生态

[1]Gare A.Creating an ecological socialist future[J].Capitalism, Nature, Socialism, 2000, 11（2）:23.

[2]DAVID PEPPER.Eco-socialism:From deep ecology to social justice[M].London:Routledge, 1993:48.

[3]DRYZEK J.The politics of the earth:Environmental discourses[M].Oxford:Oxford University Press, 1997:40.

女权主义的有关争论上。在理论重建问题上，社会主义女权主义者已经影响并帮助生态女权主义者远离"本质论"。"本质论"过分强调那些想象中的东西在妇女与自然之间具有普遍性和"根本"性关联。例如，妇女作为看护者和养育者与物质现实生活有更多的接触，等等。同时，生态女权主义者一直想修改马克思主义理论，从而使马克思主义不再专一地强调生产方式对我们与自然的关系的影响和塑造的重要性，而是对社会再生产模式重要性进行同等地强调。尽管自20世纪60年代女权运动为女性赢得就业市场开放机会，但在社会再生产模式中，西方女性发挥了压倒性的主导作用，尤其是在家庭生活方面。

（二）佩珀对当代生态社会主义新变化的评析

对于上述的这些趋势,佩珀认为都可被视为生态社会主义理论"健康的"发展。因为它们承认现代全球化世界复杂性，远离了曾经导致许多未来的马克思主义者和实践者幻灭的原始经济主义,尤其是已经疏离了一部分激进环保主义者。但同时，佩珀强调不应该对"文化因素"进行过度关注，也不能无理轻视经济基础在世界事件的形成和影响上（尤其是在环境保护态度上）的重要性。他强调，尽管自20世纪70年代新自由化浪潮开始以来，物质和经济的作用在社会、政治、文化和生态等领域一直非常明显，但生态社会主义却有时把兴趣集中在全球现代化和全球生态现代化形成进程上，往往忽视了其物质和经济的重要性。

因此，在20世纪90年代末和21世纪初的十余年里，欧洲发生示威游行活动，反对经济力量推动资本全球化和贸易自由化，反对削减福利国家政府支出，甚至反对新自由主义的欧盟新宪法。佩珀认为，所有这些反对力量都对公民的社会保障有防范作用——不仅防范失业、疾病、低工资和恶劣的工作条件及人口老龄化问题，而且可以防范环境危机。佩珀还认为，虽然西方环境质量无疑得到一些改善，但整体上讲，离采取有效方式去处理诸如全球气候变暖、消费主义所造成的资源浪费、生产过剩、全球贫困等真正严重的环境问题的需要还相差甚远。因为，反对力量所做的努力经常遇到强大的工商业顽强抵抗。例如，现实中，一些企业发出威胁：如果国家和欧盟没有给它们的要求做出让步，它们就准备撤离生产。又例如，在2010年，全球遭受衰退和经济萧条冲击条件下，尽管一些西方政府真心希望关注气候变化，但反环保言论却又甚嚣尘上。譬如，因在经济战略中所占的重要作用，美国石油行业的政治权力就在此时得到增强，甚至已经强大到能促使美国——当时这个世界上最大的化石燃料消费国拒绝批准已签字的旨在限制全球碳排放的《京都协定书》。

三、当代生态社会主义的实践

（一）当代生态社会主义的组织形式

佩珀认为，在当代生态社会主义的新发展中，生态社会主义者已越来越表现出了对生态社会主义的理论和构想实践的兴趣。也即是说，他们对在乌托邦的生态社会主义中建构资本主义的替代形式越来越感兴趣。生态社会主义者认为："至于替代形式的具体组织形式则由社会和环境因素来决定，由依社会需求而非依消费获利而生产的原则主导。"[1]

当代生态社会主义者相信，这些替代形式正在一些地方蓬勃发展。它们形式多样，在空间上形成一种社区经济共同体，并要求用这种社区经济共同体去替代资本主义组织形式。生态社会主义者认为，虽然有时不易辨别这些替代形式是否就是生态社会主义在实践中的组织形式，但有时却可以明显确定它们就是生态社会主义的。无论怎样，但有一点是明确的。那就是，生态社会主义实践者和理论家都把这些所谓的替代形式或看作从资本主义向社会主义过渡的组织形式，或看作资本主义通向绿色社会主义社会的跳板。

当代生态社会主义者相信，这些替代形式不都是抽象的乌托邦，也不是单纯的新自由主义不断扩大对全球化模式的幻想。它们的确存在于西方资本主义国家地方经济体中，存在于非洲、印度和东欧的一些发展中国家的地方经济体中。事实上，在英国等西方国家的经济中，30%～50%的全职工作人员不在市场经济之中，人们从事包括家庭工作、政府工作和其他非商品生产工作。

当代生态社会主义者相信，这些替代形式的组织形式各不相同。一方面，它

---

[1]FOURNIER V.Utopianism and the cultivation of possibilities:Grassroots movements of hope[M]//M.PARKER. Utopia and organization.Oxford:Blackwell, 2002:189–216.

们是作为"资本主义替代物"的大公司。这种大公司在传统市场中销售商品，但却有针对性地尝试把环境伦理和社会道德进行结合。例如，英国斯科特·贝德合作社就是这方面的典型。20世纪50年代，它形成了合作网络，拒绝武器生产。另一方面，它们是非资本主义的企业。这种非资本主义企业通常是集体所有的，不以营利为目的，规模也很小。这两种组织形式中劳动的类型是多种多样的，包括合作劳动、自我雇佣劳动、志愿劳动和低薪志愿劳动。

当代生态社会主义者相信，这些替代形式的目的也会有所不同。它可能仅仅是为了在资本主义框架内得以生存。或者它可能是意图建立乌托邦，即最终要从资本主义经济和与之相适应的个体化形式中建立自由社会。这些组织形式与主流资本主义经济摧毁共同体的趋向不同，它们在一定程度上探索把不同的方式组合在一起，营造共同体意识。"它们也可能体现出自我意识的尝试去创建体现社会主义原则的生态良性的社会，或者他们会被宗教理想或其他的意识形态目的所驱动。"[1]

当代生态社会主义者相信，这些组织形式的一个共同重要原则是，通过集中管理创造财富，并能够把盈余进行社区再投资。同样值得注意的是，在这些生态社会主义潜在的表现形式之中，社会主义的焦点在于个人潜能的提升，也在于集体利益的提升。这种集体通常体现在区域和地方层面的生活社区，而非体现在民族国家层面。

（二）当代生态社会主义的组织形式范例

经常被用作当代生态社会主义组织形式范例的是西班牙北部巴斯克地区的蒙德拉贡合作社。蒙德拉贡合作社在20世纪50年代就开始创建，创建的原则和灵感来源于英国合作社运动创始人罗伯特·欧文。至2005年左右，合作社有3万名工人业主和16万名员工，销售收入达96亿欧元。合作社的主要商业集团为国际市场生产汽车零部件、家电和食品。合作社的二级商业集团为其主要商业集团提

[1]MORRIS D.Communities：Building authority，responsibility，capacity[M]//J.MANDER，E.GOLDSMITH. The case against the global economy：And for a turn towards the local.San Francisco：Sierra Club Books，1996：434—445.

供社区银行、教育和培训等服务，三级商业集团则独立负责社会保障、医疗、住房等基础设施建设。现在，蒙德拉贡已经成为一个全球合作社网络。蒙德拉贡合作社中的资本具有从属辅助性质，它试图平衡商业和金融与社会环境目标，它所带来的利润被分配给社区和工人，而不是分配给资本家或股东。对于利润的分配也有明确的计划：工资之后盈余的 10% 分给慈善机构，70% 给个人合作者，20% 给商业集团。

英国斯科特·贝德联合公司和美国马萨诸塞州第二经济模型网络（E2M）则是制造业和服务业方面的范例。卡斯曼指出："这里把部分富余产品捐给社区，而社区成员对 E2M 的信誉具有信心，公司和社区成员之间形成了互惠互利关系。其结果是，商业繁荣和工作机会增多，环境可持续发展举措不断出台。E2M 认为'过度'暴利是环境和社会弊病的根源，因而它在商业上主动放弃利润最大化，它们甚至相信可以使资本主义'为人民服务'。"[1]

生态社会主义除了进行大规模的组织试验外，还进行了较小规模的实验。在这些小规模的试验中措施多样。比如，在地方开发太阳能、水能、风能等软性可再生能源业务；在社区兴建农场，既提供食品又为社区提供城市发展空间；帮助人们提高共同体建设能力；创建生产者和消费者合作社；建立本地就业和贸易系统；建立地方财政、公司、银行和信用社；成立社区理事会，进行民主决策。这些小规模的"农村社会企业"类似于社区合作社，拥有村办商店，帮助缺少资金者建立保障性住房，开办苹果汁生产等小作坊，兴建苏格兰劳瑞斯顿庄园（Laurieston Hall）式替代型社区，开办支持"农场直销"的伦理型社区银行。

这些生态社会主义组织形式通过经济贷款、援助、分配土地、自愿或分享型廉价劳动、内部交叉补贴、易货和互惠等策略生存。这种形式的企业是由社会拥有的企业，可部分在主流市场交易，但会结合经济可行性优先考虑社会和环境目标。这些企业或许会有社会和经济目标，但放弃通过机械化而获得"效率"上的收益，维持人们的就业。波兰和斯洛伐克等原东欧"共产主义"阵营也在进行这种社会企业实践，这些企业表现出了一种资本主义和非资本主义混合的倾向。

---

[1]KASSMAN K.Envisioning ecotopia:The US green movement and the politics of radical social change[M]. London:Praeger.1997:112.

四、佩珀对当代生态社会主义实践的批判

许多具有绿色和社会主义倾向的评论员认为，当代生态社会主义所试验的这些组织形式可构成最终绿色社会主义（或者绿色无政府主义）社会"过渡性"的经济和社会的一部分。然而佩珀却对当代生态社会主义的实践形式进行了批判。

第一，这些"过渡形式"具有超越现实性，但或许也因此成为维护现状的力量。这一点，类似于马克思和恩格斯对空想社会主义的批评。如果这些"过渡形式"过于关注地方社区的改革，那么它们有可能会承认它们不能改变更大的系统，并借此原因或借口放弃对更大系统的改造。因此，人们就会把自己局限在小范围的改造上，从而可能阻碍通向生态社会主义社会的道路。

第二，这些"过渡形式"还存在着导致错误意识形态产生的危险。随着这些"过渡形式"的发展，其支持者和参与者可能会拒绝理论和政治，并淡化当前物质力量和革命进程。这样一来，反而鼓励了广大人民用现有资本主义方式进行思考和行动。因此，它们可能会鼓励人们产生一种虚假意识。这种意识误以为：只要它们呼吁形成"共同意识"，它们就会树立起人民大众所希望尊崇的榜样；只要这些"过渡形式"发展到可以强势挑战现有霸权，那么这种挑战会就会被这些霸权容忍。

第三，这些"过渡形式"因缺乏现实性而存在着被主流文化同化的潜在危险。例如，一些地方性就业和贸易计划现在还要向国家缴纳税收，这实际上就是在支持当前国家。又例如，"农贸市场"和"公平贸易"企业，曾经不遗余力地反对大型的、专门逐利的企业对粮食市场的控制，可现在常常可以在各主要超市看到它们的存在。一些革命的社会主义者可能会倾向性地认为，这样的"过渡形式"还允许贫困者和经常性失业者继续参加传统社会，那么处在这种组织形式中的人们也很容易被主流文化同化。

第四，这些"过渡形式"还存在着"只重视'过渡'的形式，而不注重'过渡'过程的危险"[1]。因为这些"过渡形式"的规模小，对生活质量具有潜在贡献，很多生态社会主义构想假定自给自足的公社和工人合作社本质上有利于环境。然而，"小

---

[1]SARGISSON L.Utopian bodies and the politics of transgression[M].London:Routledge，2000:90.

规模并不必然带来合作，也不一定体现民主、包容性或环境关照"[1]。"它们经常可以成为异化和自我剥削的工具，因为他们的工人力争在资本主义的环境中竞争。"[2]因而，从这个意义上说，形式本身并不重要，合作社是一个几乎任何思想均可倾注的容器。

佩珀认为，这些"过渡形式"需要被放置在非资本主义价值观和明确具有激进社会变革的议程之中。如果革命生态社会主义者的理想建立在不健全的基础上，那么它可能滑向反革命的实用主义或改良主义。

[1]SWYNGEDOUW EA.Neither global nor local: 'globalisation' and the politics of scale[M]//K COX.Spaces of globalization:Reasserting the power of the local.New York:Guilford Press.1997:40–56.

[2]Carter N.Worker Coops and green political theory[M]//B DOHERTY, M. de GEUS.Democracy and green political thought.London:Routledge, 1996:56–74.

第三节　佩珀对生态社会主义社会的构建

佩珀认为当代资本主义社会制度是生态危机的根源，在其制度下，生态危机无法得以解决，社会正义无法得以伸张。而传统的社会主义具有极权倾向，同样没有摆脱生态问题的困扰。环境主义在实践中的影响力不断衰退，既无法对当前局面构成严重威胁，也无法在未来社会构建中摆脱乌托邦幻想。而无政府主义和当代生态社会主义都有着自身的缺陷，因而，佩珀主张构建一个新的生态社会主义社会。

一、对社会进行重构的缘由

佩珀在其著作分散地、直接或间接地谈论对社会进行重新建构的原因，总结起来有以下几点：

第一，解决全球化带来的威胁更需要社会主义和共产主义。苏联和东欧社会主义国家剧变之后，佩珀被告知社会主义和共产主义在理论和实践上已经死亡。很多环境主义者认为，苏联、东欧和其他地区的社会主义国家在处理与自然关系的实践中都犯了错误，造成了环境被大规模污染和破坏的后果。社会主义和共产主义与当今全球化的世界的联系已经被切断，当今世界已经没有了阶级斗争，取代原有阶级斗争的是因现代化与工业化所引发并最终平等地影响所有阶级的环境及其他风险分配的争论。但佩珀认为,实际上,由资本主义全球性扩张所引发的"全球化"在经济、社会和环境等方面正给世界带来威胁。资本主义需要在空间上扩张,并通过"全球化"进入社会、经济和文化各个方面,企图抵消其内在矛盾。因而,无论是在理论上还是实践上,社会主义和共产主义"变得比以前任何时候都更需要"[1]。佩珀认为,西方学者应该像团结在《资本主义·自然·社会主义》杂志周围的人那样,认识到社会主义和共产主义与解决当今世界"全球化"所带来的威胁的相关性,要随着历史进程动态地分析马克思主义并使它适应21世纪全球化世界的环境与条件,承认现实的"全球化"世界中物质环境的极端重要性。

第二,解决"生态矛盾"需要社会主义。西方马克思主义者认为资本主义制度有破坏环境和贬低物质环境的资源和服务功能的内在倾向,自由放任的资本主义在全球范围内造成了全球变暖、土地沙漠化、水资源短缺、生物多样性减少及污染物和废弃物增多等严重后果,世界出现了"生态矛盾"。他们认为,生态环境问题并不是不分阶级的,生态环境也不是平等地影响每一个人。他们相信,富人更容易免受环境恶化的影响,也更能采取减缓生态危险的策略去确保自己的生存。而西方政府及一些发展中国家或许承认生态矛盾及其严重后果的存在,但是却不严肃正面地对此事作出回应,因为他们担心在环境方面监管严厉会不利于自己的工商业发展。例如,美国就拒绝签订《京都议定书》。相反,资本主义通过编织"生态现代化"等乌托邦幻想去麻痹人们,宣扬资本主义可以建立人道的、社会公正的、人人可以享受西方富人生活的和经济持续增长的环境观念。在"生态矛盾"现象出现后,"绿色运动"对生态危机发出了警告,严厉地批评了全球化运动,主张可持续发展。"绿色运动"激进成员甚至加入"反资本主义"或"反全球化"运动联盟。佩珀认为,解决晚期资本主义环境和社会难题需要社会主义的原则和条件。因而,他得出的结论是:在资本主义出现生态矛盾的时候,"社会主义和共产主义比它们在以前任何时候都更加具有相关性"[2]。但他同时又指出,他所指的社会主义是一种"真正的社会主义",而不是过去"共产主义"的国家专制体制。

---

[1] 戴维·佩珀.生态社会主义:从深生态学到社会主义[M].刘颖,译.济南:山东大学出版社,2012:前言1.
[2] 戴维·佩珀.生态社会主义:从深生态学到社会主义[M].刘颖,译.济南:山东大学出版社,2012:前言3.

第三，调和"红"与"绿"之间的矛盾需要重建社会主义原则。佩珀认为，"红色"的绿色分子和"绿色"的绿色分子之间存在着很多联系，这种联系甚至在克鲁泡特金等人主张的无政府—共产主义中合二为一，在布克金的社会生态学中组成一个模板。佩珀也同样认为，无政府—共产主义、无政府—工联主义与社会主义之间存在着很大的关联性，而且可能更为重要的是，很多的生态无政府主义者总体上是无政府共产主义者，尤其在深受克鲁泡特金的影响之后，他们主张生产资料和资源共有、资源按需分配和公社收入共享，拒绝资本主义。但是，佩珀在认识到"红"与"绿"之间有进行联合的基础的同时，也看到了两者之间可能存在着难以调和的矛盾。因而，佩珀认为是时候重建社会主义基本原则，填补无政府主义和社会主义两者间的鸿沟。而现代西方领导人和绿色分子的表现都不能对现状产生根本性的改变，因而应该采用更激进的社会主义重构社会。

第四，现实中，绿色政治对社会不公和环境退化的现状不能进行强有力的治理，需要重构更加激进的生态社会主义政治。佩珀认为，20世纪90年代前后，资本主义再一次陷入危机并把危机的影响波及全世界，造成了经济衰退和老中心地带制造业元气大伤。但是，资本主义却将危机转向第二和第三世界，攫取它们的市场、廉价劳动力和资源。资本主义还寻求建立关贸总协定，企图把所有人带进资本主义经济。资本主义的行为使得社会不公和环境退化的影响范围继续扩大，但西方领导人却借用马尔萨斯"过度人口"论调，责难第三世界并依然按照旧政治行事。可是，在这种状况下，"左翼"和绿色分子所承诺的"新政治"却也走向了衰弱，甚至连绿色分子的支持率和成员人数也大幅下降。佩珀认为，绿色政治之所以行不通，就在于绿色政治在变革和组织社会方面，"通常只是对一些非常陈腐的和基本的政治问题的陈旧解决方案进行了翻新"[1]。佩珀认为，既然现实中的社会民主主义和绿色改良主义等都不能扭转资本主义现状，那么社会主义者和绿色分子（无政府主义者）就应该进行"红绿联盟"以重新构建人类社会真正需要的、更激进的和更根本性的生态社会主义政治。

---

[1] 戴维·佩珀.生态社会主义：从深生态学到社会主义 [M].刘颖，译.济南：山东大学出版社，2012:6.

二、生态社会主义社会构建原则

除了对生态社会主义作了总体上的分析外，佩珀还对生态社会主义的主要原则作了总结，并希望把这些原则推荐给无政府主义者、主流绿色分子和激进绿色分子。主要原则具体如下。

（一）人类中心主义原则

佩珀指出，马克思主义是人类中心主义的，它希望通过"支配"自然促进生产力增长从而保障人的物质利益。马克思主义强调以人类为中心，"支配"自然是一种对人类与自然关系的"集体有意识的控制"，不但不会对生态环境造成破坏，反而还会成为解决生态环境问题的契机。他还认为，马克思主义认为除了人的需要之外没有"自然的需要"，人类的需要更应该优于其他非人类需要。况且，马克思主义所主张的人类中心主义不是资本主义所主张的那种以技术中心论为基础的人类中心主义。佩珀强调，如果授予非人自然以特权，将会导致自然保护的精英主义或者严重的厌世主义。此外，在佩珀看来，"人类不是一种污染物质，也不'犯有'傲慢、贪婪、挑衅、过分竞争的罪行或其他暴行"[1]。因此，生态社会主义将会是人类中心主义的和人本主义的，它所主张的人类中心主义就应该是这种保障人类长期利益和集体利益的人类中心主义，而不是那种只追求短期的和个人主义利益的人类中心主义。佩珀相信，生态社会主义拒绝生物道德和自然神化，拒绝任何反人本主义。

（二）人类需求丰富多样原则

生态社会主义认为，社会主义社会需要也会促进人类在某些方面的增长，但是这种增长会受到与历史有关自然资源的限制。也就是说，在生态社会主义里，对于人类改造力量和自然资源的关系，自然会限制人类改造自然的力量，即"最终的自然限制构成人类改造力量的边界"[2]。佩珀认为，在社会组织和环境关系上，

[1] 戴维·佩珀. 生态社会主义：从深生态学到社会主义 [M]. 刘颖，译. 济南：山东大学出版社，2012:282.

[2] 戴维·佩珀. 生态社会主义：从深生态学到社会主义 [M]. 刘颖，译. 济南：山东大学出版社，2012:283.

每种社会经济组织形式都会受到特定的非人类环境等历史条件限制。显然，生态社会主义的社会组织同样也是这样。那么，在生产方式与自然关系上，毫无疑问，自然也要对一个既定的生产方式进行限制。因而，变资本主义的生产方式为社会主义的生产方式就意味着需求的改变，进而带来资源供应的改变并要求解决一系列随之而来的生态问题。佩珀认为，尽管现实中对需求存在限制，但社会主义生产能够实现这些物质需求。生态社会主义在保证所有人在物质生活方面拥有合理的、富裕的"底线"的情况下，遵循多样化的路线，重新界定财富，改变需求，使人类需求在社会主义发展中更加多样和丰富。

（三）不拒绝生产和工业原则

佩珀认为，如果生产和工业本身是具有解放性的而不是被异化的，那么生态社会主义就不应该拒绝它们。他指出，资本主义的生产和工业最初起到了发展生产力的作用，但是现在它们发生了异化并阻碍了合理的发展。因而，资本主义的生产和工业本身必然被社会主义的发展方式所代替。在生态社会主义社会生产和工业中：技术适应包括人类在内的自然却不对自然造成破坏，生产者的能力和控制力得到了强化，生产和工业的计划通过有能力的"国家"或相似制度去实现，在世界范围内对资源开发和分配按需而非按利润进行交换和交流，生产建立在自愿劳动而非工资奴隶制的基础之上，人们希望充分发挥自己的才能并使个人与共同体保持一致。

（四）照顾大多数人的"环境"关切原则

生态社会主义对"环境"和环境问题进行广义的界定，以求照顾到大多数人的关切。生态社会主义认为大多数人的环境问题包括：街头暴力、交通事故和交通污染、城市的衰败、社会服务的缺乏、乡村和共同体的失落、工作风险和健康风险等，而失业和贫穷则是他们最关注的环境问题。生态社会主义认为这些环境问题不只是资本主义特有的，只不过它们在资本主义社会中比过去更严重且更普遍。生态社会主义认为："基本的社会主义原则——平等、消灭资本主义和贫穷、根据需要分配资源和对我们生活与共同体的民主控制——也是基本的环境原则。"[1] 它还认为，某种程度上，在真正的共产主义中，非人的自然不是被破坏而是被改变，更加令人愉快的环境不是被破坏而是被创造。

（五）坚持唯物主义的社会变革和发展原则

生态社会主义在实现共产主义的战略方面，承认对需求的控制，而不是直接绕过资本主义的潜在需求，相信人们作为集体性生产者有能力去创建自己需要的社会。生态社会主义认为，工人运动是社会变革的一个关键力量，并且还可以使自己表现出环境运动的特征。生态社会主义不忽视社会化、教育和观念在社会变革中的力量，相信经济组织和物质力量对意识和行为影响的重要性，相信唯物主义将是社会变革和历史发展的途径，相信阶级分析具有重要性，相信潜藏的阶级冲突仍是社会变革的巨大的潜藏变革力量。

在社会变革上，生态主义反对几种观点。一是反对通过教育和生活方式示范的途径去实现大众意识的革命，因为它认为这种革命方式是有局限性的。二是反对暴力击溃资本主义，因为在资本家控制国家时，这种方式可能不会成功，国家需要以一种为所有人服务的方式才能被接受和被解放。三是反对通过介入资本主义生产管理的方式进行社会变革，因为这种方式不能从根本上解决环境危机。四是反对由一个先锋队发动革命的方式，因为这种方式成功之后容易形成独裁者的无产阶级专政。生态社会主义希望大多数人参与社会变革，它坚信："直到大多数人确实希望它被创造出来并坚持它的时候，一个生态健康的社会主义社会才会到来。"[2]

三、未来社会的构建目标与途径

（一）未来社会的构建目标

佩珀认为未来社会重构的目标就是实现生态社会主义社会。佩珀认为，要实

[1] 戴维·佩珀.生态社会主义：从深生态学到社会主义 [M].刘颖，译.济南：山东大学出版社，2012:284.
[2] 戴维·佩珀.生态社会主义：从深生态学到社会主义 [M].刘颖，译.济南：山东大学出版社，2012:284.

现这一目标，需要把生态主义推向生态社会主义。他强调，生态主义的绿色政治在变革与组织社会方面，通常只是采取翻新陈旧的解决方案来解决陈腐的政治问题；生态主义不仅受到了无政府主义的严重影响，还吸收了深生态学和新时代主义，放弃和怀疑马克思主义和社会主义的理论。佩珀强调，"红""绿"虽然在进行探索性的联盟，但是"红绿运动"还没形成非常有力的、有效的、连贯的和一致的生态社会主义。因而，佩珀认为，生态主义的思维应当被扭转，把马克思主义引进其主流之中，更多地支持共产主义和无政府—工联主义而摆脱无政府主义，遏制无政府主义和深生态学走向自由主义、反人类主义、神秘化和唯心主义的趋势，推进人类社会真正需要的和更加激进的社会主义政治，将生态主义向更加连贯、更强有力和更具吸引力的社会主义形式发展，形成生态社会主义。

（二）未来社会的构建途径

在确定生态社会主义构建目标之后，佩珀认为，应该加强"红绿联盟"，通过社会变革把生态主义和无政府主义推向社会主义，构建未来生态社会主义社会。对于怎样把生态主义和无政府主义推向生态社会主义、怎样构建未来社会的问题，佩珀提出了以下几点主张。

1. 确信马克思主义

佩珀指出，资产阶级学者对马克思主义进行了误读，导致被误导的人们相信马克思主义会带来非人道的、极权的噩梦。佩珀从以下几个方面对资产阶级学者关于马克思主义的误读作出了分析。

第一，资产阶级学者认为马克思主义理论中只有生产，没有需求，也没有货币。佩珀指出，实际上，需求是马克思主义理论的重要组成部分，而且马克思主义理论不仅有货币的内容，还将货币与货币资本作了区分和详尽论述。

第二，资产阶级学者认为马克思把劳动看作所有财富的来源。而佩珀证明马克思是反对这种观点的，他所主张的观点是强调劳动与使用价值对立，交换才是实现价值的源泉。佩珀在《资本论》第二卷中找到了论据："劳动不是所有财富的来源……自然和劳动一样都是使用价值（而且，它当然是物质财富构成）的来

源……" [1]

第三，资产阶级学者认为马克思错误预测了工人阶级的贫困化。而佩珀指明，马克思的预测是以与资本的关系为依据进行讨论的，马克思真正强调的是，在资本控制下，社会整体财富继续上升而工人阶级却相对物质贫困化。而且，马克思所讨论的工人阶级贫困化不仅仅是物质方面，还包括文化方面。

第四，资产阶级学者认为马克思预测利润率将持续下降也是错误的。佩珀指出，马克思实际上讨论的是利润率持续下降的趋势。

第五，资产阶级学者认为马克思的抽象劳动理论错误地预测了资本主义崩溃，而实际上资本主义并没有崩溃。佩珀则指出，抽象劳动理论没有这一主张，而是说资本主义易于产生危机，一个危机的解决导致另一个危机产生，并且资本主义社会中存在着生产的社会性与私人占有制之间的根本矛盾。[2]

佩珀批判了资产阶级学者对马克思主义的故意歪曲，认为马克思主义理论是指引人类社会发展的科学理论。佩珀认为，资产阶级学者从各个角度歪曲马克思主义，企图误导人们相信马克思主义理论是不科学的、会带来非人道的、极权的噩梦。佩珀给马克思主义正名，确信马克思主义对未来社会的构建具有指导意义。

2. 从"红绿相争"到"红绿交融"

佩珀强调，红色的绿色分子与绿色的绿色分子的确存在很多联系，但它们之间在某些基本的社会问题上存在很多争论。例如，他们在人性、决定主义或自由意志、唯心主义或唯物主义、个人主义或集体主义、认知共同体或利益共同体、协商一致或冲突和小规模或大规模等问题上都有争议。佩珀指出，在英国，倾向革命的社会主义与生态主义中的自由主义中间派之间发生了"红""绿"之争，争论的焦点集中于两点：一是抽象劳动价值论和生产成本价值论，二是折衷的生态中心混合论与卢梭浪漫主义的无政府主义。佩珀希望红色分子在以下几个方面去推动绿色分子的观点：一是让他们接受人类中心主义，二是用马克思主义去分析生态危机根源，三是用冲突性的集体方法进行社会变革，四是推动绿色社会的社会主义。佩珀认为，要达到使"红绿相争"转向"红绿交融"的目的，红色分子要和绿色

---

[1] 戴维·佩珀. 生态社会主义：从深生态学到社会主义 [M]. 刘颖，译. 济南：山东大学出版社，2012:3.

[2] 戴维·佩珀. 生态社会主义：从深生态学到社会主义 [M]. 刘颖，译. 济南：山东大学出版社，2012:3.

运动团结起来，使社会主义和无政府主义进行有效的联合，进而填补二者之间的鸿沟。佩珀建议："绿色分子通过放弃那些更接近于自由主义及后现代政治的无政府主义方面而更好地与红色分子协调"[1]；而与此同步，红色分子通过复活传统马克思主义的唯物主义、社会—自然辩证法和非集权主义等社会主义传统而与绿色分子协调。

3. 无产阶级推动社会变革

佩珀指出，马克思主义极力强调个体被社会限制和被物质决定论，因而仅仅通过改变个人观点与态度是无法达到社会变革和摆脱异化状态目标的。因此，他认同马克思的判断："解放作为一种社会动物的个人计划必须与其他人一起来完成。"[2] 佩珀指出，要进行激进的社会变革，人们只能通过集体主义的议会政治、超议会压力、团体行动或革命等传统政治方式。"个人的就是政治的"这种个人主义的方法实现不了社会变革的目的，因为它仅仅通过改变自己的思考和生活方式却拒绝群众革命，拒绝政党政治。无政府主义者对社会变革采取"直接的行动"，不想发动暴力，鄙视"工人崇拜"；主流绿色分子和生态无政府主义者通常轻视无产阶级的存在，否认无产阶级是具有革命性潜力的人，主张用资产阶级的新社会运动方式进行无产阶级革命。传统的社会主义则把工人阶级看作一个有限的整体，把工人阶级看作革命中的主义行动者。佩珀指出，在"红""绿"之间矛盾难以调和、而西方领导人与绿色分子的表现不能对现状产生根本性的改变之时，在重建社会主义基本原则中，应该采用更激进的社会主义。他强调："在讨论激进的生态社会主义变革中的代理人和行为者时，我坚持认为（世界）无产阶级的持续重要性。"[3]

4. 反对乌托邦主义

佩珀认为，马克思主义曾告诫我们要提高对乌托邦主义的警惕，特别是在实现我们目标上要警惕非现实主义的或历史上盲目的方法。佩珀相信，马克思主义会认为绿色无政府主义主张的社会发展道路是不现实的，是乌托邦的，因为它主张小规模共同体，坚持用合作代替竞争，希望绕过国家而走出一个社会民主主义

---

[1]戴维·佩珀. 生态社会主义：从深生态学到社会主义 [M]. 刘颖，译. 济南：山东大学出版社，2012:3.

[2] 戴维·佩珀. 生态社会主义：从深生态学到社会主义 [M]. 刘颖，译. 济南：山东大学出版社，2012:4.

[3] 戴维·佩珀. 生态社会主义：从深生态学到社会主义 [M]. 刘颖，译. 济南：山东大学出版社，2012：前言 3.

式的现实道路。佩珀指出，阿特金森所提出的后现代"激进的相对主义"道路也是乌托邦式的。因为，阿特金森主张抛弃用道德作为检验社会发展方式的做法，而用享乐主义和审美观作为检验标准。而这样必然导致一个各行其是并最终可能许可虐待儿童等现象存在的社会共同体出现，正如哈维所说，它是"指向野蛮的、拒绝辩论与理性和造成死亡集中营的非理性主义"[1]。阿特金森还希望通过接管现存经济的方法去拒绝重组生产，避免采取与资本产生对抗的绿色革命。佩珀批评他的这种革命立场是历史上从来不曾主导革命的乌托邦立场。佩珀劝告绿色分子放弃乌托邦主义，基于互助和自愿原则的乌托邦主义所设想的国家政策会导致经济灾难并最终带来社会混乱。

5. 劳动分工走向现实主义

绿色社会主义与绿色乌托邦主义不同，它将通过复活工联主义传统和基尔特社会主义传统，特别是通过工会、卢卡斯式的运动，以及以劳动为基础的组织来对抗资本的权力。绿色社会主义将社会主义和生态健康视为一种先进的经济结构性特征来寻求。佩珀认为，这一特征将给绿色社会主义提出了一个复杂的劳动分工难题："这种复杂性来自极端的专门化、碎裂化、相互依赖和国际化。"[2]而左翼低估了这种复杂性。当前，绿色社会主义的复杂分工还不能给太多的生产者或消费者匹配预先协调的供给与需求，技术的不兼容导致人们之间的活动不能充分组合和协调，消费者"匿名"消费致使生产者在复杂的经济中生产动力降低，劳动分工不仅很难消除而且还日益变得广泛和深入。因而，塞耶认为要打破劳动分工关系比推翻资本主义社会关系更长久。生态社会要解决劳动分工这个难题，可能需要在"工联主义"（它可能过度强调对地方生产车间的控制，因而不能应对由金融、劳动、商品和国际市场中较大规模的经济问题）和"布尔什维克主义"（它在俄国过度强调了专制的国家控制）之间寻求解决路径[3]，需要通过市场和计划的混合方式来解决。

---

[1] 戴维·佩珀. 生态社会主义：从深生态学到社会主义 [M]. 刘颖，译. 济南：山东大学出版社，2012：277.

[2] 戴维·佩珀. 生态社会主义：从深生态学到社会主义 [M]. 刘颖，译. 济南：山东大学出版社，2012：279.

[3] 戴维·佩珀. 生态社会主义：从深生态学到社会主义 [M]. 刘颖，译. 济南：山东大学出版社，2012：280.

四、生态社会主义社会构建模型

佩珀指出："生态社会主义立足于马克思主义理论的重要目的是促进'实践应用'。"[1] 因而，对于那些旨在进行经济、政治和社会改变的大多数环境行动，生态社会主义持理性支持的态度，并认为激进的社会变革不仅可能，而且还在实践中不断发生。佩珀列举了一些生态社会主义实践事例，这些生态社会主义实践有的通过生产者的集体行动进行，有的通过当地成员直接参与的社区进行，有的通过增强民主的行动进行，有的则通过支持经济生活等目标指向的工人运动进行。虽然佩珀认为这些例子只涉及社会变革的某些方面，事例也不能完全令人满意，但他强调这些实践的事例值得生态社会主义支持和仿效，并希望它们能够与现存秩序斗争，进而产生出新的社会主义社会构建模型。

（一）卢卡斯发展计划

佩珀认为，开展工会运动、组建就业协会等方式可以作为生态社会主义实践。佩珀认为工会和劳工运动能够对环境运动起到积极作用，工会可以对很多项目说"不"。20 世纪 70 年代早期，工人运动促使悉尼发出了有效的"绿色禁令"。例如，亨特高地郊区的女性居民担心开发项目会对帕拉马塔（Parramatta）河岸造成破坏，通过建设者工人联盟（BLF）促成了澳大利亚的第一个禁令。之后，澳大利亚还颁布了东湖和洛克斯等地的禁令。20 世纪 80 年代，英国工人运动成功阻止了向海洋倾倒核废料以及国外有毒废弃物在本国海岸登陆和焚烧的项目。佩珀引用了 J. 默迪（J.Mundey）的观点，认为工会具有多种条件促使"绿色禁令"获得通过。这些条件包括：工会保护普通职员的利益、工会会员为生活条件罢工、工会会员相互支持、建筑工人关心健康和安全、工会具有介入广泛社会问题的历史、工会具有帮助公民的社会良心、工会引起中间阶级介入和工会领导具有共产主义渊源等。但佩珀也承认工会有着自己的不足。例如，工会担心对环境问题的过度关注会加大工会会员的失业风险，担心工会会员失业会破坏工人的团结。对此，佩珀认为生态社会主义应该通过提供非正式工作的方式去克服人们对失业的焦虑。另外，佩

---

[1] 戴维·佩珀. 生态社会主义：从深生态学到社会主义 [M]. 刘颖，译. 济南：山东大学出版社，2012：284.

珀认为组建就业协会有利于生态社会主义实践。他指出，美国环境主义者就业协会（BFE）就在 1975 年至 1984 年间开展活动，平息了美国很多反环境主义风波，还在核议题上取得了一定的成功。

佩珀指出，选择性生产模式有利于开展生态社会主义实践。他认为，在工业生产中，从造成环境破坏的就业模式向选择性生产的就业模式转变得最有影响力的范例就是卢卡斯航空集团工会的选择性发展计划。他强调，虽然这一计划对大多数不参与商品直接生产的工人不适用，但"它包含着这个计划如何与生态主义相容的原则"[1]。卢卡斯航空联合体既要服从政府政策，又要面对市场选择，在这种"政府—市场"双约束模式下，该发展计划运用了一些有益于生态的和选择性技术的工具和方式。例如，该发展计划运用热能交换器、太阳能和风能发动机、铁路运输工具、汽油—电力混合轿车和喷气式飞艇等。该发展计划还对生产过程作出了明确要求：不浪费能源和原料；采用避免结构性失业的密集型劳动；采用非等级制和非异化的生产方式组织生产；与产品服务对象进行沟通；打破技术性与非技术性、科学与人力的工作差别；发挥生产者技术的优势和自我实现的能力。

佩珀认为卢卡斯计划是革命性的，主张以工人阶级的利益来重建工业，重新界定了经济理性，宣扬了工人联合的权力。但他同时指出，该发展计划遭到了英国现存制度的拒绝，只得到了极少人的支持。

（二）城市自治社会主义

佩珀认为，"城市自治社会主义"也有利于生态社会主义实践。佩珀指出，20 世纪 80 年代，很多有左翼倾向的工党地方委员会与环境团体合作，形成一种"城市自治社会主义"。这种"城市自治社会主义"在两个方面与生态社会主义原则目标相通：一是改善"自然的"、人造的、社会的和经济的城市环境。二是通过民主介入和发动社区改善城市环境。20 世纪 80 年代，工党主导下的大都市当局协会（AMA）出台政策，鼓励地方政府部门进行联合，促进地方和社区的自我管理，改善住房条件，修葺公园，开发荒废土地，兴建娱乐中心，改善城郊状况。此外，

---

[1] 戴维·佩珀.生态社会主义：从深生态学到社会主义 [M].刘颖，译.济南：山东大学出版社，2012:288.

大都市当局协会还在实践中做了大量的工作，例如，推动利兹（Leeds）的城市绿化和伦敦的水草地等项目。当然，佩珀也指出大都市当局协会也面临现实困难。由于中央政府不断地削减中央机构财政和政治权力，大都市当局协会在一些地方面临着很大的困难。例如，布拉特福德市的一个委员会试图把"社区环境计划"和"邻居论坛"向地方居民推广，却遭到右翼的敌视和一些有利益关联的当事人的漠视。

佩珀指出："城市自治社会主义不是革命性的，但它确实接受了一些重要的生态社会主义原则。"[1]他认为，"城市自治社会主义"集中解决了生活场所的环境问题，倡导用民主社会主义的观点去规范、控制、完善甚至消除市场，尝试影响地方民主，介入财富再分配、工作与环境等方面的问题，要求改变土地所有制。并且，其环境纲领可以与工人运动相结合，推动生态社会主义实践。

（三）蒙德拉贡合作社

佩珀指出，卢卡斯发展计划和城市自治社会主义在一定程度上具有"对抗资本主义"的特点，应得到生态社会主义者的支持。同样，一些战略在一定程度上对乌托邦社会主义和无政府主义具有"警示性"作用，生态社会主义者也应该予以支持。因为，这些战略多半致力于集体的经济生活。左翼把西班牙蒙德拉贡合作社作为致力于集体经济生活的最好范例。

蒙德拉贡合作社（现为蒙德拉贡联合公司，MCC）是一个工人的自由联合的合作社、大联盟。蒙德拉贡合作社规模较大，2003 年其社员就超过 16 万人。合作社生产经营范围广，能够生产多种产品，尤其以家用电器最为出名。因受到乌托邦社会主义的影响，它接受了一些社会主义原则：工人代表大会负责经理的雇佣与解聘；缩小工资差别；工资按既定比例从财政抽取；财政剩余主要用于创办更多企业和创造就业机会；财政由专设二级合作社"人民银行"管理；完善的二级合作社系统分别提供零售、教育、健康和福利等方面的服务。此外，当合作社达到一定规模后，必须进行拆分。

---

[1] 戴维·佩珀.生态社会主义：从深生态学到社会主义 [M].刘颖，译.济南：山东大学出版社，2012:292.

佩珀认为，从理论上说，合作社是社会主义纲领的一部分。[1]因为，在合作社里，人们可以控制自己的工作，获得更高的工作满意度，获得更好的工作条件，释放自己的潜能，创造更高的效率，形成良好的工作关系，致力于公益生产，保护健康和环境。但佩珀同时也承认，由于缺少工人运动的鼎力支持，英国的调查很少有证据表明："合作社是全国水平上社会主义所有制的平台。"[2]另外，佩珀还指出，要实现无货币的社会主义经济，应该在它与合作社这种"自由企业"之间插入地方货币这一"中间阶段"。

[1] 戴维·佩珀. 生态社会主义：从深生态学到社会主义 [M]. 刘颖，译. 济南：山东大学出版社，2012：292.
[2] 戴维·佩珀. 生态社会主义：从深生态学到社会主义 [M]. 刘颖，译. 济南：山东大学出版社，2012：292.

第六章
戴维·佩珀生态社会主义思想的评析

　　戴维·佩珀的生态社会主义思想吸收了马克思主义自然观等思想，也受到了法兰克福生态危机思想、结构主义的马克思主义和 20 世纪其他生态学马克思主义思想的影响，在生态运动中逐渐形成和发展起来。这一思想深刻揭示了生态危机和社会不公正的根源并提出了解决生态危机和社会公正的策略。通过对佩珀生态社会主义思想的分析，我们认识到其包含着很多合理的成分，但同时又会发现其思想中具有严重的局限性。

第一节　佩珀生态社会主义思想的合理性

佩珀生态社会主义思想虽然形成于 20 世纪 90 年代，但它是在吸收多种理论成果的前提下，在生态运动中逐渐形成的理论成果。佩珀第一个提出了"红色绿党"概念，标志着生态社会主义在理论上的成熟。[1]佩珀对生态社会主义的贡献还在于,他清晰地展现出了"红色绿党"与"绿色绿党"的分歧，论述了生态社会主义与生态主义在政治上、理论上和哲学文化上的对立，阐明了生态社会主义的基本原则，构建了生态社会主义未来社会，包含着很多合理的成分。

一、使生态社会主义带有鲜明的"红色"立场

佩珀与其他生态社会主义代表人物的思想最根本的区别就在于其思想具有鲜明的"红色"，即把马克思主义引入生态政治学之中。佩珀的生态社会主义思想在方法论上坚持了马克思主义中的历史唯物主义分析方法、阶级分析方法和辩证唯物主义分析方法等马克思主义基本方法论，在立场上坚持了马克思主义的基本立场。

（一）坚持了马克思主义基本方法论

佩珀认为西方人在一定程度上都受到了马克思主义方

[1] 周穗明 . 西方生态社会主义与中国 [J]. 鄱阳湖学刊，2010（2）:23-29.

法论影响，无论是自觉的还是不自觉的，他们在生活和思考方式中很明显地应用了马克思主义的方法论。佩珀不仅肯定了马克思主义方法论的意义，而且还在他自己的理论中坚持了马克思主义基本方法论。

1. 坚持了历史唯物主义分析方法

马克思拒绝了黑格尔的唯心主义观点，反对把历史当作观念进步的历史观，而主张物质生活是历史概念的起点。因而，佩珀认为："马克思解释社会如何演变的方法从根本上说是唯物主义的。"[1]

佩珀认为，马克思唯物史观把物质生产和商品交换作为构成社会的基础，把物质生产作为人类与自然相互作用的方式。在经济基础与上层建筑之间的关系上，要想使经济基础和上层建筑达到一致，上层建筑的变革——包括观念与价值的激进变化——如果没有基础方面，即经济的和物质生产方式，以及它所对应的社会和社会与自然关系的相应变化，不可能顺利完成。[2]在生产力与生产关系上，佩珀认为马克思的模式是：生产力决定生产方式，生产方式又决定了生产关系。在历史的和经济的决定论方面，很多人批评马克思的社会与历史观是决定论的，但佩珀认为生产力、生产关系不是一个狭隘的经济概念，为马克思主义辩护。

在佩珀的生态社会主义思想中，他认为资本主义生态危机的出现，最根本的原因不在于"过度人口"，而在于资本主义的生产方式和生产关系之间的矛盾；生态矛盾的解决在于打破原有的资本主义制度而建立生态社会主义制度，而不是改变人的观念。在人与自然之间的关系问题上，人与自然的关系强烈地受到生产方式的影响。因而，当人与自然关系失衡时，应该责备的不仅仅是个性贪婪的垄断者或消费者，还包括这种生产方式本身，即处在生产力金字塔之上的构成资本主义的生产关系。[3]佩珀认为历史聚焦于不同生产方式的转换，而每一个生产方式都有一个与之相适应的具体的与自然相处的关系模式。在社会变革问题上，他主张通过制度的变革，而不是观念的变革。在无产阶级在社会变革中的作用问题上，佩珀指出，似乎目前马克思的一些假定无产阶级在社会变革中起关键作用的"历史规律"被证明不正确，但也不表明马克思主义方法是失败的。佩珀认为社会变

[1] 戴维·佩珀. 生态社会主义：从深生态学到社会主义 [M]. 刘颖，译. 济南：山东大学出版社，2012:79.

[2] 戴维·佩珀. 生态社会主义：从深生态学到社会主义 [M]. 刘颖，译. 济南：山东大学出版社，2012:81.

[3] 戴维·佩珀. 生态社会主义：从深生态学到社会主义 [M]. 刘颖，译. 济南：山东大学出版社，2012:105.

革需要无产阶级，不能轻视无产阶级革命的潜力。他指出，没有先验的原因是生态社会主义不与工人运动和社会主义相连。在历史发展问题上，佩珀毫不怀疑资本主义被社会主义所代替的必然性。

2. 坚持了阶级的分析方法

20世纪初，佩珀的代表作《生态社会主义》中文版即将面世之际，他被"社会主义和共产主义已经死亡"论调包围。持有"社会主义和共产主义已经死亡"这一观点的人认为，社会主义和共产主义与当今全球化的世界已经没有了关联。他们认为，从现实中的"社会主义"国家的错误中，他们看到社会主义造成的环境污染和其所承受的实践后果。因而，他们得出结论："围绕工业化与现代化成果的阶级斗争已经被由工业化和现代化引起的环境与其他风险分配的争论所代替。这些风险的特征是，它们平等地影响所有的阶级。"[1]

对于这一问题，佩珀用阶级的方法进行了分析。他认为，资本主义具有破坏生态环境的内在倾向，正在发生的"生态矛盾"是由自由放任的资本主义所导致的。并且，他认为，"生态矛盾"是分阶级的，也不是平等地影响每个人。因为富人更容易免受影响并保护自己。此外，西方政府还拒绝采取严厉的生态环境政策，拒绝签订相关环境协议，拒绝承担环境污染后果，把环境污染成本外化，实行"生态帝国主义"，试图通过全球化把世界拉入资本主义，采取"过度人口"论推卸生态责任，编织"生态现代化"等乌托邦幻想，假定在资本主义条件下人道的和社会公正的环境是有可能的。佩珀认为，资本主义在编织"生态骗局"，资本主义生态危机加剧了社会不公正和环境退化。

在社会变革上，佩珀也坚持了阶级的分析方法。佩珀认为个体被社会限制并被物质决定，因而社会变革和摆脱异化状态需要通过集体的行动。佩珀指出，要进行激进的社会变革，人们只能通过集体主义行动。他认为个人主义方法无法实现社会变革的目的。因而他反对无政府主义者"直接行动"的社会变革方式，反对绿色分子和生态无政府主义者轻视无产阶级和否认无产阶级革命潜力的做法，反对资产阶级采取新社会运动革命方式。佩珀强调无产阶级对推动社会革命的重要性，希望通过"红""绿"联盟实现更激进的社会主义。

---

[1] 戴维·佩珀. 生态社会主义：从深生态学到社会主义 [M]. 刘颖，译. 济南：山东大学出版社，2012: 前言 1.

3. 坚持了"社会—自然"辩证法

佩珀认为，技术中心主义者认为人类应该控制自然，而生态中心主义者则认为自然应该制约人类活动。显然，技术中心主义者和生态中心主义者把自然与社会关系孤立起来。而马克思主义者则不同，提出了辩证法的观点，把自然和社会看作有机统一体。马克思社会—自然辩证法认为，人类社会与自然并不截然分离，而是互为彼此的一个组成部分——人类行为是自然的，而自然又产生于人类社会；人类社会与自然在一种循环中相互渗透并相互作用——人类社会改变自然，改变了的自然进一步影响人类社会。

在佩珀看来，马克思社会—自然辩证法是有机的和一元的，所以马克思的社会—自然辩证法既避免了唯心主义的片面性又消除了唯物主义的极端化。他认为马克思社会—自然辩证法有三个特点：一是拒绝承认封建主义和资本主义社会中神秘化、宗教化的唯心主义"超自然的领域"的存在。二是拒绝资本主义的那种粗俗而丑陋的唯物主义——强迫制造出一个"无生机的和中立的，并建立在古典科学剥削性和统治性道德基础之上"[1]非自然的世界。三是马克思哲学不否认外部物质客体的重要性，也不否认客观规律的存在，但是，马克思哲学也强调人类与自然的相互作用。因而，马克思的哲学消除了人类与自然、主观与客观、事实与价值等传统的二元对立。[2]

佩珀认为，按照马克思的观点，"自然是一个社会的概念，尽管曾经存在一个'客观的'自然，但它现在已被它自身的一个方面——人类社会所重塑与重释"[3]。那么，自然异化就意味着把自然视为一个失败的社会产物。[4]这种失败就意味着人类社会在其创造"第二"自然的过程中，自身的行为成为反对自己的力量，在与自身作对。从而，人类自身的社会行为偏离了使自然环境适合人类生存和发展的方向。因此，自然异化问题的根源来自人类自身的行为。佩珀认为，马克思的社会—自然辩证法不仅告诉了人们自然异化的实质，还向人们指明了走出自然异化的道路。佩珀

---

[1] 戴维·佩珀. 生态社会主义：从深生态学到社会主义 [M]. 刘颖，译. 济南：山东大学出版社，2012:132.

[2] 陈学明. 当今比以往任何时候都更需要马克思主义的理论和实践——评戴维·佩珀对马克思生态理论当代意义的揭示 [J]. 社会科学辑刊，2011（02）:16.

[3] 戴维·佩珀. 生态社会主义：从深生态学到社会主义 [M]. 刘颖，译. 济南：山东大学出版社，2012:130.

[4] 戴维·佩珀. 生态社会主义：从深生态学到社会主义 [M]. 刘颖，译. 济南：山东大学出版社，2012:130.

指出："对马克思来说，克服自然的异化意味着，通过消除它虚假的外部性和控制与规范它对整个社会的用处来坚持自然的人性。"[1]

因而，在佩珀的生态社会主义实践中，他主张人类中心主义，认为应该关照"人类尺度"。他不赞成极端的生态中心主义的主张，但也不赞同极端人类中心主义的观点，他推崇一种"弱"的人类中心主义。

（二）坚持和维护了马克思主义理论

1. 坚持了马克思主义的基本立场

随着研究的探索和深入，戴维·佩珀认识到马克思主义理论内涵丰富，是受马克思激发但由许多其他学者发展起来的知识系统。它试图分析社会如何运作及如何改变，重点剖析了社会如何从封建主义向资本主义转变，资本主义如何运转和将如何停止运转，认为资本主义会让位于社会主义，最终实现真正的共产主义。[2]不是像许多人所认为的那样，马克思主义是"一种政治学说"、一种纯抽象的"哲学"。佩珀还认为，马克思主义对资本主义进行了毁灭性的批判，威胁到西方国家中很多人的利益，因而那些认为马克思主义已经度过全盛时期的观点是有目的的，也是错误的。当面对"社会主义和共产主义已经死亡"的论调时，佩珀坚信社会主义和共产主义理论与实践变得比以前任何时候都更需要。[3]佩珀坚信，马克思主义理论为人类发展指明了方向，马克思主义理论已经影响到西方社会的每一个人的思维方式，并且导致他们或多或少地成为马克思主义者。佩珀反对希伯朗等把马克思主义的社会主义与教条主义和极权主义联系起来，而主张"内在于马克思主义中的社会主义观点蕴含着极权主义的反题"[4]。在马克思主义中的社会主义里，随着生产资料的共同所有制与相应的私有财产关系和阶级的消除，人们将会获得比他们现在所拥有的更多的自由。[5]

2. 坚持了马克思主义人类中心主义立场

马克思认为在人与自然的关系中，人应该处于主体地位。马克思主张人类只能

[1] 戴维·佩珀. 生态社会主义：从深生态学到社会主义 [M]. 刘颖，译. 济南：山东大学出版社，2012:130.
[2] 戴维·佩珀. 生态社会主义：从深生态学到社会主义 [M]. 刘颖，译. 济南：山东大学出版社，2012:70.
[3] 戴维·佩珀. 生态社会主义：从深生态学到社会主义 [M]. 刘颖，译. 济南：山东大学出版社，2012: 前言 1.
[4] 戴维·佩珀. 生态社会主义：从深生态学到社会主义 [M]. 刘颖，译. 济南：山东大学出版社，2012:135.
[5] 戴维·佩珀. 生态社会主义：从深生态学到社会主义 [M]. 刘颖，译. 济南：山东大学出版社，2012:135.

是以人类为中心，除了人类自身的需要之外，没有"自然的需要"。当人与自然发生矛盾时，人类只能从人类意识的角度去考察自然，去优先考虑人类的利益。佩珀认为马克思主义是人类中心主义的，他相信马克思主张——没有人类权利的自然权利是没有意义的。在不破坏自然的情况下，佩珀强调人类利益是正常的且是自然而然的。佩珀还坚信马克思主义所主张的人类中心主义蕴含着传统人文关怀，与资本主义宣称的"人类中心主义"有着本质区别。他相信马克思的人类中心主义既追求物质利益，又追求"人类的精神福利"，是一种长期的、集体的和持续发展的人类中心主义，不是资本主义社会的或传统的人类中心主义。佩珀认为，要解决在环境问题中的社会不公正的问题，当下要做的是坚持人类中心主义。因为，他坚信只有马克思的人类中心主义才能有利于社会公正的匡扶、贫困的消除和环境的改善。

3. 坚持了马克思对资本主义前途的判断

马克思对资本主义发展前途所下的结论是："资产阶级的灭亡和无产阶级的胜利是同样不可避免的。"[1]然而，在社会主义发展史中，社会主义所走的道路并不平坦，特别是"苏东剧变"之后，社会主义发展进入了低潮期。当苏联与东欧社会主义国家发生"剧变"之际，"社会主义和共产主义已经灭亡"的论调甚嚣尘上，但佩珀坚信当今世界比以往任何时候更需要社会主义和共产主义，并坚信资本主义必定会被社会主义取代。佩珀分析并揭示了资本主义"生态危机"的根源，从生态层面对资本主义进行批判。他坚信在资本主义制度下生态危机无法得到解决，因而必然需要一种更激进、公正和生态友好的社会主义制度来取代资本主义制度。虽然佩珀对资本主义被社会主义代替的分析角度与马克思、恩格斯的分析角度不同，但是他却只是换了另外一个角度进行论证，得出的却是与马克思相同的结论，与马克思对资本主义发展前途的判断相符。

4. 把马克思主义思想引入著作

1984年出版的《现代环境主义根基》在阐释现代环境主义的历史和哲学根源过程中把马克思主义思想引入当代环境议题中来。佩珀在该书中阐明，面对生态危机，我们应该从马克思主义理论中去寻找如何与自然相处、理解历史发展与社会变

---

[1]马克思,恩格斯.马克思恩格斯文集:第2卷[M].中共中央马克思恩格斯列宁斯大林著作编译局,译.北京:人民出版社,2009:43.

化等问题的答案。此后，马克思主义理论开始成为佩珀的研究重点。在佩珀的生态学马克思主义代表作《生态社会主义：从深生态学到社会正义》一书中，他通过对马克思、莫里斯、克鲁泡特金、无政府工团主义等观点的描述，对绿色政治和环境运动从人类中心主义角度进行了分析。为了提出一种激进的生态社会主义，佩珀拒斥生态中心主义，批评了对经济增长和人口增长加以简单化限制的观点。与此同时，他又揭示了后现代政治和深层生态学在绿色观点方面的局限和内在矛盾。他力图把马克思主义、无政府主义和深层生态学的观点综合成一种激进的绿色政治。[1]

5. 坚持用马克思主义领导生态社会主义

E.F. 舒马赫（E.F.Schumacher）等众多绿色分子曾认为，马克思主义是刻板的、决定论的和缺少人性主义与精神向度的，它的历史观也是过分"科学化的"，它的论著大多数也被证明是错误的和具有极权主义性质的。佩珀指出，绿色分子对马克思主义的批评通常是全部或部分错误的。首先，佩珀强调，马克思主义对资本主义进行了透彻的分析，但比这更重要的是马克思主义还为绿色分子提供了比这更多的东西。马克思主义辩证地看待社会和自然之间的关系，不仅与生态中心主义者和技术中心主义者在社会—自然关系方面的看法不同，而且还向二者同时发起了挑战。其次，佩珀还强调，马克思主义信奉社会主义，对社会变革持历史唯物主义的方法，在很大程度上也支持了人类中心主义观点，甚至坚决主张："自然的权利（生物平等主义）如果没有人类的权利（社会主义）是没有意义的。"[2] 再次，佩珀还强调，对马克思观点的重视还能够使生态主义获得一致性，可以将无政府主义的进步因素与马克思主义观点结合起来，避免使绿色社会主义成为以前那样倾向于极权主义的"社会主义"形式。此外，佩珀还认为，马克思主义的社会主义形式还能为"生态危机"的解决提供许多教益，他认为马克思主义相对于生态社会主义而言就像一剂"解毒剂"。因而，佩珀主张把马克思主义贯穿于"绿色战略"。

6. 坚持用马克思主义判断派别

由于繁多的所谓的"马克思主义者"的存在，佩珀认为很难察觉出他们的内在一致性，因而他支持希伯朗用四个基本元素来界定马克思主义者的标准。希伯

---

[1] 俞吾金, 陈学明. 国外马克思主义哲学流派新编·西方马克思主义卷：下卷 [M]. 上海：复旦大学出版社, 2002：652.
[2] 戴维·佩珀. 生态社会主义：从深生态学到社会主义 [M]. 刘颖, 译. 济南：山东大学出版社, 2012:4.

朗认为一个人在历史与社会变化观点上拥护这四个基本元素，那么他就称得上一个马克思主义者。第一个观点是资本观，这也是马克思社会分析的起点。第二个观点是认识的辩证方法，即认为事物的基本特征为运动和冲突的，而非静止和稳定的。第三个观点是他对历史的唯物主义方法。第四个观点是解决问题的目的在于改变世界而非研究世界。佩珀认为希伯朗的观点是有用的，表明他在区分马克思主义和马克思主义者这一问题上是坚持马克思主义的基本标准的。

在生态运动中，多个政治派别参与其中，并纷纷提出自己的主张，佩珀把它们划分为"红色绿党"和"绿色绿党"并加以区分。而划分的标准就是看这些派别是支持社会主义基本原则还是支持无政府主义原则。

二、从生态和社会正义视角继承和发展马克思主义

佩珀的生态社会主义思想不仅吸收了法兰克福生态危机理论、结构主义思想，还吸收、继承了马克思自然观和相关思想，更为重要的是，佩珀在吸收和继承的同时还从生态视角和社会公正的视角发展了马克思主义。

（一）佩珀对马克思主义的吸收和继承

在佩珀生态社会主义代表作《生态社会主义：从深生态学到社会正义》一书中，他在占该书三分之一篇幅的第三章中，从多个角度论述和分析了马克思主义理论与生态的关联性，吸收了马克思主义自然观及相关思想，主要表现在以下几个方面：第一，佩珀吸收了马克思的历史唯物主义方法，接受了生产方式决定论，找到了解决环境问题的入手之处。第二，佩珀吸收了马克思的劳动价值论和剩余价值论，揭示了生态矛盾的制度根源。第三，佩珀吸收了马克思关于自然与环境的观点，找到了资本主义反生态的原因。第四，佩珀吸收了马克思的"人口—资源"理论，揭示了人口过剩和人类饥饿问题的原因。第五，佩珀吸收了马克思的"社会—自然辩证法"，找到了克服自然异化的途径。第六，佩珀吸收了马克思的人类解放学说，找到了理性调节人与自然关系的方法。

除了对马克思主义中具体思想的吸收和继承之外，佩珀的生态社会主义思想

还吸收和继承了马克思主义对人的关怀，他在人的异化、人的发展、人的解放、社会公正、人与自然的关系、社会发展等问题上与马克思的思想基本保持一致。马克思的人文关怀情结与马克思主义生态观及相关思想为佩珀生态社会主义思想的形成、发展与成熟奠定了坚实的理论基础，也是其思想比其他生态社会主义代表人物思想更具"红色"和激进倾向的根本原因。

（二）佩珀对马克思主义的发展

佩珀没有停留在马克思主义的理论成果和对其人文情怀的吸收和继承上，他还把自己所在时代面临的生态危机和社会公正等现实问题，以及未来社会构建理想融入马克思主义理论中思考，并试图借助马克思主义理论寻找解决问题、实现理想的新路径。因此，佩珀在某些方面为马克思主义的发展做出了新贡献。

1.挖掘了马克思主义中丰富的生态学思想

对于马克思主义是不是生态中心论这一问题，不同的派别存在着很大的分歧，佩珀认为马克思、恩格斯著作中有明确的生态思想。奥康纳认为，马克思主义的历史唯物主义贬低自然对人类的影响和自然的经济规律，强调人类如何改变自然，因而马克思主义并没有"扎根于生态科学"。J.德里格（J.Deleage）认为马克思集中分析"资本—劳动关系"，失去了探究"社会—自然"关系的机会，因而马克思只有个"社会—自然"的总体概念。J.马丁内斯·阿里尔（J.Martinez-Allier）甚至认为不存在马克思主义的生态学流派，其原因就在于：马克思在《哥达纲领批判》中表达了无限追求社会主义生产力的历史观。还有一些人认为马克思和恩格斯坚持增长观念，过分强调生产的作用，尤其强调了商品生产的作用。甚至还有部分生态主义者认为马克思主义本身具有"生态原罪"。但佩珀等人相信马克思主义确实包含着足够的生态学观点。因为，他们在马克思和恩格斯的一些早期著作及《政治经济学手稿》《资本论》《反杜林论》《自然辩证法》等著作中都发现了明确详尽的生态立场。佩珀甚至赞同J.G.维兰科特（J.G.Vaillancourt）把马克思、恩格斯称作"人类的、政治的和社会生态学的先驱"的观点。

2.从生态危机层面论证了"两个必然"

马克思主义是从经济危机层面论证"两个必然"，而佩珀则是从生态危机层面论证"两个必然"。马克思、恩格斯在《共产党宣言》中指出："资产阶级的灭亡和无产阶级的胜利是同样不可避免的。"[1]这句话后来被解读为"两个必然"——"资本主义必然灭亡，社会主义必然胜利"。马克思、恩格斯"两个必然"理论是从经济危机层面论证的。而佩珀则是从生态危机层面论证了资本主义被社会主义代替的必然性。佩珀认为，资本主义制度内在地对环境不友好，资本主义的生产方式导致了生态危机。而生态危机所造成的影响不仅体现在生态环境的破坏上面，还体现在人与人之间不公正的关系上面，以及在发达资本主义国家与发展中国家和落后地区的不平等的国际关系上面。佩珀揭示了生态危机与资本主义制度之间的矛盾，对资本主义社会进行了批判，认为解决生态危机的根本出路就在于对资本主义生产方式和资本主义制度进行变革，建立生态社会主义社会。

3. 把生态实践纳入社会主义

资本主义具有反生态性，是反生态实践的，而佩珀要求把生态实践纳入社会主义。资本主义生产方式造成了生态环境的破坏，而当生态危机发生后，资本主义不从实践中去改变其生产方式，而采取编织生态骗局的方式，实行生态成本外化，推行"生态帝国主义"并把整个世界拉入资本主义全球化进程中。从根本上讲，资本主义也是反生态实践的。深绿生态中心主义和无政府主义，强调从改变人的观念和改变生活方式上去建立生态乌托邦，同样也没有注重生态实践。早期的生态社会主义者主要从生态危机的根源探索、生态危机的克服和生态社会主义的构建等方面进行理论分析，没有重视生态实践。虽然马克思主义蕴涵着丰富的生态思想，但在后来较长一段时间的社会主义实践中，建设的重点不是放在社会政治制度建设上就是放在经济建设上，忽视了生态建设。其结果是，传统的社会主义国家也产生了严重的生态问题。更有绿色分子认为，在马克思那里，根本就没有生态内容，因而以此推论，马克思所主张的社会主义发展中没有生态内容。而佩珀则对主流绿色分子以及无政府主义绿色分子错误的生态行动纲领作了批判，提出了"红绿联盟"构想，主张进行激进的社会变革。在佩珀的生态社会主义社会实践中，他也提出了很多具体的方案，要进行绿色发展，建立生态良好和人与自然和谐的社会。显然，佩珀把

---

[1]马克思,恩格斯.马克思恩格斯文集：第2卷[M].中共中央马克思恩格斯列宁斯大林著作编译局,译.北京：人民出版社,2009：43.

生态实践纳入了传统的社会主义，推动了社会主义建设。

4.为人类社会发展提供了"新模式"

佩珀所构想的生态社会主义为人类未来社会发展提供了一种"新"的模式。在佩珀构建的生态社会主义社会里，除了把生态纳入了社会主义去推动社会主义绿色发展之外，佩珀还把"正义"引入生态社会主义，因为他相信："一个适当的生态社会在本质上不能支持社会不公正。"[1] 因而，佩珀主张在未来社会主义社会和共产主义社会的发展中，生态环境应该是健康的，政治制度应该保证社会公平正义。在处理人与自然之间的关系上，佩珀构想的生态社会主义社会遵循"人的尺度"原则，推行"弱"的人类中心主义。此外，在经济发展上，佩珀主张适当地促进经济发展而不过度生产；在人民生活上，佩珀主张满足人们生活需要而不过度消费；在区域和国际关系上，佩珀主张建立共同体或公社及其联盟，推行基层协商民主而杜绝国际贸易不公。总的来说，佩珀所构想的生态社会主义社会为未来人类社会的发展提供了一种"新"的模式，也丰富了马克思主义关于社会主义发展模式的思想。

三、从生态危机根源中探索生态危机解决方案

（一）揭示了生态危机的根源

马尔萨斯认为生态危机是"过度人口"造成的。绿色主义者则认为生态危机是人类"作威作福的态度"引起的。生态主义者认为资本主义社会出现的生态危机不是资本主义所特有的，社会主义社会也有生态问题。因而，生态主义者认为生态危机出现的根源不在于生产关系，而在于阶级社会里人与人之间的等级关系和统治意识。他们相信，无论资本主义还是社会主义，正是这种人与人之间以及人与自然之间的这种等级关系和统治意识导致了生态危机的出现。

而佩珀持有不同观点，他从多个方面论述了资本主义社会的生态矛盾。佩珀认为资本主义具有严重的生态矛盾，这种生态矛盾体现在多个方面：（1）资本有过度生产的内在倾向，希望其生产的全部产品被市场购买。（2）投资者不断扩大利润边界的竞争驱使资本主义和新自由主义经济学在全球蔓延。（3）激烈的竞争促

---

[1] 戴维·佩珀. 生态社会主义：从深生态学到社会主义 [M]. 刘颖，译. 济南：山东大学出版社，2012：340.

使资本主义的生产和投资追求短期利益，要求提高生产力，促使公司产生降低保护环境成本的倾向。例如，通过使用末端治理方式而不是通过使用预防性的生产技术去处理污染问题；或者通过环境成本外化于整个社会，让全社会承担环境退化成本，而不是通过预防性技术或无垃圾生产的方式来防止环境的退化。（4）资本不断扩大和循环，加速了消费文化的蔓延，以支持大众消费市场。这啃噬了资源基础，造成更多的污染。而对材料进行循环使用的有限尝试又不足以弥补生产中所造成的原材料和非再生能源的消耗。（5）面对风险社会所产生的诸如全球变暖、核泄漏等环境和社会的威胁，资本主义赖以生存的生产基础最终会走向崩溃。

通过对这些生态矛盾的具体表现进行分析，佩珀认为资本主义制度在本质上具有反自然和反生态的特性，他强调生态危机的根源在于造成社会不公正的资本主义的生产关系。在资本主义生产关系中，生产方式不仅造成了生产的异化，而且还导致了消费和生活的异化，破坏了人与自然的关系；资本主义生产的逻辑就是资本追逐利润最大化，生产目标在于追求利润最大化而不考虑自然的承受能力。正是这种不公正的生产关系导致了人与人之间以及人与自然之间的关系出现了异化和破坏，从而导致了生态危机的发生。

（二）提出了解决生态危机的方案

佩珀认为，生态危机的根本解决方案不在于解决人口问题，他相信在社会主义条件下，自然可以给人们提供基本的生活资料。佩珀还认为，生态危机的根本解决方案也不在于改变人性的观念，因为他相信在社会主义社会中，人们有追求共同体的意识。佩珀批判了生态主义解决生态危机的方案。因为生态主义者更多地受到无政府主义的影响，主张通过改变个人生活方式、建立公社和采取非暴力的"直接行动"等方式解决生态危机问题。此外，佩珀认为生态殖民主义、自由市场和科学技术也都无法解决资本主义生态危机问题。而佩珀相信在资本主义制度条件下，资本主义无法解决生态危机问题，"可持续的、生态健康的资本主义发展是一个措辞矛盾"[1]。因而，佩珀认为，只有用更激进的和社会公正的生态社会主义才能彻底解决生态问题。而要达到这一目标，他主张更多地恢复社会主义的原

---

[1] 戴维·佩珀.生态社会主义：从深生态学到社会主义 [M].刘颖，译.济南：山东大学出版社，2012:267.

则而放弃无政府主义的自由主义倾向，实现"红"与"绿"的联盟，实现工人运动与绿色运动大联合，进行激进的社会变革。

四、从资本主义制度批判中构建未来社会

为了彻底解决资本主义生态危机问题，佩珀认为必须建立一个新型的社会体系——生态社会主义社会。他所构建的生态社会主义社会具有以下几个明显的特征。

（一）坚持"弱"人类中心主义，实现人与自然和谐发展

佩珀坚信，在未来生态社会主义社会里，生态中心主义应该被摒弃，传统社会主义所主张的人文主义应该得到恢复，人类的需要应该优于非人类的需要，最终使得人类中心主义得以实现。但是，佩珀所主张的人类中心主义不同于传统的人类中心主义，也与资本主义所主张的以技术为基础的人类中心主义不同。它强调"支配"自然而反对"统治"自然；它强调"人的尺度"，认为只有人的需要，没有自然的需要；它强调人与自然的主客之分，但反对彼此的分离；它反对生物道德和自然神秘论，但同时也承认自然对于人类具有道德、审美等价值；它反对技术中心论，但又相信科学技术的作用。佩珀认为，未来生态社会主义社会中的人类中心主义是一种"弱"的人类中心主义，它认为人类社会与自然的关系是辩证的，彼此体现着对方，自然是人类社会的自然，人类活动也是自然的活动。可见，佩珀所主张的"弱"的人类中心主义是一种致力于人类可持续发展和人类集体长期利益的人类中心主义。它与资本主义社会和传统社会主义社会中的人类中心主义具有明显的不同，它超越了生态中心主义的政治立场，构成了其未来生态社会主义社会构建中的一大鲜明特征。

（二）支持经济理性增长，追求人们生活幸福

20世纪90年代以前，在"增长的极限"的理论影响下，较多的生态社会主义者赞成经济实行零增长。而约翰·斯图尔特·穆勒（John Stuart Mill）则强调应稳定经济增长与人口增长之间的关系，放慢工业增长速度，追求生产质量而不盲目追求数量，避免因追求量的发展而导致生态环境质的破坏。在穆勒的"稳态经济"

观点启发下，佩珀认为，生态社会主义的增长必须是一个理性的、为了每个人的平等利益的有计划的发展。[1] 如果经济停滞不前或衰退，资本家所获利益会下降，工人的生活水平也会降低，生态环境的保护活动就会受到抵制。因而，经济理性和人性地增长将是有益于生态的。生态社会主义的发展是绿色的，它建立在对每个人的物质需要的自然限制这一基础之上。[2] 此外，生态社会主义不是要人们回归到"高贵"的蛮荒的自然状态，也不是要求人们回归到艰苦的生活状态中去，而是要让人们在一个生态可接受的方式下满足自己的需要。因而，生态社会主义社会要保证生态环境良好和人们的需要都得到满足，为了使用而不是为了销售和获利进行生产，经济理性增长也是必须的。

（三）推动社会正义，倡导社会和谐

在佩珀看来，生态环境问题中最需要解决的问题是社会正义问题。而资本主义从根本上是反生态的，也是反社会正义的。资本主义制度不仅造成了对发达国家和发展中国家、富人和穷人不平等影响的生态危机，而且在生态环境问题处理上采取了"生态成本外化""生态帝国主义"等不公正的手段，造成了严重的社会不公正问题。资本主义生态危机既是社会公正缺失的原因，又是社会公正缺失的结果。而同时，佩珀也批判了东欧和其他地区传统的社会主义国家。因为他认为那些社会主义国家是极权主义的，同样缺少民主、公正和正义，同样也造成了严重的生态问题。因而，佩珀坚信，要解决生态危机只有对资本主义制度进行变革，把社会正义融入未来的社会主义社会构建之中。在佩珀构建的生态社会主义社会里，生态良好和社会公正成为其基本原则。对生态社会主义社会中的社会公正内容，佩珀也做了归纳：真正的广泛基层性民主、生产资料共同所有、国家公平正义、结果平等和人与自然相互支持。

佩珀构建的生态社会主义社会，是一个生态良好、社会公正和人民生活幸福的社会主义社会，这不仅对其思想的完整性和吸引力有着重大意义，而且对唤醒人们生态意识和革命意识，以及对当今世界各国的政治、经济和社会管理和治理都有着借鉴意义。

---

[1] 戴维·佩珀. 生态社会主义：从深生态学到社会主义 [M]. 刘颖，译. 济南：山东大学出版社，2012:268.

[2] 戴维·佩珀. 生态社会主义：从深生态学到社会主义 [M]. 刘颖，译. 济南：山东大学出版社，2012:268.

第二节　佩珀生态社会主义思想的局限性

佩珀的生态社会主义思想虽然存在着较多的合理性因素，但也存在着许多不足，特别是在坚持马克思主义的彻底性问题上、在对生态危机的"决定性"问题上、在生态社会主义社会建构原则上，以及在对待传统的社会主义的评价上都存在明显的历史局限性。

一、企图在马克思主义与左翼之间找到"折衷态度"

佩珀在其生态社会主义思想中，坚持了马克思主义的分析方法，坚持了马克思主义的基本立场，坚信马克思对资本主义必然被社会主义代替的判断，坚持为马克思的生态思想和人类中心主义立场辩护。并且，在吸收和继承马克思主义的自然观及相关思想的过程中，佩珀还在一定程度上结合新时代问题、新时代特征，发展了马克思主义。但必须承认，佩珀并没有彻底地坚持马克思主义，他试图在马克思主义与左翼之间找到"折衷态度"。

首先，佩珀生态社会主义思想在创立过程中和创立目的上没有彻底坚持马克思主义。佩珀在其代表作《生态社会主义：从深生态学到社会正义》中就明确指出："本书的目的不是拯救马克思或重建真实的马克思主义。相反，它试图通过考察马克思主义和无政府主义者的著作去界定一种激进的、连贯一致的生态社会主义。因而，本书对它所借鉴的马克思主义及其他左翼意识形态很可能持一种折衷态度。"[1] 显而易见，佩珀只是借鉴马克思主义著作中的部分内容为生态社会主义的创立服务，他甚至亲自承认在生态社会主义创立过程中采取了"折衷态度"去借鉴马克思主义。佩珀不仅在生态社会主义的创立过程中没有彻底地坚持马克思主义，而且在生态社会主义创立的目的上也偏离了马克思主义的目标。佩珀建立生态社会主义思想的目的在于解决资本主义生态危机问题和社会正义问题，而马克思建立社会主义和共产主义的目的则是为了无产阶级及全人类的解放。

其次，在实现社会主义的途径上，佩珀主张实行"红绿联盟"进行社会变革，而不是由无产阶级进行社会革命。佩珀主张生态无政府主义者和生态主义左翼及社会主义者进行联盟，把生态运动和社会主义运动结合起来。把社会变革的力量寄托在"红""绿"分子的身上，却没有充分发挥无产阶级的力量。佩珀甚至对"红绿联盟"的社会变革方案都心存忧虑，认为该方案"有时显示了潜在难题"。因为它在某种程度上承认了生态中心论所主张的生态限制等内容，轻易抛弃了工人阶级存在的重要性以及他们在社会变革中的作用。佩珀还承认在"红绿联盟"的社会变革方案中，"不会主张必须抛弃无政府主义的观点"[2]，"不是必然地主张生态主义应当一股脑地吸收马克思主义"[3]，抛弃了马克思主义的某些内容却最终又没有形成一套完整的生态社会主义理论。

最后，在社会主义的构建结果上，佩珀构想的生态社会主义社会与马克思对未来社会的构建存在很大差别。马克思对未来社会的总体构想是：生产力高度发达，生产资料全社会共有，人们生活富裕，劳动成果实行按需分配，国家和阶级消亡，人类获得自由解放。但佩珀所主张的生态社会主义更多地是在生态层面和社会公正层面进行构建：主张经济适度增长，生产和分配在小规模的共同体内进行，人们生活幸福；不主张高度发达的生产力，生产资料共同体共有，不过度消费；等等。当然，后来的马克思主义者认为在共产主义社会的低级阶段应该有过渡的社会主

[1] 戴维·佩珀. 生态社会主义：从深生态学到社会主义 [M]. 刘颖，译. 济南：山东大学出版社，2012:79.

[2] 戴维·佩珀. 生态社会主义：从深生态学到社会主义 [M]. 刘颖，译. 济南：山东大学出版社，2012:4.

[3] 戴维·佩珀. 生态社会主义：从深生态学到社会主义 [M]. 刘颖，译. 济南：山东大学出版社，2012:266.

义阶段，虽然其与生态社会主义之间的区别不像共产主义与生态社会主义那么大，但两者之间的差异还是显而易见的。

尽管佩珀自认为是马克思主义者，并将自己的主张称为"生态社会主义"，并自觉地运用马克思主义的方法论，继承了马克思主义的批判精神，但是，他的生态社会主义与马克思、恩格斯所主张的科学社会主义还存在着很大的区别。他的生态社会主义在一定程度上没有彻底坚持马克思主义，同样带有乌托邦色彩。

二、过分强调生态问题在社会发展中的"决定意义"

佩珀认为："资本主义制度不但需要通货膨胀、萧条、供需不平衡、环境退化等危机存在，而且，它们还是这一制度不可避免的结果。"[1] 佩珀把资本主义的生态矛盾看作是资本主义的"第二个矛盾"，并认为，"生态矛盾来自其他矛盾。它的后果是进一步强化了资本主义的扩张动力和通过占有剩余价值对劳动的剥削"[2]。不可否认，佩珀看到了资本主义的生态矛盾，并揭示了资本主义的生态矛盾根源于资本主义制度，也看到了资本主义生态矛盾来自"其他矛盾"——经济矛盾，甚至注意到生态矛盾对资本主义经济的影响和后果。更为重要的是，佩珀洞察到资本主义制度无法解决生态矛盾，而需要对资本主义进行"激进"的社会变革。但是，佩珀对资本主义制度的批判集中在生态的批判，他反对资本主义在生产方式和生产目的上对环境的不友好，反对资本主义破坏生态环境和把生态成本进行外化的做法，以及资本主义在世界范围内实行"生态帝国主义"和向发展中国家及落后地区转嫁生态危机等举措。从根本上讲，佩珀没有严厉地批判资本主义的生产关系及其引发的经济危机。

"生态社会主义不恰当地夸大了生态问题的'决定意义'，主要从人与自然关系的异化来揭露、批判资本主义的弊端，把生态危机而不是经济危机当作资本主义危机的主要形态和集中表现，这就用人与自然的矛盾取代了资本主义社会的基

---

[1] 戴维·佩珀.生态社会主义：从深生态学到社会主义 [M].刘颖，译.济南：山东大学出版社，2012:96.
[2] 戴维·佩珀.生态社会主义：从深生态学到社会主义 [M].刘颖，译.济南：山东大学出版社，2012:96.

本矛盾。"[1]佩珀同样也存在过于看重生态危机的问题，他创建的生态社会主义理论既以生态危机问题为基点，也以生态危机问题为落脚点。具体说来，他的生态社会主义建立的根本动因就是要解决生态危机问题及其引发的社会不公正问题。而他构建的生态社会主义社会的目的也就是建立一个生态良好和社会公正的社会。也可以说，他的生态社会主义构建原则实际上就是围绕生态问题展开的，因而采取的方式也是符合生态的。

强调生态危机的重要性并没有不妥之处，但佩珀的问题是他过于强调生态危机，并试图以生态危机论来取代经济危机论。其结果就是用人与自然之间的矛盾取代了人与人在资本主义社会中的矛盾，否认了生产力与生产关系、经济基础和上层建筑之间的关系，否认了人类生产活动实践受特定的生产关系与生产力这对矛盾的制约，从而得出的结论就是，人与自然的关系决定着社会发展的方向。这显然是违背马克思主义的。

三、生态社会主义社会构想带有乌托邦性质

考察佩珀生态社会主义的构想，不难发现它在多个层面上带有鲜明的乌托邦性质。

在经济上，佩珀的生态社会主义主张实行适度增长的稳态经济。虽然佩珀并不一概拒绝科学技术的运用，但在科技发展迅速和经济全球化的今天，发展那种适度增长的、小规模的和具有自给自足性质的小农生产是不切合实际的。更何况，在当今世界，国家之间贫富差距越来越大，且不谈发达资本主义国家不愿放弃快速发展，落后国家和贫穷地区也不可能停止发展，因为他们需要更快地发展才能保证自己的生存权和发展权，才能改善人们生活水平。在所有制上，佩珀主张实行"共同财产所有制"，废除现有的"私有制"和"国家所有制"。在生产方式上，实行计划和市场相结合的"混合型"经济。在生产和分配上，实行共同体内部协作和外部协调交换。这些在当前资本主义生产资料私有制的环境中不可能做到。即使佩珀主张进行社会变革，但变革的方式具有"非暴力"的性质，现有的生产

[1] 王振亚.生态社会主义价值观的多维透视 [J].马克思主义研究，2003（1）:85-90.

资料所有制不通过暴力革命不可能被打破，新的所有制也不可能建立起来。从而，新的生产方式、生产和分配关系也不可能出现。

在政治上，佩珀生态社会主义主张用"生物区"或"共同体"取代现存的民族国家。这种政治主张与"国家是阶级不可调和的统治工具"的本质是相悖的，因而也是不切实际的。这种主张实际上也是无政府主义的一种表现。

在生态上，佩珀生态社会主义认为可以是绿色的，但这种生态良好的环境依靠对人的物质需求进行自然的限制、选择性生产、从破坏环境的行业转移就业、改善城市自然环境、实施"共同体环境计划"以及建立小规模的乡村公社等方式来实现，这些生态自治主义的方式最多只能是在环境保护方面起到一定的作用，不能从根本上改变目前生态破坏的现状。从某种程度上讲，佩珀生态社会主义在生态上依然有原始自然崇拜的倾向。

在生态社会主义社会的实现方式上，佩珀虽然看到了无产阶级潜在的阶级作用，认为"工人运动一定是社会变革中的一个关键力量"[1]，但是他只把无产阶级作为实现生态社会主义变革的重要力量之一，他希望工人阶级采取非暴力的总罢工和议会民主方式进行社会变革，而没有把无产阶级看作主导力量，也没有主张无产阶级通过革命方式夺取政权。相反，他主张绿色生态主义者、绿色无政府主义者、环境主义左翼和社会主义者进行"红绿联盟"，甚至还在一定程度上像其他生态主义者那样主张发挥知识分子和青年学生在社会变革中的重要作用。他希望建立一个由生态运动、女权运动、民权运动、马克思主义工人运动以及一切进步非暴力社会组织组成的广泛的群众联盟。[2] 此外，佩珀还把其生态社会主义社会实现的期限推向遥远未来，他主张："直到大多数人确实希望它被创造出来并坚持它的时候，一个生态健康的社会主义社会才会到来。"[3] 在当今世界，资本主义世界占主导地位的情况下，通过"非暴力"式的"温情变革"或者是慢慢等待资本主义自身灭亡的方式都无法实现真正的社会变革。而20世纪90年代以来，生态运动的影响不断减弱，则在实践中证明，"红绿联盟"也具有乌托邦的性质。

[1] 戴维·佩珀. 生态社会主义：从深生态学到社会主义 [M]. 刘颖，译. 济南：山东大学出版社，2005:357.

[2] 郑湘萍，田启波. "红""绿"结合：生态学马克思主义理论评析 [J]. 湖北社会科学，2011（06）：5-8.

[3] 戴维·佩珀. 生态社会主义：从深生态学到社会主义 [M]. 刘颖，译. 济南：山东大学出版社，2012:284.

在构建的结果上，生态社会主义社会实行人类中心主义，主张经济适度增长，人们生活幸福，社会公正，生态良好，政治民主，生产资料由共同体共有，劳动自由，劳动成果由共同体共享，国际贸易消失，国家消失或者丧失原有的统治功能等。从社会构建的结果描绘上看，生态社会主义社会是一个令人向往的美好社会，但这个社会是建立在解决生态危机和社会不公正的基础之上的，从一定程度上说是建立在解决人与自然的关系基础之上的，而不是建立在生产力与生产关系辩证关系基础之上。这种社会在旧的生产关系、阶级基础和国家存在的基础没有消亡的前提下，也不可能真正出现。

四、对"传统社会主义"的认识存在片面性

在苏东剧变之后，佩珀不但不承认社会主义和共产主义已经灭亡，而且还认为此时的世界比以往任何时候更需要社会主义和共产主义。但是，佩珀对现实中的社会主义国家和这些国家的生态环境问题的认识还是片面的。

佩珀认为传统社会主义不能摆脱生态危机。他指出："我们可以从东欧和其他地区的'社会主义'国家所犯的错误中，看到社会主义与自然关系的实践后果——大规模的污染和环境破坏。"[1] 在佩珀看来，现实中的"社会主义"国家具有极权倾向，在工业化过程中对自然进行了"统治"，造成了严重的生态环境破坏。佩珀看到并描述了"现实社会主义"中的生态环境恶化的趋势，毫无疑问，这是符合客观事实的。但是，他因此得出传统的社会主义社会也无法避免生态危机的结论却是具有片面性的。显然，佩珀把传统社会主义在具体实践中因对生态环境认识不够、管理不够科学、技术水平不高、发展过快等因素导致的生态环境的破坏片面地认为是传统社会主义无法避免的内在生态矛盾。

佩珀认为传统的社会主义不是真正的社会主义。佩珀认为，生态社会主义社会包括基层民主、生产资料由共同体成员共有、面向社会需要生产、地方化生产、结果平等、社会与环境公正、相互支持的人与自然关系等原则。他指出："我们谈的是基于上述原则的、组织物质生产和社会与文化生活的一种新方式，而绝非是

---

[1] 戴维·佩珀.生态社会主义：从深生态学到社会主义 [M].刘颖，译.济南：山东大学出版社，2012：前言 1.

过去错误地自称为'共产主义'的国家专制体制的等价物；我们正在谈论的是一种真正的社会主义。"[1]不难看出，佩珀把现实存在过的苏联等社会主义国家称为"过去错误地自称为'共产主义'国家"，并认为这些传统的社会主义国家实行专制体制，与他的"真正的社会主义社会"不能相提并论。佩珀指出，在谈论到社会主义方面，人们往往会把它与苏联、中国和东欧"共产主义"联系起来，因而在污染方面也自然与之关联起来。对于一些人认为"现实社会主义"也存在着糟糕的污染记录的观点，佩珀指出，把"现存社会主义"生态问题作为"共产主义"污染的评论没有看到其与"真实社会主义"之间的鸿沟。佩珀认为，两者之间存在鸿沟，或是因为社会主义必须经过一个资本主义阶段，或是因为苏联一直是资本主义的，或是因为"社会主义还没有存在于任何地方"。[2]显然，佩珀认为苏联等社会主义国家只是名义上的，算不得是真正的社会主义国家。

[1] 戴维·佩珀. 生态社会主义：从深生态学到社会主义 [M]. 刘颖，译. 济南：山东大学出版社，2012：前言 3.
[2] 戴维·佩珀. 生态社会主义：从深生态学到社会主义 [M]. 刘颖，译. 济南：山东大学出版社，2012：前言 3.

第七章

戴维·佩珀生态社会主义思想的当代启示

　　佩珀生态社会主义思想从生态正义的角度分析了资本主义制度反生态的本质，揭露了资本主义社会为资本增殖而肆意掠夺自然资源的丑恶面貌，得出了生态问题并不是简单的社会问题而是制度问题，生态危机的解决必须从根本上变革资本主义制度的结论。佩珀生态社会主义思想具有很多方面的合理性，也存在着较大的历史局限性。但是，无论佩珀的生态社会主义思想是合理性多于局限性还是相反，佩珀的生态社会主义思想对人类社会解决生态危机问题和改善当今全球生态环境，以及对中国的生态文明建设和和谐社会建设方面有着极其重要的启示意义。

第一节　发展社会主义，解决生态危机

当前，一些人认为，生态环境问题已经成为全球共同问题，在解决生态环境问题方面，西方发达资本主义国家生态环境有很大的改善，甚至远比社会主义国家的生态环境问题解决得更好。因而，他们认为，生态危机不是资本主义的专利，生态危机产生的根源不在于资本主义制度，生态危机问题的解决也不在于制度的变革。而佩珀揭示了生态危机发生的根源在于资本主义制度，论述了社会主义社会是一个绿色发展的社会，坚信社会主义可以解决生态危机。佩珀的生态社会主义思想在当前启示我们，要解决资本主义生态危机问题，只有依靠社会主义。

一、资本主义制度引发长期生态灾难

苏东剧变之后，无论是在东方国家还是西方国家，一些生态学者、政客认为生态危机是"非资本主义的"。这些人认为，资本主义和社会主义都无法摆脱生态危机，因为生态危机是工业化的结果。他们认为：在人类历史中，起初由于人类受认识水平的限制，人们就像牲畜一样慑服于自然界。[1] 进入铁器时期后，人类社会生产力水平有较大

---

[1] 马克思，恩格斯. 马克思恩格斯选集：第 1 卷 [M]. 中共中央马克思恩格斯列宁斯大

提高，人类支配和控制自然的能力增强，开始向自然界扩张。18 世纪工业革命以后，人类进入工业文明，借助工业文明带来的科技力量，人类开始大规模、高效率地开发自然资源，导致生态问题日趋严峻。特别是进入 20 世纪之后，工业化不断发展，科技日新月异，人口急剧增长，人类工业化加快了开发和改造自然的步伐，致使生态问题在全球范围内蔓延。因此，这些人认为，生产力进步所引起的工业化打破了人与自然之间的平衡，从而导致生态恶化。

但马克思主义和佩珀生态社会主义认为资本主义是生态危机的根源。两者都认为，在资本主义社会，一方面，资本要把自然界变成有用的工具，"使自然界的一切领域都服从于生产" [1]。这就使得人类 "从一切方面去探索地球，以便发现新的有用物体和原有物体的新的使用属性" [2]。另一方面，资本迫使资本家无限追求剩余价值，使得资本家无止境地掠夺自然资源，以生产出大量商品。因而，在资本逻辑的作用下，资本家大肆掠夺自然资源，不仅生产出大量的剩余产品，而且生产出大量的垃圾及有害物质。当有限的自然资源被疯狂掠夺，被破坏的自然资源废料和有害物质无法被妥善处理，人与自然之间的平衡被打破，生态恶化就会不可避免地出现。

佩珀告诉我们，资本主义发达国家把生态危机转向世界，给世界带来了生态灾难。但当世界面临生态危机时，资本主义发达国家既不放弃对自然的掠夺，也不愿承担保护环境的责任，蛮横指责甚至是压制发展中国家。美国拒绝批准《京都议定书》，一些其他西方国家在环境峰会上就环境保护问题你争我嚷，无一不是希望自己少为环保付出代价，尽量让别人为自己导致的生态灾难买单。通过佩珀的分析，我们可以得知：资本家个人只在意资本的增殖，生态环境破不破坏不是他们最终要考虑的问题；资本主义国家代表资本家集团的利益，需要依靠资本利益集团维持其政治根基，它不仅无法从根本上制止资本家对环境的破坏行为，而且还要不遗余力地动用国家的力量和资源为资本家生产的商品作推销。毫无疑问，资

林著作编译局，译.北京：人民出版社，1995:82.

[1] 马克思，恩格斯.马克思恩格斯全集：第 47 卷 [M].中共中央马克思恩格斯列宁斯大林著作编译局，译.北京：人民出版社，1979:555.

[2] 马克思，恩格斯.马克思恩格思全集：第 46 卷（上）[M].中共中央马克思恩格斯列宁斯大林著作编译局，译.北京：人民出版社，1979:392.

本主义这种运转制度只可能加剧生态环境的恶化，带来生态危机和灾难。

二、生态帝国主义带来短期环境改善

当今，西方资本主义发达国家生态环境的确有了很大改善，因而一些人认为，资本主义可以通过自身的"生态现代化"途径解决生态危机问题，或者至少可以证明资本主义比社会主义国家和那些落后国家更注重生态环境保护，更有办法、更有可能解决生态环境问题。

首先，我们必须要承认西方发达资本主义国家的国内生态状况的确有了很大的改善。但是，我们不要忘记，发达资本主义国家生态环境的改善只是近些年的事，只是暂时性的事。资本主义国家曾经发生了严重的生态危机。例如，1873 年 12 月，英国伦敦一次烟雾事件就造成 268 人死亡。20 世纪 30 年代至 60 年代间，资本主义世界发生了"八大公害事件"[1]。1972 年至 1992 年间，世界上发生了著名的"十大污染事件"[2]，而除了切尔诺贝利核泄漏事件之外的九大事件都发生在资本主义国家。虽然，在遭受到自然的报复之后，资本主义发达国家采取了一些生态环境保护措施，但这些重大生态事件的影响直到如今还没有得到根本的解决。例如，美国洛杉矶花 60 多年治理光化学烟雾，但洛杉矶地区的臭氧水平依然常年超标，大约有 100 万成年人和 30 万儿童患哮喘病，造成的经济损失达 26 亿美元。[3]

其次，当前资本主义国家的生态环境的改善是以牺牲其他国家的生态利益为代价的。佩珀的生态社会主义理论告诉我们，在遭受自然严重报复之后，资本主义国家实施"生态成本外化"和"生态帝国主义政策"，把环境污染严重的产业转移到发展中国家，甚至直接把垃圾倾销至发展中国家。在佩珀那里，"生态帝国主义"不仅属于生态范畴，更属于经济范畴和政治范畴。佩珀指出，处在中心地带的发达资本主义国家，不断掠夺边缘地带落后国家和落后地区的资源，甚至通过加强

---

[1] 比利时马斯河谷烟雾事件、英国伦敦烟雾事件、美国多诺拉事件、美国洛杉矶光化学烟雾事件、日本水俣病事件、日本富山痛痛病事件、日本四日市哮喘病事件和日本爱知县米糠油事件。

[2] 北美死湖事件、卡迪兹号油轮事件、墨西哥湾井喷事件、库巴唐"死亡谷"事件、西德森林枯死病事件、印度博帕尔公害事件、切尔诺贝利核泄漏事件、莱茵河污染事件、雅典"紧急状态事件"和海湾战争油污染事件。

[3] 任仲平.生态文明的中国觉醒 [N].人民日报，2013-07-22（01）.

资本主义全球化而把其他国家拉入资本主义体系。20世纪后40年里，日本对外转移了60%以上的高污染产业，美国转移出去的高污染产业占40%左右。[1]资本主义发达国家就是这样通过既掠夺落后国家和地区的生态资源又把生态危机转嫁的方式来改善自己本国的生态环境的。

再次，当今资本主义国家在改善自己生态环境的同时，给世界埋下了生态危机和政治危机隐患。如今，资本主义发达国家利用高科技、公民生态环境意识培养、生态环境立法加强等手段改善了本国的生态环境。但是，主要资本主义国家还在继续发展，有些国家的发展速度还很快，发展的水平还很高，需要消耗大量的自然资源。有统计显示，发达国家仅占大约25%的世界人口，却消费了75%的全球能源。单单美国，这个只有3亿多人口的超级大国，却消费了全世界25%的资源。[2]而巨大的资源需求只可能致使资本主义发达国家加剧对落后国家能源的开发和争夺。资本主义发达国家会利用自己的有利地位，通过债务、技术、军事等手段干预他国甚至整个世界，以继续攫取他国廉价的自然资源和劳动力，然后又通过各种手段将其生产的商品扩张到世界各地。这样一来，全球的政治、经济和生态等不平等状态会进一步加强，世界面临着更大的危险。

三、社会主义实现人与自然和谐共生

在资本主义面临着生态危机的同时，现实中的社会主义也没有摆脱生态问题的困扰。20世纪60—70年代之间，苏联就出现了较为严重的环境问题。贝加尔湖和波罗的海、里海及亚速海等内海内湖干涸和污染严重，中亚地区沙化严重，森林被大面积砍伐。特别是，1986年发生的切尔诺贝利核泄漏事件给生态环境带来了灾难性的破坏。除此之外，捷克、波兰等东欧国家也出现了严重的生态环境问题。20世纪80年代后，苏联及东欧社会主义国家环境进一步恶化，几近成为欧洲环境污染最为严重的国家[3]。而作为社会主义国家的中国，当前也面临着严峻的生态形势。

[1] 任仲平.生态文明的中国觉醒 [N].人民日报，2013-07-22（01）.

[2] 陈永森，朱武雄.福斯特对生态帝国主义的批判及其启示 [J].科学社会主义，2009（01）:152-156.

[3] 郭建.环境问题与社会主义 [J].科学社会主义，2008（04）:129-132.

社会主义国家虽然也曾经出现过生态环境问题，但这些问题只是社会主义工业化过程中没有处理好人与自然关系所造成的问题，不是社会主义制度本身的问题。

总结起来，社会主义国家生态环境问题出现的原因大概有以下几点。第一，对环境问题的严重性缺乏科学认识。传统观念认为，地球的资源取之不尽，用之不竭，而苏联和中国则地大物博，资源丰富。社会主义在建设初期，建设热情高涨，在没有太大现实的生态环境问题压力下向自然进军，一定程度上浪费了资源，破坏了生态环境。第二，生产力发展水平低，经济增长方式粗放。苏联在生产力相对落后的状况下，为了与西方资本主义阵营对峙和发展本国工业化，进行了粗放型生产，透支了自然资源，造成了严重的生态环境问题。我国既要在高度工业化的资本主义阵营包围之中突出重围，又要不断改善和提高国内人民群众的生活水平，就必须走工业化道路。而生产力水平低，经济增长方式只可能是粗放式的，经济在取得显著增长的同时，环境也付出了沉重的代价。第三，地方领导干部发展理念落后。在较长时间内，地方官员为了本地发展和改变民生状况，甚至为了自己升迁，往往搞经济挂帅，甚至搞"GDP竞赛"，一切目标指向经济的发展。地方领导落后的发展观念为环境破坏种下了恶因。第四，工业化发展模式西方化。一些企业生产会出现"成本外化"现象，把环境保护责任丢给了社会；一些企业为了在市场竞争中占有优势，片面追求获取更多的利润，没有承担起应有的环境保护义务；一些企业未能完全摆脱西方"先污染后治理"的老路。第五，工业化时间太短速度却太快。在短短几十年时间内，工业化带来的环境问题被压缩和叠加，往往旧的环境问题还没来得及解决，新的问题又不断出现，加大了解决环境问题的复杂性。第六，社会主义国家特别是我国走和平发展道路，依靠自己的力量推动国家发展，既没有掠夺他国自然资源，又没有把自己发展过程中出现的环境问题转嫁他人。

社会主义国家面临着严峻的生态压力，原因在于对发展认识还不够深刻和对社会管理还不够科学，生态环境问题的根源不在于社会制度。佩珀认为，在马克思主义中擘画的社会主义蓝图里，随着生产资料共同所有制的发展，以及相应的私有财产关系和阶级的消除，人们将会获得更多的自由。[1] 社会主义实行生产资料公有制，自然资源归全民共有，打破了资本与自然界的对立关系，保证了自然资源被有组织有计划地使用与开发，不会发生资本主义社会里那种生产资料私有制下无组织无计划地掠夺和破坏自然的现象。马克思指出："共产主义……作为完成了的人道主义，等于自然主义，它是人和自然界之间……矛盾的真正解决。"[2] 在社会主义社会，生产方式和生活方式都能保证人与自然的和谐，人与自然具有共生性，因而生态环境形势严峻是暂时现象，生态危机不会出现。佩珀生态社会主义思想支持马克思主义关于资本主义必然灭亡的论断，启示我们在社会主义现代化强国建设征程上，深刻把握资本主义制度的弊端，更加坚定地走社会主义道路。

无论是马克思主义还是佩珀的生态社会主义都坚信社会主义会实现人与自然和谐共生。资本主义制度为资本逻辑发生作用提供了生存的土壤，只要资本主义制度存在，生态危机的根源就不可能被消灭。即便当前资本主义国家生态环境有所改变，但这种改变是具有暂时性和欺骗性的，是资本主义国家推行"生态帝国主义"的结果。佩珀认为生态危机消除的根本方法就是推动社会变革，即变资本主义社会为社会主义社会。佩珀的生态社会主义思想启示我们，要从根本上消除生态危机，唯一的途径就是消灭资本主义制度，建立社会主义制度。即便社会主义国家曾经也受生态环境问题的困扰，我国也面临生态环境问题，但是，我国在生态环境保护和生态文明建设上已经取得了丰硕成果。特别是党的十八大以来，我国"生态环境保护发生了历史性、转折性、全局性变化，我们的祖国天更蓝、山更绿、水更清"[3]。党的二十大提出，"推动绿色发展，促进人与自然和谐共生"[4]，表明我们党在我国生态文明建设所取得的伟大成就基础之上，更加坚信中国特色社会主义现代化道路具有生态文明建设优势，更加坚信社会主义社会能实现人与自然和谐共生的目标。

---

[1] 戴维·佩珀.生态社会主义：从深生态学到社会主义 [M].刘颖，译.济南：山东大学出版社，2012:135.

[2] 马克思，恩格斯.马克思恩格斯全集：第 42 卷 [M].中共中央马克思恩格斯列宁斯大林著作编译局，译.北京：人民出版社，1979:120.

[3] 中国共产党第二十次全国代表大会文件汇编 [M].北京：人民出版社，2022:10.

[4] 中国共产党第二十次全国代表大会文件汇编 [M].北京：人民出版社，2022:41.

第二节　促进"红绿联盟"，改善全球生态

当今世界，生态环境问题成为全球共同问题，依靠哪一个国家都无法单独解决，"国际社会要加强合作，心往一处想，劲往一处使，共建地球生命共同体"[1]，改善全球生态，保护人类共同家园。当今世界，资本主义与社会主义共存，要想在短期内大范围实现资本主义向社会主义变革，条件也不成熟；在全球范围短期内解决生态危机问题也不符合现实。但是，倡导全球合作，共同改善全球生态是可能也是必要的。佩珀倡导通过"红绿联盟"建立生态社会主义，其主张虽带有乌托邦的色彩，但是其"红绿联盟"的设想以及其在生态方面的主张却可以给我们一点启示：在社会主义与资本主义共存的当下，可以促进社会主义和资本主义合作，结成新的"红绿联盟"，携手共建地球生态共同体，改善全球生态环境。

一、促成"红绿联盟"的现实基础

当前全球生态环境形势严峻，生态环境问题已经超越了环境问题的本身，越来越融入世界的政治和经济问题之中。生态问题已经威胁到了人类社会健康持续发展，影响到世界和平与安宁，资本主义和社会主义进行新的"红绿联盟"并改善全球生态环境毫无疑问是具有必要性和紧迫性的。更为重要的是，资本主义和社会主义在

[1] 习近平.论坚持人与自然和谐共生 [M].北京：人民出版社，中央文献出版社，2022:292.

生态环境问题上进行新的"联盟"、构建生态命运共同体具有极强的可行性。尽管社会主义和资本主义存在着根本性的区别，且当前世界各国在国际交往中以本国的根本利益为宗旨，但面对全球生态问题带来的巨大压力，社会主义和资本主义进行新的"红绿联盟"具有坚实的现实基础。

面对生态危机和生态运动带来的巨大压力，无论是西方发达资本主义国家还是社会主义国家，在生态建设实践上都有必要且有可能进行合作。生态危机给资本主义国家带来严重危害，无论是资本主义国家的政府部门、非政府组织，还是公众，已经达成保护生态环境的共识，具有较好的环境保护意识，并乐意参与生态环境保护活动。这为"红绿联盟"保护生态环境奠定了思想基础。生态运动也逐渐成为全球性群众政治运动，影响日益增大，在一定程度上敦促资本主义国家政府制定并出台相关环境政策，保护生态环境。绿党在西方甚至全球的生态问题、政治问题、经济问题上也起到一定的作用，为生态环境保护采取行动。西方国家对内需要加强生态环境立法和司法力度，对外也逐渐接受国际框架的约束和国家舆论的监督。在国家发展战略上，西方国家必须更关注可续性发展；在经济发展上，更强调循环发展；在科技上，也更加注重环保技术的创新发展；在环境保护措施上，也需要更加科技化。所有这些，为资本主义国家进行生态环境保护合作提供了现实基础。社会主义国家要解决本国的生态环境问题并改善全球生态环境，在环境保护的措施上、技术上、管理经验上、国际环境协议上、环境立法和司法等多个领域有必要向西方资本主义国家学习先进经验，借鉴其成果，需要与资本主义国家进行合作。

二、共建地球生命共同体的路径

佩珀对人类未来社会进行了构想，他希望构建一个美好的生态社会主义社会。佩珀构想的生态社会主义社会启示我们：为了应对当前全球生态问题，为了共同的未来，全球需要共建地球生命共同体。结合佩珀生态社会主义社会构建思想，在共建地球生命共同体的过程中，我们应该在以下几个方面作出努力。

首先，世界各国应该深刻总结生态环境破坏的经验教训，深刻体会生态环境破坏带来的系列严重后果，从而加强生态环境保护的观念和意识的教育、宣传和培养。在加强生态环境保护意识教育培养的同时，还要加大环境保护的立法和司法力度，加强生态环境的保护措施和对破坏生态环境的处罚力度。各国人民要认识到生态环境保护的重要性和紧迫性，避免人为的、不必要的对自然环境的破坏，使各国人民与自然和谐相处。

其次，在坚持人类中心主义的同时，一定要学习和借鉴佩珀所主张的"弱"人类中心主义。各国在开发、利用自然资源的过程中要尊重自然、顺应自然和保护自然，不以"自然征服者"自居，不盲目地"统治"和"支配"自然。各国应教育人民，在利用自然为人类服务的过程中，对自然资源的获取要取之有节、用之有度，不要过度地向自然索取；在向自然索取必要的生产资料和生活资料的过程中，同时要保护自然，回报自然，把人类社会发展的长远利益、整体利益和保护生态环境结合起来。

再次，不拒绝工业生产和工业化发展，保持世界经济适度稳定发展。当前，不进行工业化发展，不推进现代化进程，显然是不合理也是不现实的。无论资本主义发达国家还是发展中国家，在经济发展过程中要遵循经济发展规律和自然规律，推动绿色低碳循环经济发展，坚持可持续发展，保持适度发展，既改善人民的生活条件又促使人民享受自然环境的美好，避免过度快速发展、过度规模生产和过度消费给生态环境带来的破坏。

此外，还要加强发达国家和发展中国家在生态环境方面的科技合作，通过国际合作加快新的政治经济秩序建设，维护世界正义。当前，发达国家利用自身的发展优势、技术优势，把自然资源消耗高、环境污染大、经济效益低的产业转移到欠发达国家和地区，垄断先进生产技术、环境保护技术，使得欠发达国家和地区资源浪费严重，生态环境保护成效不够理想。发达国家要在生态环境保护上承担起自己的义务，加强对欠发达国家和地区的帮助和扶持，维护国际间的公平正义。

当然，促进资本主义和社会主义新的"红绿联盟"和共建地球生态命运共同体的途径涉及方方面面，在"联合"的过程中也会遇到纷繁复杂的问题。在"红绿联盟"中，我们必须要积极限制资本主义的"生态帝国主义"，积极发挥工人阶级在活动中的作用，并联合环境主义者、和平运动者、民主运动者和女权运动者等各种可以团结的群体共同促进全球生态环境的改善。我们相信只要各国共同切实行动起来，就一定可以收获共建地球生态命运共同体、改善全球生态环境的成效。

第三节　推动绿色发展，建设美丽中国

　　党的十八大以来，我国在生态环境建设上取得了历史性成就，但目前我国的生态环境形势依然严峻。佩珀认为，社会主义社会实行生产资料公有制，在社会制度上切断了生态危机发生的可能性，社会主义和共产主义不应该是反生态的，在他所构想的生态社会主义社会里，人与自然是相互支持和协调发展的。佩珀的生态社会主义思想可以作为我国生态文明建设科学性的力证。

一、我国生态环境面临严峻挑战

　　从社会主义建设时期至今，我国一直在环境保护方面进行实践，但在短短的几十年里，我国大规模工业化、现代化建设消耗了大量自然资源，导致了严峻的生态形势。一方面，我国的生态退化已经相当严重，水土流失面积占国土面积的37%、沙化土地占18%，90%的草原不同程度退化，受污染的耕地高达上千万公顷。[1]另一方面，我国资源还十分匮乏，对外依存度很高。例如，关系国计民生的水资源和土地资源极其短缺，2/3的城市缺水，而耕地面积已经逼近18亿亩红线。重要战略资源石油对外依存

[1] 任仲平 . 生态文明的中国觉醒 [N]. 人民日报，2013–07–22（01）.

度一度上升至 57%。2011 年，我国消耗了世界 60% 的水泥、49% 的钢铁和 20.3%
的能源。[1] 而在环境污染方面，我国曾有 70% 的江河水系被污染，1/3 的城市空气
污染严重。我国生态的未来形势也不容乐观。在未来较长一段时间内，我国的工
业化、现代化和城市化进程还会继续，要大力发展生产力，实现共同富裕的目标，
获得更好的生存和发展环境。在我国发展不充分不平衡、人口基数巨大、自然资
源短缺、生态环境脆弱和科技基础相对薄弱等不利情况下，我国生态环境在较长
时间内还有很大的压力，形势较为严峻。

过去，生态环境的恶化不仅给人民群众造成了巨大的经济损失，还让人民群
众的身体健康和生命安全受到了严重威胁，曾影响到我国政治稳定和社会和谐。
据统计，2000 年至 2007 年，环境污染引发的群体性事件以年均 29% 的速度递增。[2]
具体事件如重庆开县高升煤矿事件、四川什邡钼铜项目、江苏启东王子纸业排海
工程项目、宁波镇海 PX 项目和厦门 PX 项目，这些事件引发了大规模群众抗议。[3]
在群体性环境事件规模上，有的甚至高达数万人。如不加强生态文明建设，不仅
经济不能健康持续发展，还会影响人民的福祉、民族的未来、子孙后代的利益。

二、我国生态形势严峻的原因

党的十八大之前，我国在工业化和现代化建设过程中消耗了大量的自然资源，
生态环境形势一度十分严峻。过去，我国生态环境形势严峻的原因是多方面的，
总体说来有以下几个原因。

第一，对环境问题的严重性缺乏科学认识。传统观念认为，地球资源取之不尽，
用之不竭，而中国地大物博，资源更是丰富，更是"用之不竭"。社会主义建设初期，
领导者和建设者沉浸在胜利的喜悦之中，建设热情高涨，在没有太大的生态环境
问题困扰之下，抱着"人定胜天"的信念，倡导"向自然进军"。社会主义建设时
期，我国打下了良好的工业基础，但在一定程度上浪费了资源，破坏了生态环境。

---

[1] 任仲平. 生态文明的中国觉醒 [N]. 人民日报，2013-07-22（01）.

[2] 赵建军. 建设生态文明的重要性和紧迫性 [J]. 理论视野，2007（07）:32-34.

[3] 王世明，余永跃. 群众路线与社会主义生态文明建设 [J]. 云梦学刊，2016（06）:138-141.

改革开放初期，我国对生态环境问题也未完全形成科学认识，国家建设的重心偏向经济，环境问题没有得到足够重视，生态环境没有得到有效保护。

第二，生产力水平低，经济增长方式粗放。在一穷二白的基础之上，既要在高度工业化的资本主义阵营包围之中突出重围，又要不断改善国内人民群众的生活，新中国必须走工业化道路。由于当时生产力水平低，劳动者素质不高，科学技术水平和工业生产管理水平偏低，我国经济增长方式只可能是粗放式的，依靠自然资源、劳动力等生产要素的大规模投入换取经济增长。经济增长方式粗放必然让生态环境付出了沉重的代价。

第三，地方领导干部发展理念落后。在较长时间内，地方官员为了本地发展和改变民生状况，甚至为了自己的前途，往往搞经济挂帅，甚至搞 GDP 竞赛，一切目标指向经济发展。一些地方没有经过科学的环境评价就让大型项目直接上马。一些地方为了维护政绩工程和形象工程，出台土政策或者领导干部干预环保执法部门的正常执法。还有一些地方因落后的发展观念，以牺牲环境为代价换取短期的经济发展，为当地生态环境种下了恶因。

第四，工业化发展模式西方化。由于我国在改革开放之后，多种经济成分并存，生产资料也并非单一的公有制，在市场作用下，资源的开发利用难以科学有效地计划安排。一些企业生产会出现"生态成本外化"现象，把环境保护的责任丢给了社会；一些企业为了在市场竞争中占有优势，片面追求利润增长，没有承担起应有的环境保护义务；一些企业未能完全摆脱西方"先污染后治理""边污染边治理"的发展模式，没有守住发展的边界和生态环境保护的"红线"。另外，改革开放后，我国人口剧增，消费主义开始形成，消费方式也趋向西方化，在一定程度上出现了过度消费等情形，耗费了大量的自然资源。

第五，工业化时间太短，速度却太快。我国工业化初始于 20 世纪 50 年代，但真正快速发展则在改革开放之后。在短短的几十年时间内，我国工业化规模已经相当巨大，随着工业化发展而来的环境问题被压缩和叠加，往往旧的环境问题还没来得及解决，新的问题又不断出现，加大了解决环境问题的复杂性和难度。而且，由于我国工业化时间太短太快，与发展阶段和发展程度相适应的观念、政策、管理和技术在短期内还没有跟上，环境问题在我国解决起来更加棘手。

第六，我国走和平发展道路。资本主义国家发展通常建立在对他国资源掠夺的基础之上，走侵略扩张道路。在生态问题上，资本主义发达国家也推行霸权主义，把自身发展过程中无法解决的生态危机通过各种方式转嫁给其他国家或地区。在处理世界环境问题时，资本主义发达国家却又极力推卸责任，无端指责甚至压制其他欠发达国家或地区。我国走和平发展道路，依靠自己的力量推动发展，既没有掠夺他国自然资源，又没有把自己发展过程中出现的环境问题转嫁于他人。因而，中国当前的生态问题是暂时的，经过逐步治理必将得以妥善解决。

我国之所以面临着严峻的生态压力和生态压力引发的政治压力，与我国在社会主义初级阶段对发展认识还不够深刻、社会管理还不够科学、发展观念落后、干部升迁以 GDP 为标准、工业化发展太快而时间又太短、改革开放后的发展模式偏西方化和走和平发展道路等因素密不可分的。总的说来，我国在工业化、现代化和城市化进程中，没有做到科学发展、绿色发展，在处理人与自然的关系时，对生态环境方面保护不足、注意不够，才造成了我国生态环境出现严重的问题。但是，我国的生态环境问题与资本主义社会的生态危机有着根本性的不同，我们的环境问题不是制度性的，只要认真落实科学发展战略，推动绿色发展，大力加强生态文明建设，我们的生态环境问题就可以逐步解决。

三、推动绿色发展的路径

党的十八大提出"大力推进生态文明建设"的任务，要求"把生态文明建设放在突出地位，融入经济建设、政治建设、文化建设、社会建设各方面和全过程，努力建设美丽中国，实现中华民族永续发展"[1]。为了实行科学发展，绿色发展，大力推进生态文明建设，建设美丽中国，我们应该在以下几个方面做出努力。

在政治上，要以马克思主义理论为指导思想，坚持党的领导，坚持走中国特色社会主义道路，引导和教育党员干部和人民群众树立"绿水青山就是金山银山"的理念，形成人与自然和谐共生的生态观；严格遵循"坚持节约资源和保护环境的基本国策"，合理生产，适度消费；加强生态环境方面的立法、司法和监督力度，

---

[1] 胡锦涛.坚定不移沿着中国特色社会主义道路前进　为全面建成小康社会而奋斗 [N]. 人民日报，2012-11-18（01）.

保证在各项建设中生态环境得以保护；加大落后地区的生态环境保护力度，保证地区间生态公平；加强民主建设，特别是加强基层民主协商制度建设，让政府、非政府机构、公民个人能够积极和平等地参与生态环境建设；推动政务公开化、透明化，在生态文明建设上也要走群众路线，避免生态环境群体性事件的发生或将其危险降至最低限度；创建绿色政绩考核机制和问责机制，加大对政府和企业领导的生态责任刚性约束。

在经济上，坚持生产资料公有制的主导地位，实施可持续发展战略、绿色发展战略、高质量发展战略，既要保证经济稳定增长，又要有效保护环境，促进经济和环境双赢。转变发展模式，促使高消耗、高投入和低回报的资源消耗型发展模式向资源节约型、生态友好型发展模式转变。加强经济上对欠发达地区的资源环境保护政策倾斜和资金投入，促使在生态环境保护上总体达到区域协调发展。加快制定环保税收、环境损害赔偿、排污权交易、项目审批等制度，为生态文明建设搭建起良好的经济配套体系。加强市场监控和宏观调控，避免过度生产、生产浪费和过度消费。此外，还要大力推动科技型、环保型、资源节约型、资源循环利用型产业发展，大力推行再生能源产业的发展，加大对环境保护事业的投入，加大对环保企业的扶持，加大对环境破坏的惩处力度，争取在较短的时间内，使生态环境有所改善[1]。

在思想上，我们既要坚持马克思主义的领导，又要将马克思主义与中国优秀传统文化结合起来。具体到生态方面，就是要将前文中所讲的马克思主义丰富的生态思想与我国文化中"天人合一""仁民爱物""取用有节""以时禁发"等优秀生态观念结合起来，大力教育和培养我国国民的生态意识、环境保护观念。引导全社会节约使用自然资源，尊重自然规律，珍惜自然价值，深刻认识到生态环境对我们长远发展和对子孙后代生存的重要性，最终使全社会形成人与自然和谐发展的氛围。坚定社会主义立场，坚持"弱"人类中心主义，自觉保护生态环境，建立适度生产和适度消费的意识。

在社会建设上，既要坚持自然的"审美价值"，又要坚持自然的"经济价值"。

[1] 余永跃，王世明.论增强生态文明建设的政治保障[J].中州学刊，2013（12）:13.

在大力改善人民生活和工作环境的同时，也要提升人民生活品质，让人民享受自然的馈赠。正如马克思所言，自然离开人类就没有意义。佩珀也相信，社会主义社会能够满足而且应该满足人们的基本物质生活需要。只有当人民能够呼吸清新空气、饮用清洁水源、享受舒适环境的时候，只有与人民群众切身的教育、医疗、卫生、养老、休闲等社会保障比较完备且社会福利较好的时候，人民群众才会设身处地地去关心生态环境的改善，才去积极主动地参与环境保护活动，才会全心全意地支持国家的生态文明建设。

我国生态文明建设是一项复杂而又巨大的系统工程，要把它融入社会主义建设的各个方面，不可能一蹴而就，也不可能只靠党和政府与环境保护主义者就可以完成。我国生态文明建设就是要维护人民群众的根本利益和长远利益，就是要"给子孙后代留下天蓝、地绿、水净的美好家园"[1]。人民自己的利益需要人民自己来维护。因而，我国的生态文明建设需要执行科学发展战略、绿色发展战略，需要坚持走群众路线，需要发动全国人民。广大群众应该积极主动培养生态环境保护意识，努力学习生态保护知识，敢于对生态环境建设进行监督，勤于对生态环境建设献言献策，为生态文明建设做出自己的实践。[2]也只有这样，才能实现生态文明建设目标，打造美丽中国，实现中华民族永续发展。

[1] 习近平. 坚持节约资源和保护环境基本国策　努力走向社会主义生态文明新时代 [N]. 人民日报，2013-05-25（01）.
[2] 余永跃，王世明. 论增强生态文明建设的政治保障 [J]. 中州学刊，2013（12）：10-13.

第四节　维护生态正义，促进人与自然和谐

　　佩珀构建生态社会主义社会的根本目的在于两点：一是解决资本主义社会的生态公平正义问题，另一是解决资本主义社会的生态危机问题。在佩珀勾勒的生态社会主义社会里，不仅解决了生态危机问题，还实现了人与人以及人与自然的公平正义，整个社会处于和谐状态。除此之外，生态社会主义社会以广泛的基层民主、生产资料归共同体成员所有、结果平等、社会公平与环境正义，以及人与自然和谐共处等为目标。尽管佩珀追求的所谓的"社会正义"更多地只是追求一种生态正义，但是，他对资本主义社会不公正的批判、对生态正义的追求、对资本主义社会的变革的精神依然值得我们思考和学习。佩珀的生态社会主义思想启示我们，必须维护生态正义，构建一个人与自然和谐共生的社会。

一、生态正义是人与自然和谐的基本要求

　　佩珀认为，没有生态的正义也就没有社会的公平正义，也就没有人与自然和谐相处的社会。佩珀指出，资本主义制度具有反生态公平正义的特征，它使人类以征服者的姿态对自然进行"统治"，造成了人与自然之间的不公正、不

公平；资本家通过异化劳动榨取工人的剩余价值，通过生态"成本外化"和"生态帝国主义"破坏其他国家的生态环境，造成了人与人之间、国家与国家之间的不公正、不公平。因而，他倡导建立一个社会公正、生态正义的生态社会主义社会。在这个社会里，经济发展以满足人的需要为限，发展是绿色的，人与自然和谐相处，实现了公平正义。为了实现人与自然之间的公平正义，佩珀主张生态社会主义社会的生产资料归共同体所有，制订合理的生产计划，劳动过程中的异化被消除，生态正义及其背后的人与人之间的公平正义得以实现。

生态正义是科学发展的生态伦理诉求，可以推动社会正义，推动人与社会、人与自然和谐发展。党的十七大报告指出："科学发展观，第一要义是发展，核心是以人为本，基本要求是全面协调可持续，根本方法是统筹兼顾。"[1] 科学发展观蕴含着丰富的内容，也蕴含着对公平正义的诉求——追求人与自然、人与社会以及人类代际之间的公平正义。科学发展不仅要求统筹个人与集体、局部与整体、当前与长远几对利益关系，还要求兼顾人与自然和谐发展，把生态正义纳入社会正义视域。因而，在中国特色社会主义建设实践中，维护生态正义，就是维护科学发展，维护社会正义，就是推动人与自然、人与社会的和谐发展。生态正义的缺失会导致社会正义无法实现，社会也就无法保证沿着人、自然、社会和谐的方向科学地发展。

生态正义也是构建和谐社会的生态实践要求。胡锦涛同志曾指出，要把我国建设成"民主法治、公平正义、诚信友爱、充满活力、安定有序、人与自然和谐相处"的社会主义和谐社会。在构建社会主义和谐社会的六个总要求中，我国明确提出了"公平正义"的要求，这也进一步证明了公平正义在我国社会主义和谐社会构建中的重要性。同样，这也证明了作为社会正义内涵之一的生态正义是我国和谐社会构建的生态实践要求。

生态正义是推动绿色发展、促进人与自然和谐共处的前提条件。党的二十大报告指出："中国式现代化是人与自然和谐共生的现代化。"[2] 党的二十大报告把"人与自然和谐共生"作为中国式现代化的特征之一，这表明我国在现代化建设过程

[1] 本书编写组. 十七大报告辅导读本 [M]. 北京：人民出版社，2007:14.
[2] 中国共产党第二十次全国代表大会文件汇编 [M]. 北京：人民出版社，2022:19.

中必须推动绿色发展，必须推进人与自然和谐发展。而绿色发展、人与自然和谐发展都必须建立在对自然尊重、顺从和保护的前提之上，建立在维护、保证生态正义的基础之上，凌驾于自然之上、违背生态正义原则的行为不可能带来真正的绿色发展、人与自然和谐发展，反而只会带来生态环境的破坏，甚至带来资本主义社会中出现的生态灾难。

二、促进人与自然和谐共生的路径

共同维护生态正义，在全球范围内促进人与自然和谐共生，共建人类美好家园。在资本主义世界，随着生态环境日益恶化，生态环境背后的社会正义问题日益引起公众关注。为了维护生态正义，在资本主义国家内部，生态学者、环境主义者等人士于 20 世纪 60 年代后期发动了生态运动。于是，二十世纪八九十年代中期，各国生态组织和生态绿党纷纷建立，生态问题朝着政治化和国际化方向发展，生态组织和绿党对生态环境问题乃至其他政治问题、经济问题的国际影响力不断加强。在这种情况下，各国本应该共同维护生态正义，为本国的生态环境保护、政治稳定，以及国际生态环境问题和政治稳定作出努力。但是，围绕生态环境问题而展开的国际博弈并没有消减的趋势，西方发达资本主义国家仍然推行"生态帝国主义"，落后国家和地区的自然资源仍然遭到掠夺，生态正义并没有在世界上得到伸张。生态正义的缺失引起了生态环境的恶化，这也给我国社会主义和谐社会带来了威胁。因而，世界各国需要共同维护生态正义，在全球范围内促进人与自然和谐共生，共建美丽世界。

携手维护生态正义，促进人与自然和谐共生，建设美丽中国。在我国，要实现人与自然和谐共生、建设美丽中国目标，需要培养领导干部和人民群众的生态正义观念和意识，在社会主义现代化建设过程中保证人与自然和谐发展，避免对自然进行"掠夺"。自然资源的开发和使用应受人民监督，充分发挥人民在自然资源利用和保护过程中的民主监督作用，避免自然资源被少数人垄断、控制、浪费和破坏。要统筹生态在区域间协调发展，避免区域间出现较大的生态不平衡现象，避免不同地区间出现人民所享受到的生态福利相差悬殊现象。要对曾经被过度开发和生态环境脆弱的地区加以政策倾斜，加大环境保护力度，加强生态转移支付力度，避免生态环境脆弱地区的生态进一步恶化；要在国际交往中维护自身的生态利益，避免用生态资源的破坏换取暂时的发展。当然，在我国维护生态正义的途径远不止这些，我们需要在实践中不断研究新途径、新方法。总之，我们携手维护生态正义，目的就在于满足人民群众对美好生态环境的需要，就在于促进人与自然和谐共生，建设美丽中国。

结 语

　　通过对戴维·佩珀的生态社会主义思想的研究，作者希望能够阐明了以下几个问题。

　　第一，阐明戴维·佩珀生态社会主义思想产生的背景、主要思想及其鲜明的"红色"立场。戴维·佩珀生态社会主义思想是生态社会主义流派中左派的重要组成部分，它产生于西方资本主义生态危机爆发、生态运动兴起和绿党产生并发展之时，产生于生态社会主义发展之中。它吸收了马克思主义相关理论、法兰克福学派生态危机理论、结构主义的马克思主义理论和20世纪其他生态社会主义学者的思想，形成了自己鲜明的"红色"立场。佩珀曾用四个要素对生态社会主义进行了界定：一是运用包括唯物主义的马克思主义和结构主义的马克思主义去分析生态危机，二是坚持一种"弱"的人类中心主义，三是运用冲突的和集体行动的方式进行社会变革，四是坚持未来绿色的社会主义前途。在构建自己的生态社会主义思想时，佩珀也紧紧抓住这四个要素不放松。可以说，这四个要素组成了佩珀生态社会主义思想的核心内容。而佩珀生态社会主义思想与其他生态社会主义思想最大的不同之处就在于以上四个要素中的第一个要素，它坚持了马克思主义的思想和马克思主义的方法，带有马克思"革命的社会主义"色彩。

第二，阐明戴维·佩珀构建自己的生态社会主义思想和构建生态社会主义的最根本的目的。佩珀运用马克思主义的方法，从物质生产过程中的动力机制去研究引起环境退化的原因，发现了资本主义的生产方式、生产手段、生产目的等都对生态环境内在不友好的秘密，从而揭示了生态危机产生的根源。佩珀认为资本主义社会是主张"强"人类中心主义的，对生态环境进行了掠夺，丧失了生态正义，造成了社会的不公正。这种不公正的社会制度导致了生态危机的产生，而生态危机的加重又反过来加深了社会的不公正。佩珀认为资本主义、生态主义、无政府主义等都无法解决生态正义的破坏、社会不公平和生态危机问题，因此他需要通过更加剧烈的方式构建生态社会主义思想和生态社会主义社会。对于生态危机和社会正义问题的解决方案，佩珀给出的建议就是对资本主义进行社会变革，建立一种更加激进的和生态的社会主义。因为，在佩珀看来，未来的生态社会主义可以解决资本主义生态危机问题和社会正义问题。

第三，阐明戴维·佩珀支持"红绿联盟"的原因及建立途径。佩珀认为，社会主义和共产主义不是灭亡了，而是比以前更加被需要。但面对社会主义在世界上陷入发展低谷，绿色改良主义、民主社会主义、社会民主主义等无法与现实资本主义制度相抗衡之时，佩珀则建议社会主义和无政府主义联合起来，用"红绿联盟"的方式进行社会变革。佩珀认为："生态社会主义与生态主义的对立，在政治上表现为社会主义与无政府主义的对立，在理论上表现为马克思主义与后现代主义的对立，在哲学文化观念上表现为人类中心主义与生态中心主义的对立。"[1] 因此，在进行"红绿联盟"的过程中，要用马克思主义改造生态中心主义，要复活社会主义传统原则并放弃绿色分子的无政府主义，批判后现代主义，重塑新型"弱"人类中心主义。

第四，阐明戴维·佩珀未来生态社会主义社会蓝图的构建思路和向往图景。佩珀在构建生态社会主义社会过程中，考察了无政府主义和当代生态社会主义对未来社会构建的基本原则、实践形式和总体设计。在对无政府主义和当代生态社会主义的批判的基础上提出了构建生态社会主义社会的基本原则、实践形式和构建

[1] 周穗明. 西方生态社会主义与中国 [J]. 鄱阳湖学刊, 2010（2）: 23-29.

方案。佩珀在自己生态社会主义构想中,恢复了坚持马克思主义理论、社会主义发展方向、"弱"人类中心主义、人类需求丰富多样、发展工业生产、照顾多数人的环境关切、促进资本主义社会变革等一些社会主义特色,倡导通过"红绿联盟"激烈变革建立一种经济适度发展、生态良好、社会公正、人民幸福的社会主义未来社会。

第五,阐明戴维·佩珀生态社会主义的历史价值和当代意义。佩珀生态社会主义产生有其时代背景和思想基础,他也尝试去回答生态危机产生的根源、解决生态危机的方案、社会主义社会能不能避免生态危机等重大时代问题。佩珀认为他的生态社会主义坚持了马克思主义立场,坚持了社会主义代替资本主义的信念,恢复了社会主义的传统,揭示了资本主义生态危机的制度根源,重塑了"弱"的人类中心主义,肯定了社会变革的积极作用。但不可否认,佩珀的生态社会主义思想对马克思主义的坚持是不彻底的,对传统社会的批判是片面且不客观的,对无产阶级社会变革的积极作用是不够重视的,对未来社会的构建是带有一定乌托邦性质的。但是,我们在看到其思想局限性的同时,也要承认佩珀生态社会主义思想对当代世界和当代中国在坚持社会主义道路、处理人与自然的关系、改善全球生态环境、推动绿色发展、建设美丽中国、维护生态正义、推进人与自然和谐共生和构建和谐社会等方面的积极意义。

参考文献

（一）中文著作

[1] 马克思, 恩格斯. 马克思恩格斯文集: 第1卷 [M]. 中共中央马克思恩格斯列宁斯大林著作编译局, 译. 北京: 人民出版社, 2009.

[2] 马克思, 恩格斯. 马克思恩格斯文集: 第2卷 [M]. 中共中央马克思恩格斯列宁斯大林著作编译局, 译. 北京: 人民出版社, 2009.

[3] 马克思, 恩格斯. 马克思恩格斯选集: 第1卷 [M]. 中共中央马克思恩格斯列宁斯大林著作编译局, 译. 北京: 人民出版社, 1995.

[4] 马克思, 恩格斯. 马克思恩格斯选集: 第2卷 [M]. 中共中央马克思恩格斯列宁斯大林著作编译局, 译. 北京: 人民出版社, 1991.

[5] 马克思, 恩格斯. 马克思恩格斯选集: 第4卷 [M]. 中共中央马克思恩格斯列宁斯大林著作编译局, 译. 北京: 人民出版社, 1995.

[6] 马克思, 恩格斯. 马克思恩格斯全集: 第18卷 [M]. 中共中央马克思恩格斯列宁斯大林著作编译局, 译. 北京: 人民出版社, 1964.

[7] 马克思, 恩格斯. 马克思恩格斯全集: 第23卷 [M]. 中共中央马克思恩格斯列宁斯大林著作编译局, 译. 北京: 人民出版社, 1972.

[8] 马克思, 恩格斯. 马克思恩格斯全集: 第32卷 [M]. 中共中央马克思恩格斯列宁斯大林著作编译局, 译. 北京: 人民出版社, 1974.

[9] 马克思, 恩格斯. 马克思恩格斯全集: 第42卷 [M]. 中共中央马克思恩格斯列宁斯大林著作编译局, 译. 北京: 人民出版社, 1979.

[10] 马克思, 恩格斯. 马克思恩格斯全集: 第42卷 [M]. 中共中央马克思恩格斯列宁斯大林著作编译局, 译. 北京: 人民出版社, 1995.

[11] 马克思, 恩格斯. 马克思恩格斯全集: 第45卷 [M]. 中共中央马克思恩格斯列宁斯大林著作编译局, 译. 北京: 人民出版社, 1972.

[12] 马克思, 恩格斯. 马克思恩格斯全集: 第46卷 [M]. 中共中央马克思恩格斯列宁斯大林著作编译局, 译. 北京: 人民出版社, 1972.

[13] 马克思, 恩格斯. 马克思恩格斯全集: 第46卷（上）[M]. 中共中央马克思恩格斯列宁斯大林著作编译局, 译. 北京: 人民出版社, 1979.

[14] 马克思, 恩格斯. 马克思恩格斯全集: 第47卷 [M]. 中共中央马克思恩格斯列宁斯大林著作编译局, 译. 北京: 人民出版社, 1979.

[15] 恩格斯. 自然辩证法 [M]. 中共中央马克思恩格斯列宁斯大林著作编译局, 译. 北京: 人民出版社, 1984.

[16] 马克思. 1844年经济学哲学手稿 [M]. 中共中央马克思恩格斯列宁斯大林著作编译局, 译. 北京: 人民出版社, 2000.

[17] 胡锦涛. 胡锦涛文选: 第2卷 [M]. 北京: 人民出版社, 2016.

[18] 习近平. 高举中国特色社会主义伟大旗帜 为全面建设社会主义现代化国家而团结奋斗—在中国共产党第二十次全国代表大会上的报告 [M]. 北京: 人民出版社, 2022.

[19] 中国共产党第二十次全国代表大会文件汇编 [M]. 北京: 人民出版社, 2022.

[20] 习近平. 论坚持人与自然和谐共生 [M]. 北京: 中央文献出版社, 2022.

[21] 陈学明. 西方马克思主义教程 [M]. 北京: 高等教育出版社, 2001.

[22] 段忠桥. 当代国外社会思潮 [M]. 北京: 中国人民大学出版社, 2004.

[23] 高放. 当代世界社会主义新论 [M]. 昆明: 云南人民出版社, 1998.

[24] 郭剑仁. 生态地批判 [M]. 北京: 人民出版社, 2008.

[25] 倪瑞华. 英国生态学马克思主义研究 [M]. 北京: 人民出版社, 2011.

[26] 郇庆治. 欧洲绿党研究 [M]. 济南: 山东人民出版社, 2000.

[27] 郇庆治. 重建现代文明的根基——生态社会主义研究 [M]. 北京: 北京大学出版社, 2010.

[28] 姜春云 . 中国生态演变与治理方略 [M]. 北京：中国农业出版社，2004.

[29] 江流，徐葵，等 . 苏联剧变研究 [M]. 北京：社会科学文献出版社，1994.

[30] 李青宜 . "西方马克思主义"的当代资本主义理论 [M]. 重庆：重庆出版社，1990.

[31] 刘仁胜 . 生态马克思主义概论 [M]. 北京：中央编译出版社，2007.

[32] 时青昊 .20 世纪 90 年代后的生态社会主义 [M]. 上海：上海人民出版社，2009.

[33] 王宏斌 . 生态文明与社会主义 [M]. 上海：中央编译出版社，2011.

[34] 王松霈 . 自然资源利用与生态经济系统 [M]. 北京：中国环境科学出版社，1992.

[35] 王雨辰 . 生态批判与绿色乌托邦 [M]. 北京：人民出版社，2009.

[36] 解保军 . 马克思自然观的生态哲学意蕴 [M]. 哈尔滨：黑龙江人民出版社，2002.

[37] 奚广庆，王谨 . 西方新社会运动初探 [M]. 北京：中国人民大学出版社，1993.

[38] 徐崇温 . 当代外国主要思潮流派的社会主义观 [M]. 北京：中共中央党校出版社，2007.

[39] 徐觉哉 . 社会主义流派史 [M]. 上海：上海人民出版社，2007.

[40] 徐艳梅 . 生态学马克思主义研究 [M]. 北京：社会科学文献出版社，2007.

[41] 俞可平 . 全球化时代的"社会主义" [M]. 北京：中央编译出版社，1998.

[42] 俞吾金，陈学明 . 国外马克思主义哲学流派新编：西方马克思主义卷 [M]. 上海：复旦大学出版社，2002.

[43] 张镜湖 . 世界的资源与环境 [M]. 北京：科学出版社，2004.

[44] 周穗明 .20 世纪西方新马克思主义发展史 [M]. 北京：学习出版，2004.

[45] 曾文婷 . "生态学马克思主义"研究 [M]. 重庆：重庆出版社，2008.

[46] 胡锦涛 . 坚定不移沿着中国特色社会主义道路前进，为全面建成小康社会而奋斗 [M]. 北京：人民出版社，2012.

[47] 十七大报告辅导读本 [M]. 北京：人民出版社，2007.

[48] 戴维·佩珀 . 生态社会主义：从深生态学到社会主义 [M]. 刘颖，译 . 济南：山东大学出版社，2012.

[49] 戴维·佩珀 . 现代环境主义导论 [M]. 宋玉波，朱丹琼，译 . 上海：格致出版社，上海人民出版社，2011.

[50] 安德鲁·多布森 . 绿色政治思想 [M]. 郇庆治，译 . 济南：山东大学出版社，2005.

[51] 德内拉·梅多斯，等 . 增长的极限 [M]. 李涛，王智勇，译 . 北京：机械工业出版社，2008.

[52] 约翰·贝拉米·福斯特 . 马克思的生态学 [M]. 刘仁胜，肖峰，译 . 北京：高等教育出版社，2006.

[53] 福斯特 . 生态危机与资本主义 [M]. 耿建新，译 . 上海：上海译文出版社，2006.

[54] 蕾切尔·卡森 . 寂寞的春天 [M]. 吕端兰，李长生，译 . 上海：上海译文出版社，2011.

[55] 马克斯·霍克海默，特奥多·阿尔多诺 . 启蒙辩证法 [M]. 渠敬东，曹卫东，译 . 上海：上海人民出版社，2006.

[56] A. 施密特 . 马克思的自然概念 [M]. 欧力同，吴仲昉，译 . 北京：商务印书馆，1988.

[57] 哈贝马斯 . 合法化危机 [M]. 上海：上海人民出版社，2000.

[58] 威廉·莱易斯 . 自然的控制 [M]. 岳长龄，李建华，译 . 重庆：重庆出版社，1993.

[59] 本·阿格尔 . 西方马克思主义概论 [M]. 慎之，等，译 . 北京：中国人民大学出版社，1991.

[60] 岩佐茂 . 环境的思想 [M]. 韩立新，等，译 . 北京：中央编译出版社，1997.

[61] 萨拉·萨卡 . 生态社会主义还是生态资本主义 [M]. 张淑兰，译 . 济南：山东大学出版社，2008.

（二）中文论文

[1] 包茂宏. 苏联的环境破坏和环境主义运动 [J]. 陕西师范大学学报（哲学社会科学版），2003（04）.

[2] 蔡华杰. 生态学马克思主义对生态危机的现代阐释——《生态社会主义：从深生态学到社会正义》文本解读 [J]. 南京林业大学学报（人文社会科学版），2007（04）.

[3] 陈红睿. 戴维·佩珀的生态社会主义思想研究——基于环境正义的视角 [J]. 行政论坛，2018（03）.

[4] 陈华森，蔡华杰. 资本主义世界生态问题的马克思主义视角——佩珀生态学的马克思主义论析 [J]. 马克思主义与现实，2008（05）.

[5] 陈永森，朱武雄. 福斯特对生态帝国主义的批判及其启示 [J]. 科学社会主义，2009（01）.

[6] 陈食霖. 生态批判与历史唯物主义的重构——评詹姆斯·奥康纳的生态学马克思主义思想 [J]. 武汉大学学报（人文科学版），2006（02）.

[7] 陈食霖. 当代西方生态学马克思主义生态危机理论评析 [J]. 武汉大学学报（人文科学版），2008（06）.

[8] 陈食霖. 将社会正义推进到生态学的马克思主义——佩珀的生态学马克思主义思想评析 [J]. 国外社会科学，2010（01）.

[9] 陈培永，刘怀玉. 生态学马克思主义的生态政治哲学构架 [J]. 南京社会科学，2010（02）.

[10] 陈学明. 论生态社会主义者对当代资本主义的新反思 [J]. 毛泽东邓小平理论研究，2006（01）.

[11] 陈学明. 当今比以往任何时候都更需要马克思主义的理论和实践——评戴维·佩珀对马克思生态理论当代意义的揭示 [J]. 社会科学辑刊，2011（02）.

[12] 陈学明. 资本逻辑与生态危机 [J]. 中国社会科学，2012（11）.

[13] 崔永杰. 资本主义制度是生态危机的真正根源——佩珀生态社会主义理论探析 [J]. 东岳论丛，2009（01）.

[14] 郭建. 环境问题与社会主义 [J]. 科学社会主义，2008（04）.

[15] 郭剑仁. 施密特对马克思的几个哲学概念的生态阐释——兼与 J.B. 福斯特的生态学马克思主义思想的比较 [J]. 江汉论坛，2008（01）.

[16] 郭尚花. 试析西方生态社会主义的前景 [J]. 当代世界与社会主义，2007（01）.

[17] 关雁春. 佩珀生态社会主义思想的中国启示 [J]. 学习与探索，2011（04）.

[18] 姜佑福. 生态社会主义的两种基本面相及其内在理论张力 [J]. 马克思主义与现实，2010（06）.

[19] 洪大用. 经济增长、环境保护与生态现代化——以环境社会学位视角 [J]. 中国社会科学，2012（09）.

[20] 郇庆治. 生态社会主义述评 [J]. 马克思主义研究，2000（04）.

[21] 郇庆治. 生态现代化理论与绿色变革 [J]. 马克思主义与现实，2006（02）.

[22] 郇庆治. 国内生态社会主义研究论评 [J]. 江汉论坛，2006（04）.

[23] 吕薇洲. 当代欧美三大社会主义流派辨析 [J]. 毛泽东邓小平理论研究，2012（03）.

[24] 柯元. 生态社会主义可持续发展观及其对我国的启示 [J]. 社会主义研究，2002（01）5.

[25] 刘然，胡良琼. 西方的绿党及其"新政治学原则" [J]. 政治学研究，1996（04）.

[26] 刘保国. 论生态社会主义对有中国特色社会主义的启示 [J]. 宁夏社会科学，2002（02）.

[27] 刘仁胜. 西方马克思主义对马克思与生态学关系的阐释 [J]. 延边大学学报（社会科学版），2003（01）.

[28] 李旦. 绿色政治的红色渗透——试论戴维·佩珀关于生态社会主义的政治构建 [J]. 东南大学学报（哲学社会科学版），2012（03）.

[29] 李富君. 超越人类中心主义与生态中心主义的对立——对"马克思是狭隘的人类中心主义者"的批判 [J]. 中州学刊，2010（03）.

[30] 李富君. 生态危机及其变革策略——本·阿格尔的生态学马克思主义思想评析 [J]. 郑州大学学报（哲学社会科学版），2008（03）.

[31] 李富君. 重返人类中心主义与生态社会主义的构建——佩珀的生态学马克思主义思想评析 [J]. 河南大学学报（社会科学版），2008（03）.

[32] 李富君.生态学马克思主义的理论发展轨迹初探[J].河南社会科学,2008(03).

[33] 李楠明,齐晓明.复归马克思主义的努力——戴维·佩珀生态社会主义理论探析[J].学术交流,2016(10).

[34] 李明.生态危机与社会主义的构建——生态学马克思主义的社会主义构建理论[J].安徽大学学报(哲学社会科学版),2010(01).

[35] 林美萍,蔡华杰.对佩珀生态社会主义思想产生的多维分析[J].内蒙古农业大学学报(社会科学版),2008(04).

[36] 牛先锋.试析科学社会主义与民主社会主义、绿党社会主义的本质区别[J].科学社会主义,1996(02).

[37] 彭学农.论生态学的理论和实践对唯物史观的启示[J].理论月刊,2005(11).

[38] 乔瑞金,李小红.不可颠覆的主体——对佩珀理性主义生态哲学思想的思考[J].山西大学学报(哲学社会科学版),2012(03).

[39] 乔瑞金,李小红.佩珀批判生态无政府主义思想的几点启示[J].哲学动态,2012(05).

[40] 宋周尧.马克思恩格斯的生态文化思想及其现实价值[J].社会主义研究,2007(02).

[41] 田世锭.生态危机还是社会危机?——戴维·哈维与约翰·贝拉米·福斯特的生态理论比较[J].社会主义研究,2013(02).

[42] 田兆臣.戴维·佩珀生态经济思想的生成及其内涵[J].国外理论动态,2020(02).

[43] 王娟.生态社会主义对我国实施可持续发展战略的启示[J].甘肃社会科学,2007(06).

[44] 王雨辰.反对资本主义的生态学——评西方生态学马克思主义对资本主义社会的生态批判[J].国外社会科学,2008(01).

[45] 王雨辰.论西方生态学马克思主义对历史唯物主义生态维度的建构[J].马克思主义与现实,2008(05).

[46] 王雨辰.论戴维·佩珀的生态学马克思主义理论[J].江汉论坛,2008(12).

[47] 王雨辰.论生态学马克思主义的生态文明理论[J].社会科学辑刊,2009(03).

[48] 王雨辰.论生态学马克思主义与社会主义生态文明[J].高校理论战线,2011(08).

[49] 王云霞.佩珀的生态学思想及对环境伦理学的启示[J].北京理工大学学报(社会科学版),2010(04).

[50] 王真."弱"人类中心主义范式构建生态社会主义——佩珀人类中心主义思想探析[J].理论视野,2014(09).

[51] 王振亚.生态社会主义价值观的多维透视[J].马克思主义研究,2003(01).

[52] 吴海金,张慧.对生态社会主义的多维分析[J].社会主义研究,2007(02).

[53] 吴献木.论佩珀生态社会主义战略[J].内蒙古大学学报(社会科学版),2010(06).

[54] 夏鑫.试论佩珀的生态社会主义理论[J].社会主义研究,2008(04).

[55] 向益红.佩珀对生态社会主义的诠释[J].南京林业大学学报(人文社会科版),2006(03).

[56] 熊敏.格伦德曼对马克思自然观的阐释——兼论马克思主义和生态学[J].武汉大学学报(人文科学版),2009(06).

[57] 徐崇温.当代西方社会的生态社会主义思潮评析[J].马克思主义研究,2009(02).

[58] 杨思涛.对建设生态中国的战略思考[J].科学社会主义,2008(01).

[59] 杨向荣.生态社会主义及其对我国构建和谐社会的启示[J].天津社会科学,2008(04).

[60] 余永跃,王世明.改革开放以来党的生态文明建设思想及其特质[J].福建行政学院学报,2013(05).

[61] 余永跃,王世明.论增强生态文明建设的政治保障[J].中州学刊,2013(12).

[62] 赵建军.建设生态文明的重要性和紧迫性[J].理论视野,2007(07).

[63] 张敏,门忠民.马克思主义实践基础上的"人化自然观"的现代意义——兼论人类中心主义和生态中心主义的局限性[J].社会科学家,2009(11).

[64] 张丽君.佩珀构建生态社会主义理论的方法论探析[J].河南师范大学学报(哲学社会科学版),2009(02).

[65] 张季平,李笑春.戴维·佩珀的生态社会主义思想解读[J].内蒙古大学学报(哲学社会科学版),2010(06).

［66］张季平，李笑春.戴维·佩珀的人类中心主义探究[J].内蒙古大学学报（哲学社会科学版），2011（03）.

［67］郑湘萍，田启波."红""绿"结合：生态学马克思主义理论评析[J].湖北社会科学，2011（06）.

［68］周生贤.生态文明建设：环境保护工作的基础和灵魂[J].求是，2008（04）.

［69］曾文婷."生态学马克思主义"与马克思主义的关系探析[J].中州学刊，2006（01）.

［70］曾文婷.生态学马克思主义的乌托邦社会主义理想[J].南京社会科学，2010（03）.

［71］曾文婷.西方马克思主义视野中的生态社会主义——评生态学马克思主义的社会主义愿景[J].武汉大学学报（人文科学版），2010（02）.

［72］周穗明.西方生态社会主义与中国[J].鄱阳湖学刊，2010（02）.

［73］戴维·佩珀.生态乌托邦主义：张力、悖论和矛盾[J].张淑兰，译.马克思主义与实，2006（02）.

［74］戴维·佩珀.论当代生态社会主义[J].刘颖，译.马克思主义与现实，2005（04）.

［75］乔尔·科威尔.生态社会主义、全球公正与气候变化[J].宾建成，阎立建，译.马克思主义与现实，2009（05）.

［76］岩佐茂.社会主义在本质上是生态社会主义[J].刘荣华，韩立新，译.马克思主义与现实，2005（04）.

（三）中文报纸

［1］胡锦涛.坚定不移沿着中国特色社会主义道路前进　为全面建成小康社会而奋斗[N].人民日报，2012-11-18（01）.

［2］习近平.坚持节约资源和保护环境基本国策，努力走向社会主义生态文明新时代[N].人民日报，2013-05-25（01）.

［3］任仲平.生态文明的中国觉醒[N].人民日报，2013-07-22（01）.

（四）英文著作

［1］PEPPER D.Modern environmentalism:Critical Incept.[M].vol. I-V.London: Routledge，2003.

［2］PEPPER D，WEBSTER F，REVILL G，Environmentalism:Critical Concepts[M]. volume I-V.London:Routledge，2003.

［3］PEPPER D，WEBSTER F，REVILL G，Environmentalism[M].London: Routledge，2002.

［4］PEPPER D.Modern environmentalism:An introduction[M].London: Routledge，1996.

［5］PEPPER D.Ecosocialism:From deep ecology to social justice[M].London:Routledge，1993.

［6］BLOWERS A，PEPPER D.Nuclear power in crisis[M].New York:Nichols Publishing Company，1987.

［7］PEPPER D.The roots of modern environmentalism[M].London:Croom Helm，1984.

［8］FOSTER J.Ecology against capitalism[M].New York:Monthly Review Press，2002.

［9］FOSTER J.Marx's ecology[M].New York:Monthly Review Press，2000.

［10］HUGHES J.Ecology and historical materialism[M].Cambridge:Cambridge University Press，2000.

［11］SARKAR S.Eco-socialism or eco-capitalism?[M].London，New York:Zed Books，1999.

［12］O'CONNOR J.Natural causes[M].New York，London:The Guilford Press，1998.

［13］BENTON T.The greening of marxism[M].New York:The Guilford Press，1996.

［14］GORZ A.Capitalism，socialism，ecology[M].London:Verso，1994.

[15] DAVID BENTON.The Greening of Marxism[M].New York:The Guilford Press，1994.

[16] ECKERSLEY R.Environmentalism and political theory[M].New York:Albany，State University of New York，1992.

[17] GRUNDMANN R.Marxism and ecology[M].Oxford:Clarendon Press，1991.

[18] RYLE MARTIN.Ecology and socialism[M].London:Radius，1988.

[19] PORRITT J.Seeing Green[M].Oxford:Blackwell，1984.

[20] PARSONS H.Marx and Engels on ecology[M].London:Greenwood，1977.

（五）英文论文

[1] PEPPER D.Tensions and dilemmas of ecotopianism[J].Environmental Values，2007（16）.

[2] PEPPER D.Utopianism and environmentalism.Environmental Politics[J].2005，14（01）.

[3] PEPPER D.The integration of environmental sustainability considerations into EU development policy:A case study of the LEADER initiative in the West of Ireland[J].Environmental Planning and Management，1999，42（2）.

[4] PEPPER D.Sustainable development and ecological modernization:A radical Homocentric perspective[J].Sustainable Development，1998（06）.

[5] PEPPER D. No special place for geographers :No "Places" at all[J].Annals of the Association of American Geographers，1988（12）.

[6] CUTTER S.Book reviews for Pepper's modern environmentalism: An introduction[J].Global Ecology and Biogeography Letters，1997（09）.

[7] BENTON T.Ecology，socialism and the mastery of nature:A reply to Reiner Grundmann[J].New Left Review，1992（194）.

[8] PEPPER D .Book reviews for Johnston's environmental problems:Nature，economy and state[J].Transactions of the Institute of British Geographers，1991（01）.

[9] GRUNDMANN R.The ecological challenge to Marxism[J].New Left Review，1991（187）.

[10] BENTON T.Marxism and natural limits:An ecological critique and reconstruction[J].New Left Review，1989（178）.

[11] SMART L.Book reviews for Andrew Blowers and David Pepper's nuclear power in crisis[J].International Affairs（Royal Institute of International Affairs 1944），1988（04）.

[12] SUSAN L.Book Reviews for Pepper's the geography of peace and war[J]. Geographical Review.1986（04）.

[13] WORSTER D.Book reviews for Pepper's roots of modern environmentalism[J]. Journal of Forest History，1986（01）.

[14] REYNOLDS D.Book reviews for Pepper's the geography of peace and war[J]. The American Political Science Reviews，1986（09）.

后 记

生态文明建设关系民生福祉与子孙后代的发展，以及文明的兴衰和人类的持续发展。党的十八大以来，党和国家把生态文明建设融入社会主义建设"五位一体"总布局，把生态文明建设放在社会主义事业的突出位置，推动我国生态文明建设理论创新、实践创新、制度创新，使我国生态文明建设取得历史性成就。但是，我国经济社会发展仍然受到生态环境的制约，世界生态环境形势依然严峻。当前，我国正处在人与自然和谐共生现代化建设新征程、推动人类生态命运共同体建设的大道上，我们要以习近平生态文明思想为指导，大力推进生态文明建设。同时，我们要学习和研究其他国家关于生态环境建设的主张，探讨其对我国人与自然和谐共生现代化建设和人类命运共同体建设的可行性。

生态社会主义思想对资本主义生态危机产生的根源、传统社会主义国家生态环境问题、人类社会往何处去的问题进行了探讨。21 世纪初，国内一些学者开始分析和研究生态社会主义思想，特别是具有鲜明"红色"特征的戴维·佩珀生态社会主义思想，有助于我们从历史的视角去探讨资本主义生态危机产生的根本原因、传统社会主义国家生态环境形势严峻的原因、生态社会主义者解决生态危机的主张及其对人类社会发展和未来社会建构的主张。新时代，对代表性生态社会主义思想进行深入研究，有利于我们总结生态社会主义的经验教训，为人与自然和谐共生现代化建设和人类生态命运共同体建设提供借鉴。

本人正是在党的十八大之后开始了生态文明建设和生态社会主义问题研究。

21 世纪初，家乡自然环境的改变激起了我对环境问题的好奇心。大学毕业回到家乡工作时，我发现家乡的生态环境发生了明显变化。变化最大、印象最深的是家乡的母亲河。这条河流直通长江，过去，河面宽阔，河水清澈，我和我的同学们经常在河里游泳。等我再次回到这里时，河里已经长满了水草，河水不再清澄，河道中间塞满了各种渔网，枯水期时罕见地出现了断流和见底的情况。夏天涨水后，河里也很难见到游泳嬉戏的小孩。家乡改变的远不止河流，田野里已经盖上了一些小工厂，田地间的小水沟里已无小鱼小虾的踪迹，水田里再也见不到小时候特别害怕的吸血蚂蟥。工作后，我开始留意身边生态环境的改变，也开始带着朴素的情感去思考生态环境改变的原因。

工作多年后，我到武汉大学攻读硕士和博士学位，开始懵懂地从书籍里探寻一些久悬于心的问题。求学期间，我开始阅读一些关于生态环境保护方面的资料。党的十八大报告提出大力推进生态文明建设后，我才真正开始集中研究生态文明建设和生态环境问题。在研究过程中，我有幸得到了我的硕士研究生导师、博士研究生导师和许多老师的悉心指导和热忱帮助。在老师们的帮助和鼓励下，我一点一点进步，在期刊上发表了几篇关于生态文明建设的学术论文。

攻读博士学位期间，我开始研究生态社会主义思想。在我攻读博士学位期间，生态文明建设研究和生态社会主义研究逐渐成为热门选题，加上自己也有研究基础和兴趣，我把"戴维·佩珀的生态社会主义思想研究"作为毕业论文的选题。在这篇论文写作过程中，余永跃教授、左亚文教授、曹亚雄教授、顾海良教授、孙来斌教授和杨军教授给与了悉心指导和热情帮助。在这篇论文修改过程中，杨金海研究员、俞思念教授、刘书林教授、张雷声教授和刘可风教授提出了宝贵的修改意见。感谢为我的这篇论文成形、完善付出辛勤劳动的所有老师。

感谢我的父母在漫长求学岁月里为我含辛茹苦和无私奉献；感谢我的兄妹默默支持与鼓励；感谢我的好友、同窗和师兄弟师姐妹的长期帮助、鼓励与陪伴；特别感谢他们在我写作和修改本书过程中给与的大力支持和辛勤付出。

本书能够顺利出版，要特别感谢湖南师范大学出版社给予的大力支持，感谢总编室主任廖小刚的关心、帮助和辛勤劳动，感谢吕超颖编辑对本书精心细致的编校。感谢我的导师左亚文教授为本书作序。感谢我的学生贵州大学马克思主义学院 2022 级硕士研究生赵玲同学为书稿的格式和部分文字进行校订。此外，特别感谢广东外语外贸大学马克思主义学院"守正与创新：马克思主义研究系列丛书"项目资助本书出版，感谢学院领导及"守正与创新：马克思主义研究系列丛书"委员会毛国民教授、曾荣教授、朱海龙教授、宋善文教授、李云飞教授、崔艳红教授、谢迪斌教授、薛俊强教授对本书出版给与的关心与支持。

本书参考和引用了国内外众多学者的文献、成果，在此一并表示衷心的感谢，对各位学者辛勤付出致以崇高的敬意。本书书稿写作完毕已有些年头，其间也进行了几次修改，但一直担心因本人才疏学浅导致内容肤浅，不敢示人。现虽经过再次修改，书中难免出现错误和遗漏，恳请广大读者批评指正。

王世明

2024 年 3 月 10 日于墨香北园